*Sônia Yuriko
Kanashiro Tanaka*

*CONCEPÇÃO DOS
CONTRATOS ADMINISTRATIVOS*

MALHEIROS
EDITORES

CONCEPÇÃO DOS CONTRATOS ADMINISTRATIVOS

© Sônia Yuriko Kanashiro Tanaka

ISBN 978-85-7420-796-4

Direitos reservados desta edição por
MALHEIROS EDITORES LTDA.
Rua Paes de Araújo, 29, conjunto 171,
CEP: 04531-940 – São Paulo – SP
Tel.: (0xx11) 3078-7205 – Fax: (0xx11) 3168-5495
URL: www.malheiroseditores.com.br
e-mail: malheiroseditores@terra.com.br

Composição
Scripta

Capa

Criação: Vânia Lúcia Amato
Arte: PC Editorial Ltda.

Impresso no Brasil
Printed in Brazil
03.2007

Aos meus pais,
por todo o empenho realizado para a minha formação.
Às minhas irmãs, sobrinhos e demais familiares,
pelo carinho que sempre me deram.
*À minha saudosa irmã L*IZ *F*ÁTIMA *T*OMOE *T*ANAKA,
por todo o seu amor, apoio, amizade e sua eterna presença em minha vida.
*Ao meu filho, L*UÍS *F*ELIPE *K*ANASHIRO *T*ANAKA,
ao qual dedico todo o meu trabalho, doravante toda a minha atenção e,
sempre, a minha vida.

SUMÁRIO

Introdução 9

Capítulo 1
TEORIA DOS CONTRATOS ADMINISTRATIVOS

1.1 Origem dos contratos administrativos 11
1.2 Teoria negativa do contrato administrativo 16
    1.2.1 Os atos unilaterais 18
    1.2.2 Distinções entre contratos administrativos e atos-condição 22
    1.2.3 A ausência de desigualdade entre contratos administrativos e contratos de direito privado 25
        1.2.3.1 Cláusulas exorbitantes nos contratos privados 27
1.3 Teoria positiva do contrato administrativo 32
    1.3.1 Aceitação doutrinária do contrato administrativo 35
    1.3.2 Elementos dos contratos públicos inconsentâneos com os dos privados 38
        1.3.2.1 Objeto fora do comércio 38
        1.3.2.2 Ausência da relatividade das convenções 39
        1.3.2.3 Parcela ínfima da autonomia da vontade 41
        1.3.2.4 Desequilíbrio das partes contratantes 44
1.4 Teoria intermediária 45
    1.4.1 A dupla personalidade da Administração Pública 48

Capítulo 2
CRITÉRIOS PARA A CARACTERIZAÇÃO DOS CONTRATOS ADMINISTRATIVOS

2.1 Importância e controvérsia da questão 50
2.2 Critério dos atos de gestão e de império 51
    2.2.1 Críticas ao critério dos atos de gestão e de império 53

2.3 Critério da jurisdição 54
2.4 Critério formal 55
2.5 Critério do serviço público 56
    2.5.1 Críticas ao critério do serviço público 58
2.6 Critério da cláusula exorbitante 61
    2.6.1 Críticas ao critério da cláusula exorbitante 65
2.7 Critério subjetivo 67
2.8 Teoria da relação de subordinação 68
    2.8.1 Críticas à teoria da relação de subordinação 70
2.9 Teoria do interesse público 71
2.10 Critério da conjugação de elementos 74
2.11 Critério do regime exorbitante 76
2.12 Análise geral dos critérios citados 78

Capítulo 3
CARACTERIZAÇÃO DOS CONTRATOS ADMINISTRATIVOS

3.1 Finalidade da Administração Pública 81
3.2 Finalidades distintas dos contratos privados e públicos 88
    3.2.1 O falso contrato de locação da Administração 93
3.3 Inalienabilidade das prerrogativas da Administração Pública 98
    3.3.1 As chamadas "cláusulas exorbitantes" 102
    3.3.2 Análise do critério do regime exorbitante 108
    3.3.3 O anacronismo 111
3.4 Análise dos critérios caracterizadores dos contratos administrativos 117
3.5 Definição de contrato administrativo 119

Capítulo 4
PRERROGATIVAS DA ADMINISTRAÇÃO PÚBLICA

4.1 Contrato de colaboração 123
    4.1.1 A "exceptio non adimpleti contractus" 128
4.2 Alteração unilateral 131
    4.2.1 Equilíbrio econômico-financeiro do contrato administrativo 138
4.3 Rescisão unilateral 142
4.4 Fiscalização e assunção do contrato administrativo 150

4.5 Aplicação de sanções 155
4.6 Análise geral 160

Capítulo 5
TEORIA DA IMPREVISÃO

5.1 Origem e definição 164
5.2 Distinções entre a teoria da imprevisão e a prerrogativa da Administração 168
5.3 Efeitos da aplicação da teoria nos contratos públicos e privados 169
5.4 Requisitos 170
5.5 Motivo de força maior e caso fortuito 172
5.6 Fato do príncipe 174
    5.6.1 Fato do príncipe decorrente do aumento do salário mínimo 176
5.7 Forma para a feitura da repactuação 177
5.8 Fatos previsíveis, porém de conseqüências incalculáveis 180

Conclusões 190
Bibliografia 192

INTRODUÇÃO

A escolha do tema ora apresentado justifica-se em função da grande polêmica instaurada a respeito da caracterização dos contratos administrativos, tanto no Brasil como em outros países.

Segundo ensinamentos de Themístocles Brandão Cavalcanti, "a teoria dos contratos administrativos constitui um dos pontos mais importantes no estudo do direito administrativo, não somente pela relevância da sua aplicação, como ainda porque aqui se encontra a fronteira menos definida do direito público com o direito privado".[1]

A dificuldade de se estabelecer referida distinção teve seu início com a criação do Conselho de Estado Francês. Com efeito, a partir da criação desse Colegiado houve a separação das questões oriundas da Administração Pública de outras submetidas à apreciação da jurisdição comum.

Da mesma forma, surgiu a necessidade de se constatar quais contratos tradicionais, usualmente celebrados pela Administração Pública (contratos de obras, serviços, compras, alienações, concessões e permissões), seriam considerados *administrativos*, para distingui-los dos demais, a fim de submeter os eventuais litígios deles decorrentes a uma ou outra jurisdição.

Embora não exista em nosso país a jurisdição administrativa, tal fato não suprime, contudo, a importância de caracterizarmos os contratos administrativos, visto que sua existência é uma realidade freqüente nas atividades da Administração Pública, estando tais instrumentos, inclusive, devidamente regulamentados por ordenamento específico – qual seja, a Lei 8.666, de 21.6.1993, de âmbito nacional.

Por esse motivo, mister se faz empreender estudo científico visando a estabelecer suas características específicas e respectivas limitações, distinguindo-os das demais espécies contratuais, sendo irrelevante, pois, a existência, ou não, da jurisdição administrativa para constatar a importância da questão apresentada.

1. Themístocles Brandão Cavalcanti, *Teoria dos Atos Administrativos*, p. 246.

A gênese do problema a ser enfrentado relaciona-se precipuamente à dificuldade em se caracterizar os contratos administrativos, existindo diversos posicionamentos a respeito.

De início sustentou-se até mesmo sua inexistência – ou por se tratar de ato unilateral imposto pela Administração Pública, ou por em nada diferirem dos contratos de direito privado.

Posteriormente houve o predomínio do entendimento no sentido da existência dos contratos administrativos, atestada incontestavelmente pela realidade. Tornou-se assente, dessa forma, que esses contratos tinham características peculiares, constituindo uma espécie autônoma, distinta das demais espécies contratuais (civis e comerciais, dentre outras).

Entretanto, embora grande parte dos doutrinadores, unanimemente, aceitasse a existência dos contratos administrativos, outra polêmica surgiu, em função de se determinar o elemento qualificador desses instrumentos – ou, segundo expressão de André de Laubadère, *la marque administrative*.

Realizando um estudo da doutrina e da jurisprudência francesas é possível constatar certa evolução na definição do elemento caracterizador dos contratos administrativos, sem deixar de relevar a doutrina e a jurisprudência de outros países que acompanharam essa questão.

Com efeito, na presença de diversas teorias elaboradas acerca do referido problema, verifica-se, ainda, a ausência de um posicionamento uniforme a respeito.

Mas, mediante este estudo, entende-se ser possível extrair das teorias supracitadas a efetiva concepção dos contratos administrativos, com a delimitação de seus elementos predominantemente específicos.

Por fim, convém empreender, outrossim, estudo sobre a *teoria da imprevisão*, a fim de, primeiramente, demonstrar que tal teoria não é específica nem do direito civil, nem do administrativo; e, posteriormente, realizar análise de sua previsão legal e sua interpretação jurisprudencial em nosso país, com o intuito de verificar, destarte, a forma como vem sendo aplicada, para constatarmos a efetiva existência, ou não, de um pacto de colaboração, como hodiernamente tem sido sustentado pelos doutrinadores.

Com relação ao método empregado no presente trabalho, adotou-se a realização de pesquisas teórica e histórica, analisando-se as doutrinas, jurisprudências e legislações nacionais e estrangeiras, visando ao empreendimento de estudo da origem e evolução da caracterização dos contratos administrativos.

Mediante a referida análise, foi constatada a existência de entendimentos divergentes a respeito do tema proposto; e, mediante raciocínio indutivo, possível se tornou apreender premissas consideradas verdadeiras para, a partir disso, obter a evidência lógica da concepção dos contratos administrativos.

Capítulo 1
TEORIA DOS CONTRATOS ADMINISTRATIVOS

1.1 Origem dos contratos administrativos. 1.2 Teoria negativa do contrato administrativo: 1.2.1 Os atos unilaterais – 1.2.2 Distinções entre contratos administrativos e atos-condição – 1.2.3 A ausência de desigualdade entre contratos administrativos e contratos de direito privado: 1.2.3.1 Cláusulas exorbitantes nos contratos privados. 1.3 Teoria positiva do contrato administrativo: 1.3.1 Aceitação doutrinária do contrato administrativo – 1.3.2 Elementos dos contratos públicos inconsentâneos com os dos privados: 1.3.2.1 Objeto fora do comércio – 1.3.2.2 Ausência da relatividade das convenções – 1.3.2.3 Parcela ínfima da autonomia da vontade – 1.3.2.4 Desequilíbrio das partes contratantes. 1.4 Teoria intermediária: 1.4.1 A dupla personalidade da Administração Pública.

1.1 Origem dos contratos administrativos

Classicamente, entende-se por "contrato" o acordo livre e desembaraçado entre duas ou mais vontades visando a produzir efeitos jurídicos.

Segundo ensinamentos de José Cretella Jr., "com o Código Napoleão inaugura-se a época da primazia contratual, em que as relações das partes são concertadas livre e voluntariamente sobre tudo que estiver ao alcance das possibilidades humanas, observando-se a igualdade e a liberdade dos contratantes, no início, meio e fim do ajuste, a imutabilidade das cláusulas, em quaisquer circunstâncias, a limitação das conseqüências às partes celebrantes".[1]

Assim, durante esse período pode-se dizer que a liberdade existente nos contratos celebrados entre os particulares atingiu seu apogeu, em conformidade com sua conceituação clássica.

---

1. José Cretella Jr., *Tratado de Direito Administrativo*, vol. 3, p. 25.

Todavia, as idéias liberais sustentadas no século XVIII passaram a ganhar terreno sobre a Monarquia absoluta existente, apregoando, dentre outros ideais, a supressão dos privilégios da Nobreza e do Clero, com a proclamação do "princípio da soberania nacional, exercida através do sistema representativo de governo, bem como pela separação nítida entre o direito público e o direito privado".[2]

No tocante à separação dos direitos público e privado, na ocasião foram despertadas dúvidas em relação à admissibilidade de os litígios, em geral, que envolviam o Estado serem, ou não, apreciados pela jurisdição comum, composta pelos juízes do *ancien régime*.

Admitindo-se tal conduta, entendia-se que haveria a quebra do princípio da separação de Poderes, pois o Estado passaria a se submeter ao Poder Judiciário, uma vez que este julgaria os atos emanados da Administração, implicando uma subordinação que não poderia existir.

"Na França, por muito tempo, os Parlamentos, corpos judiciários, se puseram em luta com o poder real e os intendentes (órgãos locais da Administração), embaraçando certas reformas administrativas que foram tentadas. A Revolução de 1789 veio encontrar a opinião pública prevenida, em conseqüência desses fatos, contra a ingerência dos corpos judiciários nos negócios administrativos. Sob essas influências, excluiu a legislação revolucionária qualquer possibilidade de contato entre os Poderes Executivo e Judiciário, com a Lei n. 16, de 24.8.1790, que estatuiu: 'As funções judiciárias são distintas e ficarão sempre separadas das funções administrativas. Os juízes não poderão, sob pena de prevaricação, perturbar, por qualquer forma, as operações dos corpos administrativos'."[3]

---

2. Sahid Maluf, *Teoria Geral do Estado*, 11ª ed., p. 145.
3. M. Seabra Fagundes, *O Controle dos Atos Administrativos pelo Poder Judiciário*, 6ª ed., p. 120. Aduz, ainda, referido autor que aí se viu o "intuito de vedar aos órgãos judicantes não somente interferência direta nos negócios da Administração, como também a apreciação de questões que deles nascessem. A Constituição de 3.9.1791, no art. 3º, dispôs que os tribunais não podiam interferir nas funções administrativas, nem chamar a juízo os administradores em virtude delas. Ainda uma lei vem reafirmar o pensamento revolucionário nesse sentido: 'Proibições iterativas são feitas, aos tribunais, de conhecer dos atos administrativos de qualquer espécie que sejam' (Lei 16-*fruct.*-ano III). A Administração Pública é o próprio juiz dos seus atos, posta acima de qualquer controle jurisdicional. Cabe-lhe corrigir os seus próprios desacertos, conhecendo das reclamações suscitadas pelos atos administrativos. As Leis ns. 6, de 11 de setembro e 7, de 14 de outubro, ambas do ano de 1790, investem o chefe do Estado, os ministros e os corpos departamentais nessa atribuição. Dá-se à Administração um perigoso campo de irresponsabilidade, pois tal é a conseqüência prática dessa autonomia. Foi ao tempo de Bonaparte que primeiro se atendeu às aspirações coletivas (*tout au moins en façade*), no sentido de opor limites à autoridade administrativa. Foram criados, então, o Conselho de

Assim, pelo movimento dos constituintes franceses pós-revolucionários, surge, pela Lei do 28 *pluviôse* do ano VIII (1800), a jurisdição administrativa, com a criação do Conselho de Estado, órgão competente para apreciar as operações dos corpos administrativos, em paralelo à jurisdição comum.

Inicialmente, o advento desse Colegiado fez com que os litígios que envolviam a Administração Pública passassem a ser por ele apreciados, competindo-lhe opinar sobre essas questões, cabendo a decisão final ao governante. Surge, desse modo, um órgão consultivo do Poder Executivo, que assim permaneceu por um período, até a instituição do controle jurisdicional propriamente dito.

Todavia, em razão das idéias defendidas pelo Liberalismo, o quadro dos contratos até então existente passa a sofrer profundas alterações.

"Empolgados pelas novas idéias racionalistas, fortemente sedutoras, mas impregnadas de misticismo, os construtores do Estado Liberal perderam de vista a realidade. Desconheceram (e isso foi o seu maior erro) uma das mais importantes revoluções que a história política do mundo registra – a *revolução industrial* –, que se iniciara na Inglaterra em 1770, e que modificaria fatalmente a realidade social em todos os países, criando problemas até então desconhecidos, mas perfeitamente previsíveis. Processada à ilharga da revolução popular francesa, continuaria pelos tempos modernos a hostilizar cada vez mais o Estado Liberal, minando os alicerces da sua estrutura. Em verdade, o Liberalismo, que se apresentara perfeito na teoria, bem cedo se revelou irrealizável, por inadequado à solução dos problemas reais da sociedade. Converteu-se no reino da ficção, *com cidadãos teoricamente livres e materialmente escravizados*."[4]

Destarte, o Estado Liberal possibilitou o livre desenvolvimento da vida econômica, que ocasionou significativas transformações do próprio conceito do contrato, mediante a sobreposição da parte de maior poder econômico sobre a economicamente fraca. Aquela fixava unilateralmente as cláusulas, restando a esta última ou a desistência, ou a mera adesão, sem possibilidade de discutir ou propor qualquer modificação das cláusulas.

Assim, o Estado Liberal se viu ameaçado, situando-se no dilema de reformar-se ou perecer, porquanto de nada adiantava sua existência, assegurando a ampla liberdade mas permanecendo inerte diante de extremas distorções entre as classes sociais. "Efetivamente, onde ele permaneceu fra-

---

Jurisconsultos, o Conselho de Estado e os Conselhos de Prefeitura, nascendo assim o controle jurisdicional do Poder Executivo, de tipo especial, com a separação entre as autoridades administrativas ativas e as autoridades administrativas judicantes" (ibidem, p. 121).

4. Sahid Maluf, *Teoria Geral do Estado*, 11ª ed., p. 146.

co e inerte, ocorreu a transformação violenta, surgindo o Estado revolucionário, como na Rússia, na Itália, na Alemanha, na Polônia e em vários países (...). Quando não, o Estado Liberal se transformou de maneira pacífica, evoluindo para a forma social-democrática, através de reformas constitucionais e medidas legislativas. Tornou-se evolucionista, intervindo na ordem econômica, colocando-se como árbitro nos conflitos entre o capital e o trabalho, superintendendo a produção, a distribuição e o consumo."[5]

De toda sorte, com as posteriores modificações da ordem econômica, sobretudo introduzidas pelo sistema capitalista no século XIX, objetivando evitar a exploração referida nos contratos entre particulares, dentre outros distúrbios marcados nesse período, o Estado passou a intervir nas relações contratuais, "quer regulando estreitamente os contratos por lei, mediante a imposição de certas cláusulas e a proibição de outras, quer sujeitando a revisão e aprovação de órgãos fiscalizadores os textos das cláusulas oferecidas à adesão do público",[6] impedindo, dessa forma, "o desequilíbrio cada vez mais acentuado e assinalando uma nova época, bastante característica, na história do Direito – a do 'dirigismo contratual', na expressão feliz e consagrada de Louis Josserand. A evolução segue seu curso natural e, numa fase ulterior, o Estado intervém como se fosse parte interessada, tirando do contrato seus traços de privatismo e colocando-o sob o império do direito público".[7]

No ensinamento de Odete Medauar, "com a dinâmica intervencionista o Estado passou a atuar em esferas antes tidas como reservadas à autonomia privada, em especial no setor econômico e social, do que resultou o processo denominado de *publicização do privado*; o que afetava a poucos passou a ser de interesse comum; a Política interferiu na Economia; por outro lado, grandes organizações, associações e grupos privados passaram a exercer pressão sobre o Estado, a colaborar na gestão de atividades de interesse geral, a solucionar problemas mediante acordos e negociações, gerando a chamada *privatização do público*. 'Com isso, a distinção entre a esfera pública e a privada perde sensivelmente em nitidez', o que traz conseqüências de relevo em muitos institutos jurídicos delineados no século XIX, quando a idéia de separação predominava".[8]

A seguir, a autora, fazendo referências à evolução do direito administrativo, aduz que, "embora nos seus momentos embrionários o direito administrativo apresentasse forte carga privatista, ocorreu em seguida publicização

---

5. Idem, p. 149.
6. Marcello Caetano, *Manual de Direito Administrativo*, 10ª ed., t. 1, pp. 569-570.
7. Cretella Jr., *Tratado de Direito Administrativo*, vol. 3, p. 25.
8. Odete Medauar, *O Direito Administrativo em Evolução*, p. 113.

generalizada e repúdio em bloco do direito civil (...). Esse momento, correspondente ao século XIX e primeira metade do século XX, assinala a acentuada distinção dogmática entre direito público e direito privado; a doutrina dedicou-se a encontrar critério de diferenciação entre os termos dessa grande dicotomia e a fixar entendimento no tocante à sua permanência ou eliminação".[9]

De fato, embora a Revolução Francesa tenha suprido as exigências atinentes às questões jurisdicionais com a criação do Conselho de Estado, estabeleceu outra dificuldade: delinear os limites entre o direito público e o direito privado, visando a distinguir quais litígios da Administração seriam da competência do Conselho de Estado ou da jurisdição comum. Dentre esses litígios, passaram também a ser objeto de distinção aqueles oriundos das relações existentes entre a Administração Pública e os particulares.[10]

Assim, a distinção entre o direito público e o privado tornou-se ainda mais nebulosa com o advento do Estado intervencionista. Posteriormente, amainada a caótica situação das relações de ordem econômica e social com o Capitalismo, a necessidade de se estabelecer os referidos limites passou a ser agravada diante da evolução do direito administrativo.

Especificamente no tocante aos contratos celebrados pela Administração Pública, formulavam-se as seguintes indagações: Seria esse relacionamento concretizado por meio de um instrumento contratual ou por ato unilateral? Seria esse contrato conciliável com o direito público, tendo em vista a existência de entidade pública, dotada de privilégios, em um dos pólos contratuais? Admitido tratar-se de um contrato, seria este regido pelas normas privadas ou por normas especiais?

Na lição de Odete Medauar, "nos primórdios do século XX, ainda no quadro do Estado Liberal, o Conselho de Estado Francês elaborou os elementos fundamentais da teoria do contrato administrativo. A própria idéia de um contrato em que o Poder Público fosse parte suscitou dúvidas e controvérsias. Alegava-se que a Administração não poderia celebrar contratos, em virtude da posição de supremacia de que desfrutava em relação ao particular; o atendimento de interesse público, por outro lado, impediria todo

---

9. Idem, pp. 164-165.
10. Em verdade, podemos constatar que a problemática instituída voltava-se mais a resolver essa questão jurisdicional que buscar, precisamente, a caracterização dos contratos administrativos. Em outras palavras, ao invés de objetivar uma definição positiva dos contratos administrativos, buscou-se efetivar sua distinção em função dos instrumentos regidos pelo direito privado, mediante definição negativa. Era necessário, pois, analisar os instrumentos contratuais usualmente celebrados entre a Administração Pública e os particulares, tais como contratos de compras, obras, serviços, alienações, concessões e permissões, para fins jurisdicionais.

tipo de vínculo contratual; argumentava-se, ainda, que as relações entre a Administração e particulares só nasciam mediante a edição de atos administrativos".[11]

Dessa forma, assomavam dúvidas até mesmo com relação à própria existência dos contratos administrativos, estando em questão se à Administração seria possível, ou não, celebrar contratos, em razão do desnivelamento necessário que haveria entre as partes, diante da supremacia do poder do Estado ou em virtude da finalidade pública.

Diante dessas dúvidas, surgiram três grandes teorias: duas opostas e uma intermediária.

Uma delas – a *teoria negativa do contrato* – sustenta que os contratos administrativos inexistem, ora por serem caracterizados como ato administrativo unilateral, imposto pela Administração Pública com o seu poder de império, ora por em nada diferirem dos contratos de direito privado, afirmando que os dois são, da mesma forma, regulados pelo direito comum.

A *teoria do contrato administrativo*, ao contrário, admite a existência dos contratos administrativos como espécie absolutamente autônoma, distinta dos contratos de direito privado, com características próprias, regidos pelo direito público.

A *teoria intermediária*, por sua vez, entende ser possível que a Administração celebre as duas espécies de contratos, de direito privado e de direito administrativo, devendo, em cada caso, ser verificada qual a espécie mais pertinente para atender às necessidades do Estado.

Vejamos essas três teorias.

1.2 Teoria negativa do contrato administrativo

De acordo com essa corrente doutrinária, não existe contrato administrativo, em razão da ausência de determinadas características constantes em todos os contratos, tais como: (a) objeto comerciável; (b) relatividade da convenção; (c) autonomia da vontade; (d) igualdade entre as partes.

Com relação ao objeto comerciável, não se poderia admitir a existência dos contratos administrativos pelo fato de versarem sobre objetos que estão fora do comércio, que dizem respeito à finalidade pública, sendo, portanto, estranhos às relações jurídicas privadas.[12]

---

11. Odete Medauar, *O Direito Administrativo em Evolução*, p. 196.

12. Segundo Maria Helena Diniz, no direito civil "a validade e eficácia do contrato como um direito creditório dependem da (...) economicidade de seu objeto, que deverá versar sobre interesse economicamente apreciável, capaz de se converter, direta ou indi-

Tampouco existiriam contratos administrativos em razão da ausência da relatividade das convenções, através da qual os efeitos dos contratos só alcançam as partes, e não terceiros. Tratando-se de contrato administrativo, seus efeitos se estendem a todos.

Com relação à autonomia da vontade, esta inexistiria nos contratos administrativos por parte da Administração Pública, tendo em vista que o princípio da legalidade a obriga a realizar aquilo que a lei dispuser. Dessa forma, a Administração não terá a liberdade de escolher celebrar, ou não, o contrato, incumbindo-lhe o dever de fazê-lo, se assim ensejar o interesse público.

Por fim, no tocante à igualdade das partes, entende-se que não estaria presente nos contratos administrativos, por causa da supremacia da Administração, que sempre a colocará num nível superior ao do administrado, posto que o interesse público necessariamente prevalece sobre o interesse particular. Dessa forma, inexistiria também a força obrigatória das cláusulas contratuais, que poderiam ser modificadas a qualquer tempo, em nome do interesse público. Inexistindo igualdade entre as partes e a imutabilidade das cláusulas pactuadas, não haveria que se falar em contrato.

Esse não é o nosso entendimento.

De fato, os elementos anteriormente citados são justamente os que conferem a singularidade dos contratos administrativos, como uma espécie autônoma, absolutamente distinta dos contratos de direito privado.

Como se verá mais adiante, a ausência da vontade perante a Administração, que está sempre direcionada à consecução do interesse público; a supremacia da Administração com relação aos particulares contratados, ensejando o desequilíbrio entre as partes, mediante atribuição de prerrogativas que lhe permitem modificar as condições inicialmente contratadas, todos esses elementos garantem aos contratos administrativos sua particularidade, constituindo-se suas características próprias e definidoras.[13]

Quanto ao objeto dos contratos administrativos, justamente pelo fato de eles visarem à satisfação do interesse público, ou seja, um bem fora do comércio, é que se especificam e se diferenciam tais instrumentos daqueles presentes no direito privado. Por esse motivo, não se pode afirmar tratar-se de contratos de natureza privada, tampouco sustentar que os particulares também podem celebrar contratos dessa espécie ou, até mesmo, a inexistência desses instrumentos, como a seguir se demonstrará.

retamente, em dinheiro" (*Curso de Direito Civil Brasileiro*, 15ª ed., vol. 5, pp. 27-29). Nos contratos administrativos o objeto visado pela Administração Pública sempre deverá ser o interesse público, bem que se situa fora do comércio, e daí a denominação empregada. A esse respeito teceremos outros comentários no subitem 1.3.2.1 deste capítulo.

13. Sobre esse assunto teceremos outros comentários no subitem 1.3.2.3.

1.2.1 Os atos unilaterais

A tese anticontratualista, segundo tratadistas autorizados na matéria,[14] firmou-se na doutrina alemã, consoante os ensinamentos de Otto Mayer, ao sustentar, no final do século XIX, que não existe contrato administrativo como espécie autônoma dos contratos, sobretudo em razão de não haver igualdade jurídica entre as partes.[15]

Para Mayer a concepção de um contrato entre o Estado e o particular é impossível, tendo em vista a necessária subordinação do contratado particular ante a Administração.

Por esse entendimento, sendo o Estado superior ao particular, poder-se-ia cogitar somente da existência de um ato unilateral diferenciado dos demais atos, ante a necessidade do consentimento da outra parte contratante.

Fritz Fleiner, também na doutrina alemã, em obra editada no início do século XX, entende que não há contrato administrativo, posto que as condições instituídas estão regulamentadas unilateralmente pela vontade do Estado. Na realidade, para esse autor exteriorizam-se dois atos administrativos: um impondo prestações e outro concedendo vantagens remuneratórias. Trata-se de disposições unilaterais cuja validade jurídica depende do consentimento do interessado.[16]

---

14. Héctor Jorge Escola, *Tratado Integral de los Contratos Administrativos*, vol. 1, p. 34; Fernando Garrido Falla, *Tratado de Derecho Administrativo*, 10ª ed., vol. 2, p. 43.

15. Otto Mayer, *Derecho Administrativo Alemán*, 2ª ed., t. 1, pp. 181 e ss., *apud* Hartmut Maurer, *Elementos de Direito Administrativo Alemão*, p. 132. Segundo ensinamentos de Hartmut Maurer, contra o sentido contratual levantou-se Otto Mayer, inicialmente, em artigo publicado em 1888. A postura negativa de Otto Mayer dirigia-se não só contra os contratos de emprego jurídico-funcionalistas (contrato de funcionário estatal), mas contra todos os contratos jurídico-subordinativos do direito público. Nisso também desempenhava um papel: ele queria fundamentar o direito administrativo como uma disciplina jurídica autônoma, e, com isso, evitar empréstimos aparentes do direito privado. Publicado em 1895, seu manual para o direito administrativo é dominado totalmente pelo ato administrativo (ob. e loc. cits.).

16. Fritz Fleiner, *Les Principes Généraux du Droit Administratif Allemand*, p. 133 e ss. Fleiner sustenta que o contrato só é possível entre sujeitos que se encontrem em níveis iguais, sendo, pois, exclusivo do direito privado, posto que a Administração jamais poderá se nivelar ao particular. Assim, caminha pela existência de um ato unilateral, da mesma maneira que Otto Mayer. Segundo Fleiner, "a conclusão de um contrato só é, em regra geral, possível sobre a base de concessões mútuas das partes. Se o legislador permite a conclusão de um contrato, ele permite à autoridade a possibilidade de tratar um cidadão melhor que outro. O contrato pode, pois, tornar-se um perigo para a igualdade jurídica. Contrariamente ao contrato, o ato unilateral permite realizar a igualdade dos

No Brasil, Oswaldo Aranha Bandeira de Mello adota essa teoria, defendendo a idéia de que as cláusulas regulamentares decorrem do ato unilateral da Administração, não havendo que se falar em contrato.[17]

É nosso entendimento, entretanto, que os atos unilaterais se aperfeiçoam mediante uma só declaração de vontade, não se exigindo, pois, a aquiescência, o consentimento, de ninguém.

cidadãos perante a lei. Entre outros, este constitui o segundo motivo dessa preponderância no direito público, o ato repousa unicamente sobre a vontade daquele que o editou. Pode-se, conseqüentemente, retirar o ato a qualquer momento. Este fato o torna indispensável para a Administração Pública. O contrato obriga reciprocamente as partes a executar suas disposições. Quaisquer que sejam as modificações que poderiam ser produzidas depois do momento em que o contrato foi concluído, o devedor deve assegurar o que prometeu anteriormente em circunstâncias diferentes, mesmo se a execução do contrato for contrária aos seus interesses e comprometer toda a sua existência. O Estado não pode expor seus interesses supremos a essas possibilidades" (ibidem, p. 135).

17. Oswaldo Aranha Bandeira de Mello, *Princípios Gerais de Direito Administrativo*, 2ª ed., vol. 1, pp. 667 e ss. Para Oswaldo Aranha Bandeira de Mello a natureza do contrato não se esgota no livre acordo de vontades. O simples acordo de vontades sobre certo objeto gera a convenção, jamais o contrato. "Como conciliar a mobilidade do interesse público com a fixidez dessas cláusulas, pelo prazo contratual?" Não há conciliação, e por isso inexiste contrato, mas ato jurídico unilateral da Administração Pública. Analisando os contratos de concessão de obra ou de serviço público, os quais a jurisprudência e a doutrina francesas consideram como contratos administrativos típicos, afirma referido autor que, "se o contrato se reduz a acordo de vontades sobre a equação econômico-financeira para a execução de obra ou de serviço, ou utilização de bem público, segundo as determinações da Administração Pública, tendo em vista o interesse público, se não pode dizer que o ato jurídico típico, que qualifica essa execução de obra pública, a prestação de serviço público ou a utilização de bem público seja de natureza contratual. E este é o ato jurídico por excelência. Contratual, destarte, não é o ato jurídico administrativo da concessão, pelo qual a Administração Pública delega ao administrado a execução de obra ou prestação de serviço público, sujeito à sua regulamentação. Contratual é tão-somente o acordo de vontades sobre a equação econômico-financeira desses atos jurídicos, porque inalterável pelas partes, que se obrigam a respeitar o ajustado a respeito. Mas aquele é o ato jurídico administrativo principal, este apenas envolve cláusula adjeta. Jamais especifica o ato administrativo, simplesmente o completa, na regência do seu aspecto patrimonial, como ato jurídico complementar. Só aí se configura a relação jurídica contratual".

Mais adiante, conclui referido autor que "inexiste contrato administrativo. Alguns atos administrativos são complementados por contratos sobre a equação econômico-financeira a eles pertencente. Aliás, tal se dá tão-somente com a concessão de obra ou de serviço público. Os outros pretensos contratos administrativos não passam de contratos de direito privado, com regime especial, porque a lei assim dispôs e os administrados, ao perfazerem o acordo de vontades, aderiram aos seus dispositivos, que se tornaram cláusulas contratuais, ou as próprias partes, no ajuste, aquiesceram em lhe dar regime especial" (loc. cit.).

Segundo Gaston Jèze, no ato unilateral "o efeito jurídico se produz pela manifestação de vontade de um ou de vários indivíduos que atuam no mesmo sentido e que querem o mesmo efeito. No ato bilateral ou contratual, o efeito jurídico se produz pelas manifestações de vontade de dois ou de vários indivíduos que perseguem efeitos jurídicos diferentes, estando determinadas suas vontades reciprocamente. (...). Em resumo, todo contrato é um acordo de vontades, porém nem todo acordo de vontades é um contrato. O acordo de vontades não é um contrato propriamente dito, senão: (1) quando o efeito jurídico desejado é a criação de situações jurídicas individuais; (2) quando as vontades concordantes emanam de indivíduos que querem produzir, cada um, efeitos jurídicos próprios e distintos".[18]

Para Themístocles Brandão Cavalcanti: "O ato unilateral é aquele que emana de uma só vontade. Pode-se entender também como aquele ato que interessa a uma determinada pessoa, só atinge a determinado indivíduo".[19]

Assim, por exemplo, são unilaterais os atos legislativos, por definição, que, na maioria das vezes, "impõem normas e obrigações que ligam necessariamente, e independentemente da manifestação da vontade individual, o indivíduo ao Estado".[20]

Verifica-se, portanto, que um dos requisitos dos atos unilaterais da Administração é a imperatividade que obriga ao cumprimento do ato, prescindindo-se da aquiescência dos particulares. Assim é que o Estado, em toda sua atividade administrativa e no exercício de seu poder, utiliza reiteradamente os atos unilaterais, mediante os quais estabelece determinações às quais os administrados em geral, consentindo ou não, deverão obedecer.

De maneira diversa, para a existência dos contratos administrativos há a necessidade da concordância da parte que irá pactuar com a Administração – o acordo de vontades –, gerando, assim, direitos e deveres recíprocos.

Vincular a existência de um ato unilateral da Administração ao consentimento do particular, além de descaracterizar a natureza jurídica desse ato, também macula a autoridade da Administração, ficando esta à mercê do administrado para assegurar a eficácia de seu ato.

Nas lições de Agustín Gordillo, o ato administrativo pode ser unilateral em sua formação e em seus efeitos, ou unilateral em sua formação e bilateral

---

18. Gaston Jèze, *Principios Generales del Derecho Administrativo*, vol. 1, pp. 44 e ss.
19. Themístocles Brandão Cavalcanti, *Tratado de Direito Administrativo*, 3ª ed., vol. 1, p. 242.
20. Idem, pp. 240-241.

em seus efeitos, não existindo, contudo, ato bilateral em sua formação que não seja o contrato.[21]

Segundo Sabino A. Gendin, "o caráter público do contrato não se baseia em um direito de mando, ou coação de mando imediato, que possui a Administração, senão na primazia desta para um possível mando, colocando-se em jogo não princípios e regras de direito comum, senão regras e princípios especiais de direito público".[22]

Não há, portanto, como caracterizar o contrato administrativo como um ato unilateral ditado pelo Estado, até pelo fato de o Estado também, como o particular, se submeter às obrigações assumidas, não podendo modificar, ao seu talante, aquilo que foi pactuado. "Ele está obrigado a respeitar as cláusulas contratuais por motivos de ordem moral e de ordem econômica (...)."[23]

Atualmente a doutrina civilista evoluiu no sentido de admitir a existência de negócios jurídicos unilaterais e bilaterais. Segundo ensinamentos de Sílvio Rodrigues, "os primeiros se aperfeiçoam pela manifestação da vontade de uma das partes, como ocorre com o testamento, enquanto os segundos dependem da conjunção da vontade de duas ou mais pessoas, para se completarem, como se dá na hipótese dos contratos. Portanto, aqui se tem em vista o momento da formação do ato jurídico".[24]

Assim sendo, mesmo em consonância com o atual entendimento da doutrina civilista, o negócio unilateral sempre se aperfeiçoará mediante a manifestação da vontade de uma só parte no momento de sua formação. Havendo a necessidade do consentimento da outra parte, não haverá negócio unilateral, mas bilateral, e "os negócios jurídicos bilaterais ou plurilaterais é que constituem objeto de estudo da teoria das obrigações contratuais".[25]

Por fim, trazendo à colação os ensinamentos de Pontes de Miranda, "quando o homem, por si só e imediatamente, pode satisfazer vontades que derivam da percepção ou do sentimento de alguma necessidade, e assim afastar aquele 'desprazer com o presente' (*Unlust mit dem Jetzt*), a que se referia E. Zitelmann (*Irrtum und Rechtsgeschäft*, 95 s.), não precisa de praticar atos que possam compor suportes fáticos a que a regra jurídica dê entrada no mundo jurídico. Ele a satisfaz, imediata e diretamente. Se, porém, o terreno que lhe agrada já pertence a outrem, ou se está na posse de outrem, tem de adquiri-lo do dono, ou do possuidor, e o único meio para obter aquilo de que

---

21. Agustín Gordillo, *El Acto Administrativo*, 2ª ed., p. 111.
22. Sabino A. Gendin, *Los Contratos Públicos*, 1ª ed., p. 21.
23. Themístocles Brandão Cavalcanti, *Tratado de Direito Administrativo*, 3ª ed., vol. 1, p. 313.
24. Sílvio Rodrigues, *Direito Civil*, 27ª ed., vol. 3, p. 26.
25. Maria Helena Diniz, *Curso de Direito Civil Brasileiro*, 15ª ed., vol. 5, p. 21.

precisa, ou lhe é útil ou lhe parece útil, *é o negócio jurídico bilateral*, ou o ato duradouro, fático, que se venha a tornar, no futuro, fato jurídico, se a prática de tal ato duradouro é possível no caso"[26] (grifos nossos).

Na questão ora analisada, podemos dizer que a Administração Pública necessita de "terreno pertencente a outrem", e o único modo de obtê-lo é mediante a realização de um negócio jurídico bilateral, que é o contrato.

Resta salientar que inclusive na Alemanha se admite a existência do contrato administrativo, sendo o referido instrumento aceito tanto pela doutrina como pela jurisprudência, encontrando-se, ademais, devidamente regulamentado pela Lei de Procedimento Administrativo de 1976.

Segundo Hartmut Maurer, o contrato administrativo na teoria alemã foi qualificado no século XVIII como contrato jurídico-privado; na primeira metade do século XIX, como ato de soberania estatal unilateral – portanto, como ato administrativo; e, então, na segunda metade do século XIX, preponderantemente, como contrato jurídico-público.[27]

Atualmente, informa referido autor que "o contrato administrativo está – juntamente com o ato administrativo – regulado na Lei do Procedimento Administrativo de 1976, que contém não só prescrições jurídico-procedimentais, mas também jurídico-materiais. (...). O ato administrativo está limitado ao âmbito da Administração e do direito administrativo; o contrato, ao contrário, é uma categoria, no fundo, do Direito e, por conseguinte, encontrável em todos os âmbitos do Direito".[28]

Diante dessas considerações e, sobretudo, da evolução da teoria dos contratos administrativos, constatada tanto pelos doutrinadores como pela jurisprudência, a teoria dos atos unilaterais foi, aos poucos, sendo superada.

1.2.2 Distinções entre contratos administrativos e atos-condição

Em razão da necessidade do consentimento do particular contratado, também se pretendeu atribuir outra categoria jurídica aos contratos administrativos: a de *ato-condição*.

Segundo ensinamentos de Léon Duguit:

Certas regras do direito objetivo, mesmo sendo disposições gerais e abstratas, não se aplicam indistintamente a todos os membros da sociedade, mas somente àqueles

---

26. Pontes de Miranda, *Tratado de Direito Privado*, t. 38, p. 5.
27. Hartmut Maurer, *Elementos de Direito Administrativo Alemão*, p. 132. Maurer também observa que a concepção negativa de Otto Mayer, na literatura, mal achou aprovação e nenhum partidário; contudo, inibiu fortemente o desenvolvimento do contrato administrativo.
28. Hartmut Maurer, *Elementos de Direito Administrativo Alemão*, p. 114.

Garrido Falla, para contestar esse entendimento, faz uma diferenciação entre o contrato administrativo e o ato-condição, citando como exemplo deste último o ato de nomeação de um funcionário público.

Segundo referido autor, "o ato-condição *aplica* a uma hipótese concreta uma norma ditada com caráter geral e prévio. Essa diferença de princípio tem, ademais, conseqüências práticas importantíssimas, concernentes ao problema dos direitos adquiridos pelo particular que se relaciona com a Administração Pública: no caso do contrato, tais direitos têm origem contratual, e sendo o contrato – inclusive o administrativo, com suas peculiaridades – *lex inter partes*, resulta serem verdadeiros *direitos adquiridos* que a Administração não pode desconhecer, salvo pelo procedimento da 'conversão obrigatória' (expropriação) e com indenização; ao contrário, no caso do ato-condição, a fonte dos direitos do particular está na regulamentação prévia que se aplica a seu caso concreto, com a conseqüente possibilidade de que tal regulamentação seja derrogada (mediante norma jurídica do mesmo alcance do estatuto que se derroga) e substituída por outra que, circunstancialmente, pode ser mais, porém também menos, benéfica que a anterior. Por exemplo: de acordo com o direito positivo espanhol, o ato de nomeação de um funcionário público é claramente um ato-condição; pois bem, isto significa que os direitos do funcionário podem ser minorados por uma regulamentação que se edite posteriormente e que derrogue, mediante a promulgação de uma norma de adequado alcance legal, a anterior".[32]

Concluindo, Falla estabelece, como critério prático de distinção, a questão que deve ser levantada: "Os direitos dos particulares que se relacionam com a Administração Pública estão predeterminados em um regulamento anterior ou derivam concretamente das cláusulas pactuadas com a Administração?".[33]

Sabiamente, pois, Garrido Falla demonstra que, pelos efeitos advindos dos contratos (que, em geral, sendo atos jurídicos perfeitos, não se sujeitam às futuras modificações da norma legal em que foram embasados), estes não podem ser considerados atos-condição – entendimento, esse, que também adotamos.

Para finalizar esse entendimento, cabe colacionarmos as lições de Gordillo, que afirma não existir bilateralidade na formação de um ato unilateral:

(...) não se tratando, porém, de negar importância à vontade do administrado, nem de afirmar que possa prescindir-se de seu consentimento para realização de

---

32. Fernando Garrido Falla, *Tratado de Derecho Administrativo*, 10ª ed., vol. 2, pp. 46-47.
33. Idem, ibidem.

que se encontram em determinadas condições, àqueles que serão determinados por um ato realizado em conformidade com a regra. Todo ato que determina um indivíduo, de tal maneira que uma norma jurídica que não lhe seja anteriormente aplicável se torna aplicável, faz nascer para ele um *status* que não tinha anteriormente, fazendo-o ingressar numa nova categoria de atos jurídicos. Conseqüentemente, uma modificação é trazida ao ordenamento jurídico existente, pois que uma regra de direito objetivo se aplicará, de hoje em diante, a um indivíduo a quem antes não se aplicava, ou, inversamente, um *status* individual que não existia anteriormente aparece. O ato é *objetivo*, no sentido de não ter outro resultado além de condicionar a aplicação de certas disposições do direito objetivo. Mas ele tem qualquer coisa de subjetivo, pois condiciona a aplicação a um sujeito determinado pela norma considerada. Dou a esses atos um nome que já é utilizado por outros na terminologia corrente de publicistas; eu os chamo de *atos-condições*.

Os exemplos de atos jurídicos dessa espécie são inúmeros no direito público e no direito privado. É suficiente citar a nomeação de funcionário, o reconhecimento natural do filho, a legitimação, o casamento, a naturalização.[29]

Nas palavras de Manuel María Diez, o ato-condição "é uma manifestação de vontade, em exercício de um poder legal, que investe a pessoa de uma situação geral, impessoal e objetiva, de um *status* legal preexistente. Estes atos são a condição de aplicação de um *status* ou de uma competência".[30]

Sucintamente, trata-se, portanto, da existência de disposições gerais do direito positivo que, mediante um ato individual do sujeito, condicionam-se a este, atribuindo-lhe o exercício de um poder legal.

De acordo com Héctor Jorge Escola, aparentemente existiria certa semelhança entre os contratos administrativos e os atos-condição. Assim, "nos contratos tão típicos como a compra e venda ou a locação existe indubitavelmente uma alteração da situação jurídica de cada uma das partes que concorrem ao contrato, precisamente em virtude das estipulações estabelecidas nestes. Porém, tampouco pode desconhecer-se que nesses contratos, e em virtude de sua celebração, se fazem aplicáveis às partes contratantes situações jurídicas gerais e impessoais estabelecidas pelas leis que regulam a compra e venda e a locação. As disposições do direito objetivo, relativas ao comprador e ao vendedor, ao locador e ao locatário, se fazem aplicáveis a pessoas determinadas – os contratantes – por meio do contrato que elas celebram. Este é, pois, um verdadeiro ato-condição".[31]

Posteriormente, citando Fernando Garrido Falla, conclui Escola que, embora possa haver contratos que se assemelham aos atos-condição, constata-se que, em verdade, nem todos o são.

---

29. Léon Duguit, *Traité de Droit Constitutionnel*, 3ª ed., t. 1, p. 328.
30. Manuel María Diez, *El Acto Administrativo*, 2ª ed., p. 149.
31. Héctor Jorge Escola, *Tratado Integral de los Contratos Administrativos*, vol. 1, pp. 65 e ss.

uma decisão eficaz, mas de colocar em seu justo lugar a posição que essa vontade ocupa na estrutura do ato.

Afirmar-se, por exemplo, que nesses casos a expressão de vontade do administrado integra o respectivo ato unilateral, permitindo sua formação e existência, levaria à conclusão de que um ato ditado sem a petição do particular não teria existência jurídica, faltar-lhe-ia um elemento essencial. Seguindo-se tal critério, um ato desse tipo, ditado sem a petição do interessado, resultaria totalmente nulo e não poderia sanear-se com a posterior manifestação de vontade do interessado, aceitando o benefício. A conclusão parece inadequada, pois é claro que a concordância pode também expressar-se depois. (...).

De outro modo, poderia resultar que, se um particular aceitar um ato que lhe impõe um dever jurídico e tenha sido ditado unilateralmente pela Administração, referido consentimento o transforma de unilateral em bilateral, o que não seria correto. Ademais, a partir daquele critério, o resultado seria que qualquer petição do interessado que fosse atendida pela Administração formaria um ato bilateral.[34]

Em conclusão, aduz referido autor que "não é admissível que exista um ato bilateral em sua formação (segundo este critério) e bilateral em seus efeitos (segundo já vimos, a bilateralidade dos efeitos é comum) que não seja contrato administrativo. Conseqüentemente, não compartilhamos do aparecimento de categorias conceituais intermediárias, e entendemos que, se existe acordo de vontades na formação e bilateralidade nos efeitos, estamos ante um contrato administrativo; que, ao invés, se não se dá essa bilateralidade simultânea em ambas as hipóteses, trata-se de um ato administrativo unilateral".[35]

1.2.3 A ausência de desigualdade entre contratos administrativos e contratos de direito privado

Ainda dentro da teoria negativa do contrato administrativo, alguns autores não admitem sua existência não por o considerarem um ato unilateral, mas por não o distinguirem como espécie autônoma, tal qual o contrato de direito civil. Para eles não há diferenças, sendo todos os contratos regidos pelo direito comum.

De acordo com Massimo Severo Giannini, as características jurídicas do contrato administrativo são, em suas linhas fundamentais, as mesmas existentes nos contratos de direito privado.

Para ele, a atividade administrativa de direito privado é atividade administrativa em sentido próprio, isto é, visa à satisfação de interesses públicos, mas se desenvolve mediante institutos e normas de direito privado.[36]

---

34. Agustín Gordillo, *El Acto Administrativo*, 2ª ed., p. 111.
35. Idem, ibidem.
36. Massimo Severo Giannini, *Diritto Amministrativo*, 3ª ed., vol. 2, pp. 343 e ss.

Segundo Léon Duguit, o contrato é uma determinada categoria jurídica; e, quando os elementos que o formam se encontram reunidos, existe um contrato que tem sempre os mesmos caracteres e os mesmos efeitos. Conseqüentemente, se existem contratos que dão lugar à competência dos tribunais administrativos, só pode ser em razão do fim para o qual são celebrados. Não há diferença, com relação à natureza, entre um contrato civil e outro administrativo. O que dá a um contrato o caráter administrativo e fundamenta a competência dos tribunais administrativos é a finalidade de serviço público em vista da qual é celebrado. Toda outra solução conduz à arbitrariedade.[37]

Na Itália, Renato Alessi também defende a tese anticontratualista, entendendo que o contrato de direito público somente ocorre entre entidades públicas; entre o particular e o Poder Público só haverá possibilidade de se contratar pelo regime de direito privado.[38]

---

37. Léon Duguit, *Traité de Droit Constitutionnel*, 3ª ed., t. 1, pp. 699 e ss. Duguit discorre, primeiramente, sobre a possibilidade da autolimitação do Estado à lei e ao contrato, em face de sua soberania. Esse é o ponto de partida de alguns autores de direito público francês e alemão para sustentarem a distinção dos contratos de direito público e direito privado, em razão da existência de um posicionamento superior do Estado naqueles e inexistente nestes últimos. Duguit refuta esse posicionamento, entendendo existir uma conseqüência absolutamente inadmissível, posto que, se há realmente um contrato, com todos os elementos reunidos, não há que se falar se o ato é de direito público ou de direito privado. Seus resultados são e permanecem idênticos, e toda outra solução conduz fortemente à arbitrariedade. Ao final, Duguit admite distinguir o direito público e o direito privado, mas somente com relação à sanção. Para ele, as sanções do direito público e as do direito privado não podem existir nas mesmas condições, pois a satisfação de uma situação de direito privado não pode ser obtida da mesma maneira que aquela de direito público. Somente nisso é que consiste a diferença entre o direito público e o direito privado (loc. cit.).

38. Renato Alessi, *Sistema Istituzionale di Diritto Amministrativo Italiano*, pp. 244 e ss. Segundo Alessi:
"Sendo certo que a matéria das relações entre entes públicos foge necessariamente do campo do direito privado, isto é, que essas próprias relações são necessariamente submetidas ao direito público, não somente existe a possibilidade de um contrato entre os próprios entes públicos (nos casos em que se deva compor pacificamente um conflito de interesses secundários entre eles) mas, outrossim, a possibilidade de um *contrato de direito público*, sendo dessa forma que se deve definir este último, como um acordo consensual em que intervenham entes públicos para regular relações entre esses intercorrentes, acordo disciplinado necessariamente, como se viu, pelo direito público.

"Ao contrário, no caso de relações entre entes públicos e cidadãos, existe também a possibilidade de ser celebrado um *contrato* (no caso de composição pacífica voluntária de um conflito de interesses secundários intercorrentes entre esses) mas, todavia, sendo certo que, como anteriormente citado, quando a Administração atua, visando diretamente à satisfação de um interesse subjetivo, secundário, a atividade e as relações que não

Na Espanha, Antonio Royo Villanova, embora admita que os contratos de direito administrativo tenham requisitos especiais, entende que todos eles mantêm seu caráter civil.[39]

Sob esse prisma, pois, esses autores sustentam que não existe juridicamente um contrato administrativo, com características substancialmente diferentes das constantes nos contratos de direito privado.

Contudo, a maior parte dos doutrinadores afirma que os contratos administrativos têm elementos típicos que os diferenciam dos contratos de direito privado, diante da finalidade pública a ser alcançada e da existência do desnivelamento das partes contratantes, em face da existência, implícita ou explícita, das chamadas "cláusulas exorbitantes".

Com relação às cláusulas exorbitantes, desenvolveu-se, inclusive, uma teoria, na França, defendendo entendimento no sentido de que justamente a presença dessas cláusulas em um contrato o caracterizava como administrativo. Isso porque referidas cláusulas ultrapassavam, exorbitavam, a esfera do direito civil, para conferir à Administração Pública privilégios que a posicionavam acima do particular contratado, em função do interesse público.[40]

No entanto, os autores que sustentam a natureza privada de todos os contratos da Administração entendem que essas cláusulas não qualificam os contratos administrativos, sendo, inclusive, passíveis de inserção nos contratos de direito privado.

1.2.3.1 *Cláusulas exorbitantes nos contratos privados*

Com relação às cláusulas exorbitantes, Maria João Estorninho, sustentando que não há distinções entre os contratos de direito público e os de

consegue desenvolver são disciplinadas pelo direito privado (enquanto que o direito público disciplina somente relações e atividades tendo como finalidade imediata a direta satisfação do interesse público, com relação às quais somente a Administração pode valer-se da sua supremacia jurídica sobre os cidadãos), falta a possibilidade de um contrato que possa definir-se como contrato de direito público, regulado pelo direito público."
Conclui Alessi que "a noção de contrato não parece inconciliável com o campo do direito público, parecendo admissível a existência de contrato de direito público, porém parece que a admissibilidade dessa categoria deve ser rigorosamente limitada às relações entre entes públicos, por aparentar ser efetivamente inconciliável com as relações entre ente público e cidadão" (ibidem, pp. 247-248).
39. Antonio Royo Villanova, *Elementos de Derecho Administrativo*, 11ª ed., p. 754.
40. Com maiores detalhes, comentaremos o critério das cláusulas exorbitantes no Capítulo 2, item 2.6.

direito privado, entende que até mesmo tais cláusulas não ultrapassam o direito comum, pois nesse direito também é possível estabelecê-las em seus contratos.[41]

Referida autora nega a existência dos contratos administrativos e afirma, da mesma forma que Georges Vedel,[42] que não existe ilicitude no fato de um contrato de direito privado conter cláusulas exorbitantes, embora isso seja incomum.

Francis-Paul Bénoit também sustenta esse mesmo entendimento, dizendo que "a liberdade contratual é tal no direito civil que não existe praticamente nenhuma cláusula inserida nos contratos administrativos que não possa ser, em princípio, inserida num contrato de direito privado".[43]

Em outras palavras, Diez também se posiciona nesse sentido ao dizer que, embora possam parecer próprias dos contratos administrativos, essas cláusulas têm somente a característica de ser inabituais nos contratos civis, porém sua inclusão não seria ilícita.[44]

41. Maria João Estorninho, *Réquiem pelo Contrato Administrativo*, 1990. Estorninho, em sua obra, defende a idéia de que o contrato administrativo, na realidade, não passou de uma "invenção" da doutrina francesa, com a finalidade de permitir à Administração a manutenção de suas prerrogativas de autoridade mesmo na sua atividade contratual. Entende referida autora que os contratos privados da Administração não podem ser considerados absolutamente idênticos aos dos particulares, em face do fenômeno de publicização da atividade administrativa de direito privado; porém, o regime jurídico do contrato administrativo é, em si mesmo, compatível com o direito contratual comum, inexistindo, pois, a figura de um contrato administrativo como espécie autônoma, resultado de um mero equívoco histórico decorrente de problemas jurisdicionais.

42. Georges Vedel, *Droit Administratif*, 2ª ed., p. 643. Vedel coloca a seguinte questão: "A cláusula é uma estipulação que não se encontra nos contratos de direito privado porque seria ilícita ou simplesmente porque, de fato, os contratantes não têm o hábito de recorrer a ela. A primeira concepção é defendida por M. Waline. Nós persistimos em pensar, entretanto, que a maioria das cláusulas que a jurisprudência reconhece como exorbitantes do direito comum não seriam ilícitas num contrato de direito privado, mas de fato, inusitadas".

43. Francis-Paul Bénoit, *Le Droit Administratif Français*, pp. 598 e ss. Segundo entendimento de Bénoit, o contrato é regido pelo direito público ou privado, de acordo com a vontade das partes em assim eleger. Dessa forma, se as partes tiverem a intenção de inserir cláusulas exorbitantes nos contratos, é pelo fato de terem adotado o regime público. Também não basta a existência de uma cláusula exorbitante no contrato de direito privado para este se tornar público. Haverá sempre a necessidade de analisar a vontade das partes para caracterizar como público ou privado o contrato celebrado. Trata-se de um posicionamento isolado na doutrina francesa, sobre o qual teceremos outras considerações no Capítulo 3, subitem 3.3.1.

44. Manuel María Diez, *Derecho Administrativo*, vol. 2, p. 456.

Assim, por exemplo, afirmam os adeptos da presente teoria que não há impedimento algum a que um particular estipule como cláusulas, em um contrato de direito privado, poderes para alterar unilateralmente seu objeto ou determinar sua rescisão. Estas são consideradas como típicas cláusulas exorbitantes dos contratos administrativos.

Sem dúvida alguma, em princípio não existe óbice legal a que dois particulares estabeleçam determinadas cláusulas que outorguem, em um contrato privado, privilégios inabituais ou incomuns.

No entanto, a questão não é a de ser, ou não, possível que os contratos de direito privado estabeleçam privilégios inusitados, mas, sim, saber se eles podem prever "cláusulas exorbitantes".

Antes de mais nada, mister se faz entender o porquê da existência dessas cláusulas, ou seja, em quê se baseia e como se justifica a possibilidade de a Administração delas se utilizar, em supremacia ao particular.

Como é cediço, a existência das cláusulas exorbitantes é justificada na predominância do interesse público sobre o interesse privado. Sendo assim, a Administração deve ter condições de se valer de certas prerrogativas com o propósito de assegurar a efetiva consecução desse interesse.

Eis aqui o motivo, a finalidade, a justificativa, da existência das cláusulas exorbitantes: o *interesse público*.

Miguel Angel Berçaitz, ao discorrer sobre cláusula exorbitante, define-a como a exteriorização de "algo" que todo contrato administrativo leva em seu seio e que, em conformidade com cada hipótese, poderá estar ou não escrito expressamente, materializando-se em regras jurídicas de caráter excepcional.

Esse "algo" – que mais adiante o autor define como *interesse público* – constitui a "essência do contrato administrativo. Essas regras, que materializam esse algo, são aquelas pelas quais a Administração exerce sobre seu contratado direitos que *nenhum particular poderia atribuir-se em nenhum contrato, porque pressupõem a existência e o exercício do poder público que se faz presente no contrato administrativo com todas suas prerrogativas*"[45] (grifos nossos).

Mais adiante, aduz referido autor que "a determinação da existência desse interesse público superior da coletividade será de tal sorte *exclusiva da Administração*"[46] (grifos nossos).

---

45. Miguel Angel Berçaitz, *Teoría General de los Contratos Administrativos*, 2ª ed., pp. 221 e ss.
    46. Idem, ibidem. Para Berçaitz a inclusão de cláusulas exorbitantes do direito privado em um contrato converte-o em administrativo ainda que se trate de um acordo

Nas lições de Jean Rivero, são derrogatórias as cláusulas que "excedem a liberdade contratual e que por isso mesmo *são insuscetíveis de figurar num contrato entre particulares, por contrárias à ordem pública*"[47] (grifos nossos).

Marcel Waline assim também se posiciona ao afirmar que a Administração pode concluir contratos que nós chamamos administrativos, não por terem um objetivo administrativo, mas porque eles apresentam particularidades que os opõem aos contratos de direito privado, porque eles comportam cláusulas que, num contrato entre particulares, *seriam nulas, como contrárias à ordem pública.*[48]

De acordo com os ensinamentos de Miguel S. Marienhoff, "em um contrato da Administração, a inclusão de cláusulas que nos contratos de direito privado são 'inusitadas' ou 'ilícitas' converte o contrato da Administração em um contrato 'administrativo', propriamente dito. Trata-se de cláusulas através das quais, em definitivo, se reconhecem à Administração *prerrogativas de poder. Estas prerrogativas não são concebíveis em um contrato entre pessoas particulares*"[49] (grifos nossos).

Nesse mesmo sentido, Charles Debbasch afirma que "cláusula exorbitante é aquela que normalmente não se encontra nos contratos privados (T. C., 19.6.1952, *Société des Combustibles et Carburants Nationaux*, Rec. 628), sobretudo *porque seria ilícita*, 'tendo por objeto conferir às partes direitos ou colocar ao seu encargo obrigações de natureza estranha àquelas suscetíveis de serem livremente consentidas pelas partes, como prevêem as leis civis e comerciais' (20.10.1950, Stein, Rec. 505; 26.2.1958, *Cie. des Mines de Famelé – Gambie*, Rec. 128)"[50] (grifos nossos).

que a Administração Pública poderia ter celebrado em forma de contrato de direito privado. Então, todo contrato com cláusula exorbitante do direito privado é contrato administrativo. Porém, a ausência de cláusula desse tipo não converte um contrato administrativo por natureza em um contrato de direito privado, diante da possibilidade de elas estarem implícitas ou não.
 47. Jean Rivero, *Direito Administrativo*, p. 136. Para Jean Rivero o contrato só é administrativo se as partes tiverem manifestado vontade de se subtraírem ao direito civil, adotando cláusulas que se afastam dele. Assim, segundo esse autor, o critério decisivo do contrato administrativo é a presença da cláusula exorbitante ou derrogatória do direito comum, cuja presença é inadmissível num contrato entre particulares.
 48. Marcel Waline, *Droit Administratif*, 9ª ed., pp. 572 e ss. Mais adiante, reforça Waline que todas essas cláusulas, segundo a jurisprudência, são "cláusulas exorbitantes do direito comum, e desde que um contrato concluído para uma coletividade pública contenha uma tal cláusula, conclui-se que esse contrato é, em seu conjunto, regido pelo direito administrativo" (loc. cit.).
 49. Miguel S. Marienhoff, *Tratado de Derecho Administrativo*, t. 3-A, p. 78.
 50. Charles Debbasch, *Droit Administratif*, 2ª ed., p. 343.

Da mesma forma, Roberto Dromi argumenta que as cláusulas exorbitantes:

(...) são cláusulas derrogatórias do direito comum, *inadmissíveis nos contratos privados, porque rompem o princípio essencial da igualdade dos contratantes e da liberdade contratual que prevalece na contratação civil.*

Em outros termos, são cláusulas inusitadas no direito privado, ou que incluídas em um contrato de direito comum resultariam "ilícitas", por excederem o âmbito da liberdade contratual e por contrariarem a ordem pública. Estas estipulações têm por objeto criar nas partes direitos e obrigações estranhos, por sua natureza, aos quadros das leis civis ou comerciais[51] (grifos nossos).

Verifica-se, assim, que *essas cláusulas exorbitantes referem-se, na realidade, às prerrogativas da Administração,* que as detém para atingir efetivamente o interesse público.

No Brasil, Toshio Mukai ensina que "o poder de alteração unilateral do contrato reconhecido à Administração repousa no princípio da continuidade do serviço público. Para o atendimento deste, de forma continuada, e para a plena satisfação do interesse público, é que a Administração, independentemente da anuência do particular contratado, goza daquele privilégio de modificar o contrato".[52]

Ao revés, os contratos de direito privado, celebrados entre particulares, têm como objeto a busca de riquezas recíprocas entre as partes, almejando sempre a satisfação de um interesse pessoal; por essa razão, obviamente, não lhes assiste prerrogativa alguma outorgada pela lei, visto não terem a finalidade precípua de satisfazer o interesse público.

Diante dessas considerações, *pode-se afirmar ser ilícito que contratos de direito privado contenham cláusulas exorbitantes,* típicas dos contratos administrativos, em razão de *inexistir diretamente, naqueles contratos, objeto tendente à satisfação do interesse público.*

Por vezes consideram-se como cláusulas exorbitantes aquelas que, na prática, não podem ser estabelecidas nas relações privadas, porque respondem a preocupações de interesse geral, estranhas aos particulares.

Segundo Jean Lamarque, "nada, materialmente, impediria os particulares de inserir cláusulas desse tipo em seus acordos; mas elas seriam ilícitas, como contrárias às regras de ordem pública. De maneira oposta, *elas são lícitas nos contratos da Administração, em razão do interesse público que os inspira*"[53] (grifos nossos).

---

51. Roberto Dromi, *Derecho Administrativo*, 5ª ed., p. 315.
52. Toshio Mukai, *Licitações e Contratos Públicos*, 4ª ed., p. 98.
53. Jean Lamarque, "Le declin du critère de la clause exorbitante", in *Mélanges Offerts a Marcel Waline*, t. 2, p. 515.

Nada obsta, portanto, a que num contrato celebrado por dois particulares esteja estabelecido que uma das partes poderá alterar unilateralmente o ajuste ou rescindi-lo. Mas essas estipulações não se caracterizarão como cláusulas exorbitantes. Isso porque não será o interesse público, mas o interesse privado, pessoal, que será o objetivo de ambas as partes contratantes.

Em outras palavras, *inexistindo finalidade pública, não há que se falar em cláusula exorbitante*, mas, sim, em cláusula normal, que pode, ou não, ser inserida num contrato particular, desde que haja concordância das partes e seja admitido pelo ordenamento jurídico, pouco importando se resultará num verdadeiro equilíbrio entre os contratantes.

Subsome-se, pois, só no tocante às cláusulas exorbitantes, que os contratos administrativos têm características próprias, que são incompatíveis com as existentes nos contratos de direito privado, diferenciando-se substancialmente, portanto, destes últimos. Com efeito, isso é o que sustentam alguns adeptos da teoria positiva.

1.3 Teoria positiva do contrato administrativo

Os adeptos da teoria do contrato administrativo sustentam a existência dos contratos administrativos, com peculiaridades e características próprias, inconfundíveis, pois, com os contratos de direito privado.

Segundo Diez, "o contrato é uma instituição de caráter geral, que corresponde a todo o Direito, ainda que no direito civil se tenha alcançado uma aplicação mais apurada, mas nem por isso deixa de ser uma instituição de direito administrativo".[54]

Por essa razão, é equivocado partir do contrato de direito privado para individualizar o contrato de direito público, visto ser este uma espécie com matizes paralelas e diversas das previstas para o direito privado (civil e comercial ou, mesmo, trabalhista).

Nas lições de Mário Masagão, o contrato não é um conceito do direito privado, nem do direito público; em sua natureza formal, é um conceito da Teoria Geral do Direito.

---

54. Manuel María Diez, *Derecho Administrativo*, vol. 2, p. 452. Para Diez inexistiria singularidade no direito administrativo se fosse uma simples repetição da instituição civil. Dessa forma, é necessário existir uma modulação dos contratos administrativos, que não é uma pura particularidade ou exceção casuística relativa ao regime geral. Essa modulação surge da intervenção da Administração Pública, baseada em um procedimento de gestão pública que se distingue da gestão que realiza a mesma Administração com relação aos contratos civis, apresentando-se com características próprias no contrato administrativo.

Para o referido autor, "o Direito Romano conhecia tipos contratuais rígidos e fixos e, segundo escritores renomados, não chegou à abstração do contrato, como forma geral. Mas a ciência jurídica, libertando-se daquelas fórmulas, abstraindo e generalizando, extraiu delas o conceito fundamental. E descortinou a figura do 'contrato', em si, que não é peculiar nem ao direito privado, nem ao público, e cujo conceito pertence à Teoria Geral do Direito".[55]

Conclui assim, Masagão que "a substância do contrato é o acordo de vontades, gerando, entre as partes, relação jurídica. E tal coisa tanto surge no direito civil, no direito comercial, como no direito público, externo e interno".[56]

No Brasil, Cretella Jr. também perfilha esse mesmo entendimento, afirmando que "o contrato de direito privado difere do contrato de direito público, embora ambos se prendam ao protótipo contrato, que é *categoria jurídica*, comum aos dois".[57]

Afirma referido autor que "o contrato-gênero, o contrato-categoria jurídica, é realidade imposta pela unidade ontológica do Direito, dotado daqueles traços de universalidade que inexistem nas modalidades diversificadas, encontradas no campo do direito constitucional, administrativo, civil, comercial, internacional público e privado".[58]

Sob esse ponto de vista, portanto, parece indiscutível que os contratos administrativos constituem uma espécie totalmente distinta, independente da espécie dos contratos de direito privado; estando em paralelo, não se confundem com estes últimos, estando ambos, pois, dentro da categoria jurídica dos contratos.

Nas lições de Garrido Falla, a possibilidade jurídica teoricamente aceita de que a Administração realize verdadeiros contratos torna-se evidência

---

55. Mário Masagão, *Natureza Jurídica da Concessão de Serviço Público*, pp. 95-97.
56. Idem, ibidem.
57. Cretella Jr., "As cláusulas de privilégio nos contratos administrativos", *Revista de Informação Legislativa* 89/307. De acordo com os ensinamentos de Cretella Jr., o erro está no método de pretender a "transposição do contrato do direito privado, já diferenciado, para o campo do direito administrativo, ao invés de trabalhar com a *categoria contratual pura*, antes da respectiva estruturação num dado ramo da ciência jurídica". Assim, entende o autor que o contrato não é nem público e nem privado. "É a *figura iuris*-matriz aproveitada depois pelas duas alas da ciência jurídica. (...). Passa-se do *contrato* ao *contrato de direito público*, deste ao *contrato de direito administrativo*, subespécie do *contrato de direito público*" (ibidem, p. 309).
58. Cretella Jr., "As cláusulas de privilégio nos contratos administrativos", *Revista de Informação Legislativa* 89/309.

incontroversa, e a teoria desses instrumentos surge como uma necessidade imposta pela realidade.[59]

Para o referido autor os contratos administrativos constituem a realidade dos pactos existentes entre a Administração e os particulares, nascidos pela aplicação de uma técnica contratual cujo regime, sem embargo, difere sensivelmente do aplicável aos contratos civis.[60]

Assim, a prática cotidiana nos dá a certeza da existência dos contratos administrativos, sendo, atualmente, uma realidade incontestável, inclusive na doutrina alemã.

Segundo Ernest Forsthoff, "não se pode negar o fato de que o contrato tenha seu lugar no direito administrativo, pois se efetuaria um mau serviço à ciência jurídica, a qual não pode desconhecer fatos jurídicos atuais, se não quer perder contato com a realidade".[61]

Nos ensinamentos de Maurer, "após a II Guerra Mundial o contrato administrativo encontrou progressivamente, na literatura, aprovação e interesse. O Tribunal Administrativo Federal declarou-se, inequivocamente, em uma decisão de princípio, a favor da admissibilidade do contrato administrativo (*BverwGE* 23, 123). A Lei de Procedimento Administrativo de 1976 trouxe, então, com suas regulações contratuais, a ruptura definitiva. Com isso, o contrato administrativo está estabelecido *de lege lata*".[62]

59. Fernando Garrido Falla, *Tratado de Derecho Administrativo*, 10ª ed., vol. 2, p. 43.
60. Idem, ibidem. Garrido Falla caracteriza o contrato administrativo como um instrumento fundamental imbuído da idéia do fim que nele se persegue: o interesse público, em alguma de suas manifestações. Essa idéia, para Garrido Falla, tem, desde logo, uma clara repercussão na execução do contrato. Em primeiro lugar, determina que a Administração contratante não se despoje em absoluto das prerrogativas que precisamente tem para a tutela de tal interesse. Em segundo lugar, a própria idéia básica atua no sentido de determinar uma especial posição do contratado privado, que vem a se converter, em certo modo, em um colaborador da Administração (*Tratado de Derecho Administrativo*, 10ª ed., vol. 2, pp. 88 e ss.).
61. Ernest Forsthoff, *Traité de Droit Administratif Allemand*, pp. 416-417.
62. Hartmut Maurer, *Elementos de Direito Administrativo Alemão*, p. 133. Segundo Maurer, dispõe o § 54 da Lei de Procedimento Administrativo alemã que: "Uma relação jurídica na área do direito público pode, por contrato, ser fundamentada, modificada ou revogada (contrato jurídico-público), enquanto prescrições jurídicas não se opõem. Em especial, pode a autoridade, em vez de publicar um ato administrativo, celebrar um contrato jurídico-público com aquele ao qual ela, em geral, irá dirigir o ato administrativo". Comenta Maurer que "a lei refere-se, com isso, ao conceito de contrato geral e determina o contrato administrativo pelo seu objeto. Contrato é, segundo a doutrina do Direito geral, o acordo entre duas ou mais pessoas sobre a produção de um resultado jurídico determinado. Ele se realiza pela emissão de declarações de vontade (oferta e

Conforme lições de Odete Medauar, "apesar das resistências, a *teoria do contrato administrativo* teve seus elementos fundamentais elaborados nas decisões do Conselho de Estado Francês e acabou por firmar-se. Essa teoria, no entanto, afastou-se de preceitos da teoria do contrato privado vigente desde o século XVIII, como a igualdade entre as partes e a intangibilidade da vontade inicial das mesmas; formou-se a teoria de um contrato diferenciado do modelo privado, de um contrato em que a Administração dispõe de certas prerrogativas para assegurar o interesse público, sem que sejam sacrificados os interesses pecuniários do particular contratado. Embora a concepção de contrato administrativo fugisse à idéia de contrato, predominante nos séculos XVIII e XIX, não deixou de ser considerado contrato".[63]

1.3.1 Aceitação doutrinária do contrato administrativo

Na doutrina francesa, Jèze sustenta veementemente a existência dos contratos administrativos, ou seja, contratos diferentes dos concluídos entre os particulares.

aceitação) mutuamente correspondentes, dirigidas a um resultado jurídico determinado. Se as declarações de vontade não concordam (dissenso) ou se a vontade do vínculo jurídico falta, então não existe, de antemão, o contrato" (ibidem, pp. 115 e 124/nota de rodapé).
63. Odete Medauar, *Direito Administrativo Moderno*, 5ª ed., p. 247. Em sua outra obra, a autora traz ensinamentos sobre a evolução da concepção dos contratos regidos pelo direito administrativo, que acaba por firmar-se, separando-se dos preceitos tradicionais da teoria do contrato privado, sobretudo caracterizando-se os contratos administrativos em função de certas prerrogativas da Administração, para assegurar o atendimento ao interesse geral. Segundo Medauar, essa teoria, a contar dos anos 70 do século passado, acentuou-se aos poucos, para, novamente, retornar à preocupação com os contratos de direito público, atualmente voltados à tendência à paridade ou menor desigualdade das partes, revelada sobretudo por uma maior atenção com o particular contratado. Como um dos fatores de atenuação do caráter unilateral e impositivo da atividade administrativa menciona-se o uso de módulos convencionais, contratuais ou consensuais, a chamada "Administração concertada" (Odete Medauar, *O Direito Administrativo em Evolução*, pp. 197 e ss.). Cabe, aqui, salientar o surgimento de outras formas de contratações da Administração Pública caracterizadas pelo consenso, acordo, cooperação, e não pela conjugação de interesses opostos, como ocorre nos contratos administrativos. Ainda nas lições de Medauar, "diante desse novo modo de atuar, novos tipos de ajuste foram surgindo, com moldes que não se enquadram ao padrão clássico de contrato administrativo, nem ao padrão teórico de contrato vigente no século XIX. Discute-se, então se esses novos ajustes enquadram-se ou não na figura contratual, tal como se discutiu quanto ao contrato administrativo. Aqui segue-se o entendimento de que tanto os contratos administrativos clássicos como os novos tipos incluem-se numa figura contratual, num módulo contratual" (*Direito Administrativo Moderno*, 5ª ed., p. 271). Essa também é a linha de nosso entendimento, tendo em vista que tais ajustes têm diferenças específicas dos elementos constantes nos contratos administrativos, configuran-

Para Jèze, o fundamental é que o contratado tenha por intuito, além de cumprir suas obrigações, assegurar o funcionamento do serviço público almejado na contratação, e que esteja claramente estabelecida a intenção de submeter o avençado a um procedimento especial de direito público.[64]

Para André de Laubadère, sem dúvida alguma, nas duas disciplinas (direito administrativo e direito privado) o conceito de contrato é o mesmo, pois sempre se trata de um acordo de vontades que gera, para as duas partes, obrigações individuais subjetivas. Porém, se a natureza e a essência da instituição são idênticas, os sistemas jurídicos não são necessariamente os mesmos; há que distinguir, sob esse particular, os contratos celebrados pela Administração, de uma parte – isto é, contratos administrativos, sujeitos a regras especiais de direito público, cujo contencioso corresponde aos tribunais administrativos –, e, de outra, os contratos de direito comum (ou de direito privado), sujeitos ao regime do direito privado e à competência judicial.[65]

Referida distinção é efetuada por Laubadère caracterizando os contratos administrativos pela presença de cláusulas exorbitantes, sustentando que este é o critério essencial desses contratos, *la marque administrative*.[66]

Segundo Waline, o contrato administrativo – cuja existência e validez se reconhecem claramente – caracteriza-se por ter um regime jurídico especial, o qual, por sua vez, se origina na existência de um interesse público, que integra o próprio objeto do contrato.[67]

do, assim, uma nova espécie contratual, que, entretanto, não será objeto de análise no presente trabalho.
    64. Gaston Jèze, *Principios Generales del Derecho Administrativo*, vol. 3, p. 7. A teoria de Jèze é citada pelos doutrinadores como a mais famosa, devido ao início do desenvolvimento dos estudos relativos aos contratos administrativos e ao espírito analítico que a eles imprimiu. Ele é considerado o pai da teoria dos contratos administrativos (nesse sentido, v.: Themístocles Brandão Cavalcanti, *Tratado de Direito Administrativo*, 3ª ed., vol. 1, p. 249; Cretella Jr., *Tratado de Direito Administrativo*, vol. 3, p. 18).
    65. André de Laubadère, *Manual de Derecho Administrativo*, 10ª ed., p. 185. Para Laubadère, conforme comentários efetuados em outra obra, o contrato administrativo faz do contratante um colaborador da Administração, objetivando a satisfação de um interesse geral e, por esse motivo, atribui às partes contratantes obrigações e direitos especiais. Além disso, existe uma certa mutabilidade dos contratos administrativos, ao contrário do que ocorre nos contratos de direito privado, nos quais prevalecem noções rigorosas de imutabilidade das cláusulas contratuais, conhecida como "lei entre as partes" (*Traité Theórique et Pratique des Contrats Administratifs*, vol. 1, pp. 18 e ss.).
    66. Laubadère, *Traité des Contrats Administratifs*, vol. 1, pp. 226 e ss.
    67. Marcel Waline, *Manuel Élémentaire de Droit Administratif*, pp. 479 e ss. Para Waline a diferença entre os contratos de direito administrativo e os de direito civil não está na personalidade dos sujeitos que contratam; ela deve estar necessariamente relacionada ao objeto do contrato. E é neste ponto de vista, com efeito, que a análise jurídica revela uma diferença: enquanto os contratos entre particulares têm por objetivo

Em Portugal, Marcello Caetano afirma ser

(...) manifesto que o Estado contrata com os particulares sempre que cria, modifica ou extingue uma relação jurídica mediante acordo celebrado com pessoa que podia não querer ser sujeito dessa relação ou que ele era livre de excluir escolhendo outra.

Pouco importa que as cláusulas do contrato tenham sido pré-redigidas unilateralmente ou estejam imperativamente fixadas por lei, pois vimos não serem esses fatos contraditórios com a concepção moderna de contrato.

Dizer, como Otto Mayer, que nunca há senão a sucessão de atos administrativos a que corresponde a submissão voluntária do particular é fechar os olhos à realidade.

Nos contratos de direito público a relação nasce do encontro de vontades, resulta de verdadeiro acordo livre sobre um objeto determinado: nenhum dos sujeitos considera definida e constituída a relação sem se verificar o mútuo consenso.[68]

Na Espanha, Carlos García Oviedo caracteriza os contratos administrativos como a forma pela qual a Administração cumpre seu fim de interesse público, porém não atuando de forma imperativa, mas, sim, mediante pacto com o particular contratado.

De acordo com o referido autor, os contratos administrativos recebem esse nome porque são atos de atividade administrativa, isto é, atos cujo objeto constitui meio característico da Administração para o cumprimento de seus fins de interesse público, não lhe sendo próprio atuar por meio de instrumento de origem autoritária imperativa, e sim mediante forma jurídica passional, convencional.[69]

Recaredo Fernández de Velasco[70] e Rafael Bielsa,[71] nas doutrinas espanhola e argentina, respectivamente, também caracterizam os contratos

---

interesses particulares, os contratos administrativos têm por objetivo, de uma parte, um interesse puramente privado (o interesse do contratado da Administração) e, de outra, um interesse público, pelo fato de que a pessoa administrativa, pelos seus agentes, contrata para gerir serviço público.

Em outra obra Waline sustenta a existência de três categorias de contratos administrativos: (1º) contratos em que ao menos um dos contratantes é pessoa administrativa, que têm por objeto a execução de serviço público; (2º) contratos que comportam ocupação do domínio público; (3º) contratos que, tendo uma pessoa administrativa como uma das partes, reúnem uma ou outra dentre duas condições: (a) o objeto da obrigação da outra parte é a execução de um serviço público; (b) tendo por objeto somente mediata ou indiretamente a execução de um serviço público, o contrato contenha cláusulas ditas exorbitantes do direito comum (*Droit Administratif*, 9ª ed., p. 565).

68. Marcello Caetano, *Manual de Direito Administrativo*, 10ª ed., t. 1, p. 577.
69. Carlos García Oviedo, *Derecho Administrativo*, 3ª ed., pp. 591 e ss.
70. Recaredo Fernández de Velasco, *Los Contratos Administrativos*, p. 21. Velasco entende que a especialidade do contrato administrativo reside no objeto e no interesse

administrativos em razão da finalidade pública a ser perseguida, que condiciona toda a contratação e dá lugar à constante mutabilidade das condições avençadas.

No México, Gabino Fraga entende existir contrato administrativo, mas sua caracterização será devida somente após análise de cada caso concreto, visto depender da existência, ou não, da vinculação da finalidade do contrato com o cumprimento das atribuições estatais.[72]

A maioria dos autores, portanto, afirma que o contrato administrativo é uma realidade presente no mundo jurídico, e que se distingue claramente dos contratos de direito privado.

Unanimemente, admitem a existência de determinadas características típicas, sempre presentes, portanto, nos contratos administrativos, quais sejam: a finalidade pública; as prerrogativas da Administração Pública que lhe são inerentes, irrenunciáveis; e, podemos dizer, em conseqüência disso, a ausência da vontade.

1.3.2 Elementos dos contratos públicos inconsentâneos com os dos privados

Entendemos assistir razão a essa teoria positiva dos contratos administrativos, pois, sem dúvida, estes têm características específicas que estabelecem a diferenciação absoluta em relação aos contratos de direito privado.

Vejamos alguns elementos do contrato administrativo que contrariam os do contrato de direito privado.

1.3.2.1 *Objeto fora do comércio*

De início, temos – nas lições de Francesco Messineo, ao explanar sobre a função social do contrato civil – que esse instrumento é o veículo da *circu-*

geral que implica. Por esse motivo, tomam-se precauções, buscam-se garantias e lhe são apontados procedimentos singulares para sua efetividade.

71. Rafael Bielsa, *Derecho Administrativo*, 6ª ed., t. 2, pp. 171 e ss. Para Bielsa é contrato administrativo o que a Administração Pública celebra com outra pessoa pública ou privada, física ou jurídica, e que tem por objeto uma prestação de utilidade pública. Dessa forma, deverão concorrer dois elementos em todos os contratos administrativos: (a) um dos sujeitos da relação jurídica deverá ser a Administração Pública, atuando como entidade de direito público; (b) o objeto do contrato deverá ser uma prestação de utilidade pública. Presentes esses elementos, o contrato será necessariamente administrativo, dando ensejo, dessa forma, à inserção das cláusulas exorbitantes.

72. Gabino Fraga, *Derecho Administrativo*, 5ª ed., pp. 543 e ss. Para Fraga o que dá caráter administrativo ao contrato é sua finalidade ou utilidade pública; essa finalidade é que impõe a existência do regime exorbitante para regular as relações que surgem.

lação da riqueza e, por conseguinte, só se pode concebê-lo, como instituição pura de direito privado, em regimes que admitem a propriedade individual.[73]

Indubitavelmente, verifica-se a inexistência dessa função social nos contratos administrativos. Nesses, a Administração não visa a circular riqueza, tendo como objetivo único o interesse público. Também não há que se falar em propriedade individual da Administração, posto que o pagamento das contraprestações dos serviços públicos não pertence ao Estado: trata-se de verba pública; da mesma forma, a propriedade que utiliza, que pertence ao público em geral.

Segundo Maria Helena Diniz, "a noção de contrato contém dois *elementos*: (a) o *estrutural* (...); (b) o *funcional*, ou seja, a composição de interesses contrapostos, mas harmonizáveis, entre as partes, constituindo, modificando e solvendo direitos e obrigações na área econômica. Isto é assim ante a função econômico-social do contrato, que constitui razão determinante de sua tutela jurídica (...) o contrato, em seus diferentes tipos, é instrumento jurídico que exerce função econômica específica, com o intuito de atingir fins ditados pelos interesses patrimoniais dos contratantes. O contrato representa o centro da vida dos negócios, o instrumento prático que atua sob as mais variadas finalidades da vida econômica, que implica a composição de interesses inicialmente opostos, ou, quando menos, não-coincidentes".[74]

A função social dos contratos administrativos, portanto, não é a circulação de riqueza, mas a consecução do interesse público, de todos, que não é comerciável – diferindo, assim, substancialmente dos contratos privados.

1.3.2.2 *Ausência da relatividade das convenções*

Aqui também se encontra outro aspecto específico dos contratos administrativos que contraria um dos princípios do direito contratual civil, que é o da relatividade das convenções.

---

73. Francesco Messineo, *Doctrina General del Contrato*, t. 2, pp. 33 e ss. Messineo entende que o contrato, qualquer que seja sua figura concreta, exerce uma função e tem um conteúdo constante: o de ser o centro da vida dos negócios, o instrumento prático que realiza as mais variadas finalidades da vida econômica. Mais adiante, aduz referido autor que a variedade possível do conteúdo econômico do contrato faz dele um instrumento flexível e particularmente precioso para a vida econômica. Na legislação argentina (art. 1.321) o contrato é definido como o "acordo de duas ou mais partes, para constituir, regular ou dissolver entre elas uma relação jurídica patrimonial" (loc. cit.).

74. Maria Helena Diniz, *Curso de Direito Civil Brasileiro*, 15ª ed., vol. 5, pp. 25-26.

De acordo com esse princípio (*res inter alios acta*), os efeitos dos contratos só alcançam as partes, não aproveitando a terceiros, nem prejudicando-os.

Porém, tratando-se de um contrato administrativo, seus efeitos se estendem a todos, pois tais instrumentos contratuais têm por objeto a satisfação do interesse público, geral – diferindo, portanto, dos efeitos existentes nos contratos de direito privado.

Nesse sentido, Berçaitz, fazendo menção a outro caráter importante do contrato administrativo, discorre sobre os efeitos que ele produz com relação a terceiros que dele não participaram e que outorgam ao contratado poderes e obrigações que não cabe conceber nos contratos de direito privado.

Nas lições do referido autor os contratos administrativos são, por sua natureza, aqueles "celebrados pela Administração com um fim público, circunstância pela qual podem conferir ao contratado *direitos e obrigações frente a terceiros*; em sua execução, portanto, tais contratos podem afetar a satisfação de uma necessidade coletiva, razão pela qual estão sujeitos a regras de direito público, exorbitantes do direito privado, que colocam o contratado da Administração Pública em uma situação de subordinação jurídica".[75]

Como exemplo dessa situação podemos citar os contratos de concessão de obra pública, nos quais se outorga ao concessionário direito de exigir de determinados terceiros o pagamento proporcional pelos serviços prestados.

Por outro lado, os contratos administrativos também diferem dos privados por atribuírem a terceiros o direito de invocar o cumprimento do objeto da contratação.

Nesse sentido, Dromi afirma que:

Os terceiros podem invocar o contrato administrativo, por exemplo, na concessão de serviço público, pelo qual podem exigir que o concessionário preste o serviço correspondente na forma pactuada. O ajuste entre a Administração Pública e o contratado é a lei, à qual haverão de sujeitar-se os usuários do serviço, ou da obra, ou os contribuintes beneficiários dela, segundo o caso.

O preço do serviço público concedido se fixa também no contrato, e os usuários do serviço estão obrigados não só a ajustar-se a ele, senão também a suportar as variações que a Administração Pública autorize a introduzir nele posteriormente.[76]

Dessa forma, verifica-se que se trata de mais uma característica dos contratos de direito público, que difere da existente nos contratos de direito

---

75. Miguel Angel Berçaitz, *Teoría General de los Contratos Administrativos*, 2ª ed., pp. 246-247.
76. Roberto Dromi, *Derecho Administrativo*, 5ª ed., p. 317.

privado, visto que nesses últimos os efeitos não alcançam a coletividade, mas tão-somente as partes contratantes.

1.3.2.3 Parcela ínfima da autonomia da vontade

Além desses dois requisitos anteriormente levantados – que já demonstram aspectos divergentes entre os contratos administrativos e os contratos privados –, um outro, a nosso ver, extingue por completo a idéia da semelhança desses dois institutos. Trata-se do princípio básico do direito contratual civil e, também, de um dos principais elementos constitutivos dos contratos privados, qual seja, o da *autonomia da vontade*.

Segundo ensinamentos de Sílvio Rodrigues, "o princípio da autonomia da vontade se desdobra em dois outros, a saber: (a) princípio da liberdade de contratar ou não contratar; (b) princípio da liberdade de contratar aquilo que entender. Por conseguinte, de acordo com o princípio da autonomia da vontade, ninguém é obrigado a se ligar contratualmente, só o fazendo se assim lhe aprouver. E, ainda: qualquer pessoa capaz pode recorrer a qualquer procedimento lícito para alcançar um efeito jurídico almejado".[77]

Nas lições de Maria Helena Diniz, as obrigações contratuais, no direito civil, são regidas, dentre outros, pelo princípio da autonomia da vontade, "no qual se funda a liberdade contratual dos contratantes, consistindo no poder de estipular livremente, como melhor lhes convier, mediante acordo de vontades, a disciplina de seus interesses, suscitando efeitos tutelados pela ordem jurídica. Esse poder de auto-regulamentação dos interesses das partes contratantes, condensado no princípio da autonomia da vontade, envolve, além da liberdade de criação do contrato: (a) a liberdade de contratar ou não contratar, isto é, o poder de decidir, segundo seus interesses, se e quando estabelecerá com outrem uma relação jurídica contratual (...); (b) a liberdade de escolher o outro contraente (...); e (c) a liberdade de fixar o conteúdo do contrato (...)".[78]

Nos contratos administrativos verifica-se que esses requisitos acima são inexistentes. De uma parte, porque a liberdade de pactuar inexiste para a Administração, tendo ela o dever de contratar quando o interesse público assim se impuser. De outra parte, não existe tampouco a liberdade de escolha do contraente, vez que a Administração está sujeita à regra geral da licitação pública, e mesmo nas exceções a essa regra deverá demonstrar o motivo pelo qual escolheu uma ou outra pessoa para contratar. No tocante à li-

---

77. Sílvio Rodrigues, *Direito Civil*, 27ª ed., vol. 3, pp. 15-16.
78. Maria Helena Diniz, *Curso de Direito Civil Brasileiro*, 15ª ed., vol. 5, p. 31.

berdade de fixar o conteúdo do contrato também inexiste liberdade para a Administração Pública, que está atrelada às cláusulas já estatuídas em lei.

Por outro lado, verifica-se também inexistir a liberdade absoluta para o particular que contrata com a Administração, haja vista que esta é quem estabelece o conteúdo do contrato, enquanto aquele participará somente de alguns itens – como o preço, por exemplo.

Subsome-se, assim, que quando uma das partes da relação contratual é a Administração Pública, essa liberdade, esse querer ou não, é praticamente inexistente, visto ser-lhe obrigatório contratar, se assim o exigir o interesse público. Em outras palavras, tratando-se de contrato que tem por objetivo esse interesse, *a Administração não pode optar entre efetivar ou não esse instrumento, sendo obrigada a contratar.* Com relação ao particular, sua autonomia também se encontra reduzida nos contratos administrativos, visto que a maior parte do conteúdo desses instrumentos é estabelecida pela Administração.

Gendin, citando Mellado, explicita que o conceito de obras e serviços públicos como aqueles que pertencem à ordem civil consiste principalmente em se fundarem na vontade, isto é, em terem o caráter de consensuais, considerando referido autor que entre particulares a faculdade de contratar é *omnímoda*, é *libérrima*, "em tanto *que nos contratos administrativos essa vontade não é absoluta*, pois deve estar submetida por completo às prescrições legais e ao que as disposições vigentes dispõem em cada caso, distinção de verdadeira importância, porque nos demonstra que os contratos administrativos significam principalmente um mecanismo da Administração e não um princípio autoritário da mesma"[79] (grifos nossos).

Para José Manuel Sérvulo Correia, no plano da autonomia pública contratual, "*a decisão ou deliberação de contratar* traduz o cumprimento de uma diretiva teleológica positiva. (...). A decisão ou deliberação de contratar apóia-se primeiramente numa escolha do fim a prosseguir através do contrato, na qual por seu turno se conclui uma hierarquização de necessidades vitais para a comunidade, correspondente às atribuições da pessoa coletiva pública, cujas premências têm de ser ponderadas comparativamente segundo um critério teleológico, isto é, à luz de um interesse público de grau superior aos interesses hierarquizados para efeito de ordem de satisfação (...). A vinculação da Administração à racionalização dos meios a utilizar cria-lhe um *dever de agir* para integrar a lei (designadamente a que estabelece as atribuições da pessoa coletiva pública) quando se apresente a corresponden-

---

79. Sabino Gendin, *Los Contratos Públicos*, 1ª ed., pp. 31-32 (citando Mellado, *Tratado Elemental de Derecho Administrativo*, 1894, pp. 945 e ss.).

te necessidade. A Administração deve agir sempre que se evidencie um interesse público cuja valoração imponha a sua satisfação".[80]

De acordo com Roberto Dromi, nos contratos administrativos "as partes restam circunscritas ou limitadas pela norma que fixa o procedimento para eleger o contratado; a aprovação ou autorização legislativa ou administrativa; e a subordinação do objeto ao interesse público. O contratado não tem, em princípio, a liberdade de dissentir a respeito das condições do contrato; só pode aceitá-las ou rechaçá-las, prevalecendo sempre o interesse público sobre os interesses privados".[81]

Não se pode dizer, portanto, que existe o princípio da autonomia da vontade nos contratos administrativos, pois nem o particular e tampouco a Administração Pública têm a liberdade necessária e existente nos contratos de direito privado.

Nas lições de Lúcia Valle Figueiredo, "a Administração Pública tem o dever de somente celebrar contratos *cujo fim imediato seja de interesse público.* Ademais, tem o dever de *não dispor da coisa pública,* que é *indisponível.* Portanto, *não pode pactuar com autonomia de vontade.* Eis aí por que não há contratos privados da Administração, pois ela não pode pactuar '*se, quando* e *como* quiser'".[82]

Márcio Cammarosano atenua essa ausência de autonomia, entendendo ser exagero dizer que não dispõe o administrador público de qualquer margem de liberdade para manifestação da vontade.

Mas entende também esse autor que tal autonomia é mínima:

(...) na medida em que o administrador público não administra bens e interesses particulares, mas que, isto, sim, bens e interesses públicos, a autonomia da vontade, por força da ordem jurídica, apresenta-se tão debilitada que a ela costuma-se contrapor a idéia de função.

O administrador público, diz-se, exerce função, isto é, atua cumprindo dever jurídico, condicionada a validade dos atos que expede, dos acordos que firma, a uma avalanche de princípios e normas jurídicas, muitos deles estranhos ao direito privado, e outros com feições tão próprias, que compõem o denominado direito público e, mais particularmente, o regime jurídico administrativo. (...).

Ainda que consideremos os mais recentes avanços na investigação de temas como o da discricionariedade, que enfatizam condicionantes da atuação governamental extraíveis não apenas do plano normativo, mas também das circunstâncias

---

80. José Manuel Sérvulo Correia, *Legalidade e Autonomia Contratual nos Contratos Administrativos,* p. 664.
81. Roberto Dromi, *Derecho Administrativo,* 5ª ed., p. 314.
82. Lúcia Valle Figueiredo, "Contratos administrativos", in Celso Antônio Bandeira de Mello (coord.), *Direito Administrativo na Constituição de 1988,* p. 139.

de cada caso, de cada situação, em razão mesmo da aplicação de princípios maiores do nosso ordenamento jurídico, como os da moralidade administrativa, da finalidade, da motivação, ainda assim, afirmar a inexistência de grau algum de autonomia de vontade no setor público seria traçar um perfil caricatural da Administração Pública.

Mais adiante, conclui Cammarosano dizendo que, "se é certo que no setor privado é que se manifesta, com maior vigor, a autonomia da vontade, e no setor público viceja o conceito de função, de dever jurídico, de processo de formação da vontade e conteúdo dessa mesma manifestação juridicamente regulado com intensidade, também é certo que no setor privado incidem normas de ordem pública, que excepcionam o princípio da autonomia da vontade, e no setor público remanesce alguma margem de liberdade para atuação do administrador público, nada desprezível".[83]

Verifica-se, portanto, que quando uma das partes da relação contratual for a Administração Pública a autonomia da vontade é quase nula, em face do poder-dever de sempre visar à realização do interesse público. Contudo, tal fato não exclui a existência dos contratos administrativos. Ao revés, caracteriza-os, juntamente com os outros requisitos supracitados, sendo uma realidade presente no ordenamento jurídico que não se confunde, pois, com os contratos de direito privado, reafirmando-se como uma espécie totalmente diferenciada, com elementos típicos que lhe dão especial fisionomia, estrutura e dinâmica. E, por isso, os contratos administrativos devem ser considerados como espécie autônoma da categoria jurídica dos contratos.

1.3.2.4 *Desequilíbrio das partes contratantes*

Nos contratos regidos pelo direito civil há um elemento básico visando a garantir a segurança jurídica da relação a ser firmada: trata-se da *igualdade das partes contratantes*.

Referido elemento, contudo, não está presente nos contratos celebrados pela Administração Pública, em função das prerrogativas que esta última detém, colocando-a em um nível superior com relação ao particular contratado, tratando-se, portanto, de mais um elemento característico desses instrumentos contratuais.

Segundo Lúcia Valle Figueiredo, o desnivelamento das partes existente nos contratos administrativos não é exatamente para conceder privilégios à Administração Pública. É que, justamente por força da "relação de adminis-

---

[83]. Márcio Cammarosano, "Contratos da Administração Pública e natureza jurídica da permissão de serviço público", in Celso Antônio Bandeira de Mello (coord.), *Estudos em Homenagem a Geraldo Ataliba-2*, pp. 488-504.

tração", mediante a qual a Administração tem a obrigação de celebrar contratos para o atendimento do interesse público, é que nunca poderá haver o nivelamento das partes.[84]

Em outras palavras, o desnivelamento da relação contratual existente em razão de a Administração Pública se situar num plano superior ao do contratado justifica-se em face do princípio da supremacia do interesse público sobre o particular, através do qual o interesse privado sempre deverá ceder ao interesse público, jamais podendo sobrepujá-lo.

Na lição de Themístocles Brandão Cavalcanti, o que caracteriza o contrato administrativo "é precisamente essa preponderância da vontade do Estado, que tira a essa espécie de contrato a paridade inerente à natureza dos atos jurídicos bilaterais privados, e por isso, por uma imposição do serviço público".[85]

Cabe salientar que essa desigualdade das partes contratantes, contudo, não se caracteriza como submissão do particular contratado perante a Administração Pública, mas precipuamente como pacto de colaboração através do qual ambos objetivam o bem da coletividade; motivo pelo qual o contratante particular celebra o acordo ciente da existência de tais prerrogativas e anuindo, mesmo assim, a essa relação.[86]

1.4 Teoria intermediária

Os adeptos da teoria intermediária sustentam que a Administração Pública tanto pode celebrar contratações de direito privado como de direito público.

Nesse sentido posiciona-se também a maioria dos doutrinadores, defendendo a existência dos contratos administrativos bem como a possibilidade de a Administração Pública celebrar contratos privados.

Segundo Marienhoff, a atividade contratual da Administração Pública não se limita à celebração de contratos "administrativos", propriamente ditos: estende-se à celebração de contratos de direito comum (civil ou comercial).

Marienhoff entende que, em princípio, são "contratos de 'direito comum' da Administração todos aqueles onde a atividade ou a prestação do

---

84. Lúcia Valle Figueiredo, "Contratos administrativos", in Celso Antônio Bandeira de Mello (coord.), *Direito Administrativo na Constituição de 1988*, p. 139.
85. Themístocles Brandão Cavalcanti, *Tratado de Direito Administrativo*, 3ª ed., vol. 1, p. 242.
86. A esse respeito realizaremos maiores comentários no Capítulo 4, item 4.1.

contratado 'não' se relacionem, de forma direta e imediata, a alguma das funções essenciais ou específicas do Estado, aos fins públicos próprios deste, salvo se o contrato contiver alguma ou algumas cláusulas exorbitantes 'expressas'".[87]

Jèze também admite a existência de contratos ordinários regulados pelo Código Civil celebrados pela Administração Pública, desde que não previstos os elementos que estabelece como necessários à caracterização dos contratos administrativos. Segundo esse autor, "os agentes públicos, para fazer funcionar um serviço público, ou seja, para assegurar a satisfação das necessidades de interesse geral para a qual a legislação organiza um regime jurídico (*serviço público propriamente dito*), podem celebrar *contratos civis*, regidos pelo direito civil, ou *contratos administrativos*, regidos pelo direito público. A noção atual de serviço público não significa que os agentes públicos *devam* utilizar exclusivamente os procedimentos jurídicos do direito público. Existem casos em que sucede assim, em que não é possível eleger, em que o contrato administrativo se impõe. Muito freqüentemente os agentes administrativos podem usar o contrato civil ou o contrato administrativo, segundo o que julguem mais útil".[88]

Para Diez, também, os contratos da Administração se classificam em civis e administrativos, caracterizando-os o fato de que em ambos intervém a Administração.

De acordo com referido autor, "o regime jurídico dos contratos da Administração, ou seja, o conjunto de disposições relativas a seus efeitos e à sua execução, é original e distinto daquele que se aplica aos contratos de direito privado. Contrariamente, os dois tipos de contrato da Administração, civil e administrativo, obedecem em sua formação a certo número de normas comuns, que surgem seja da organização administrativa, seja da natureza contratual do ato considerado. Estas normas, no mérito, em que um dos contratados é um órgão da Administração, são, ainda para os contratos civis da Administração, distintas das dos contratos de direito comum".[89]

Segundo Debbasch, os contratos celebrados pela Administração são de duas categorias. Alguns são concluídos nas condições do direito privado e submetidos ao mesmo regime das convenções entre particulares. Outros obedecem a um regime particular do direito administrativo, protetor dos interesses da autoridade pública.[90]

---

87. Miguel S. Marienhoff, *Tratado de Derecho Administrativo*, t. 3-A, p. 177.
88. Gaston Jèze, *Principios Generales del Derecho Administrativo*, vol. 3, p. 323.
89. Manuel María Diez, *Derecho Administrativo*, vol. 2, pp. 440-441.
90. Charles Debbasch, *Droit Administratif*, 2ª ed., p. 341.

Da mesma maneira, para Velasco, "um contrato realizado pela Administração pode ser público e pode ser privado: público, quando atua como poder, propriamente dito; privado, quando atua como simples pessoa jurídica".[91]

Para Berçaitz, "quando a Administração Pública necessita para o cumprimento de seus fins recorrer à colaboração dos particulares, pode optar entre celebrar com eles contratos de direito privado ou contratos administrativos".[92]

Nos ensinamentos de Bielsa, "a conveniência, e ainda a necessidade, de diferenciar claramente os contratos administrativos (submetidos integralmente a um regime de direito público) é tão evidente, tão inquestionável, que toda explicação ou discussão a respeito é óbvia. Não só razões de ordem doutrinária, senão de índole prática, impõem esta diferenciação. Porque, com efeito, o Estado pode realizar duas classes de contratos, segundo o objeto, fim e regime destes".[93]

Na doutrina brasileira, Caio Tácito também se posiciona nesse sentido ao afirmar que "a Administração Pública poderá pactuar contratos que se

---

91. Recaredo Fernández de Velasco, *Los Contratos Administrativos*, p. 46.
92. Miguel Angel Berçaitz, *Teoría General de los Contratos Administrativos*, 2ª ed., p. 214.
93. Rafael Bielsa, *Derecho Administrativo*, 6ª ed., t. 2, p. 175. De acordo com Bielsa têm sido propostos diversos critérios para determinar quando um contrato é público; por exemplo, em consideração ao objeto (serviço público) ou ao regime dentro do qual trabalha o sujeito; neste sentido pode-se falar de um critério de determinação material (ou substancial) e de um critério formal, respectivamente.
  Pelo critério substancial, entende referido autor que é a Administração Pública quem deve considerar se tal ou qual prestação deve ser submetida a um regime de direito público.
  Se a Administração Pública deve efetuar contratos de compra e venda para satisfazer um serviço urgente e geral de índole sanitária ou de segurança pública, ela estabelecerá cláusulas que saem da órbita do direito privado, e o contrato será administrativo.
  Porém, quando não se trate de satisfazer um serviço dessa índole, a Administração Pública se colocará no mesmo plano que os particulares; então, o contrato será de direito privado.
  Pelo critério formal, a distinção será determinada pelo caráter jurídico em que atua a Administração Pública. Para explicar esta distinção é necessário fundar-se na dupla personalidade do Estado.
  Concluindo esse último critério, o autor adverte que, "não havendo instituído na ordem nacional as duas jurisdições contenciosas, ou seja, a judicial e a contencioso-administrativa, senão e tão-só a judicial, a lei e a jurisprudência têm estabelecido a sábia diferenciação, é dizer, a dupla personalidade, ou as duas esferas jurídicas em que atua o Estado, como pessoa civil e como pessoa pública, ou seja, administrativa, e daí duas classes de relações jurídicas, tanto na ordem contratual como na extracontratual" (ibidem, pp. 176-180).

regulem pelas normas comuns de direito privado, tendo-se apenas de considerar a *capacidade do contratante* em função das correspondentes normas administrativas, tal como ocorrerá em geral com as pessoas jurídicas".[94]

1.4.1 A dupla personalidade da Administração Pública

A possibilidade admitida por inúmeros autores de a Administração celebrar contratos de direito público e de direito privado guarda certa semelhança com a teoria que distinguia os atos de império e os de gestão: aqueles relacionados aos atos praticados com supremacia, apreciados, por esse motivo, pela jurisdição especial; e estes últimos relacionados com os atos praticados pela Administração como qualquer particular, despojada de seu poder de império, de competência da jurisdição comum.

Esse critério, por conseguinte, estabelece a possibilidade de existir uma dupla personalidade da Administração Pública, ora exercendo atos de império, ora atos de gestão.

Diez, ao tecer considerações a respeito do critério ora exposto, ensina que "no ato de autoridade, a Administração atua como titular do poder público, e daí tratar-se de um verdadeiro sujeito de direito público submetido à jurisdição contencioso-administrativo; nos atos de gestão a Administração se despoja de seu *imperium* e atua com o mesmo título que os sujeitos privados, em igualdade de condições com eles, restando submetida ao Direito e à jurisdição ordinários".[95]

Em outras palavras, esse critério defende a idéia de que nos casos em que a Administração praticasse atos de império estaria atuando como pessoa jurídica de direito público – e, portanto, agindo dessa maneira, a apreciação de tais atos seria da competência da jurisdição administrativa; ao contrário, se praticasse atos de gestão estaria atuando como pessoa jurídica de direito privado, e a jurisdição competente para a apreciação dos atos seria a comum.

Mas a concepção da dupla personalidade da Administração era questionável. Verificou-se que a divisão do Estado em duas pessoas distintas, ora atuando como pessoa de direito privado, ora atuando como de direito público, não fazia sentido, por se tratar de uma mesma pessoa, o Estado.

Segundo Escola, essa teoria "não permite determinar quando a Administração Pública atua como tal – concluindo contratos administrativos – e quando atua como pessoa de direito privado, celebrando então contratos ci-

---

94. Caio Tácito, *Direito Administrativo*, p. 292.
95. Manuel María Diez, *Derecho Administrativo*, vol. 2, p. 443.

vis, questão essa inadmissível, que pode resultar livre da apreciação exclusiva da própria Administração e desvinculada de todo o aspecto normativo".[96]

E a dificuldade de se efetuar essa distinção era óbvia, pois em todos os contratos celebrados pela Administração, embora possa existir a predominância de características identificáveis no regime comum, sempre haverá a aplicação das normas e institutos do direito público, haja vista a necessidade de a Administração sempre perseguir o interesse público.

Aliás, essa idéia de dupla personalidade foi afastada justamente pelo fato de a Administração não poder se afastar de suas prerrogativas para se equiparar ao particular contratado, não sendo concebível, pois, a divisão da Administração Pública.

Nas lições de Themístocles Brandão Cavalcanti, embora o Estado possa transmitir algumas de suas prerrogativas na descentralização administrativa, tal fato não se confunde com a possibilidade de sua personalidade ser dividida. Esta última perdura íntegra e indivisível, razão pela qual se refuta a teoria ora abordada.[97]

Posteriormente, Brandão Cavalcanti traz à colação acórdão do STF de 26.8.1908 em que, com muita precisão, se declarou: "O Estado, sem embargo de entrar em relação contratual com a pessoa privada, não se despe por isso, jamais, dos direitos e faculdades que constituem a sua própria qualidade de poder".

Em razão do fato de a Administração Pública não poder se despir de suas prerrogativas, entendemos que a afirmativa de que ela pode celebrar contratos de direito privado é equivocada, posto pressupor uma alienação que não pode efetivamente se concretizar.

Para a Administração só existe a possibilidade de celebrar contratos públicos, regidos pelo direito público, sendo incompatível com sua natureza jurídica a possibilidade da celebração de contratos de direito privado, regidos pelo direito comum.

Contudo, para se demonstrar essa afirmação, mister se faz, primeiramente, verificar as teorias desenvolvidas para a caracterização dos contratos administrativos, as quais, indubitavelmente, determinaram elementos relevantes para tal finalidade.

---

96. Héctor Jorge Escola, *Tratado Integral de los Contratos Administrativos*, vol. 1, p. 70.
97. Themístocles Brandão Cavalcanti, *Teoria dos Atos Administrativos*, p. 10.

Capítulo 2
CRITÉRIOS PARA A CARACTERIZAÇÃO DOS CONTRATOS ADMINISTRATIVOS

2.1 Importância e controvérsia da questão. 2.2 Critério dos atos de gestão e de império: 2.2.1 Críticas ao critério dos atos de gestão e de império. 2.3 Critério da jurisdição. 2.4 Critério formal. 2.5 Critério do serviço público: 2.5.1 Críticas ao critério do serviço público. 2.6 Critério da cláusula exorbitante: 2.6.1 Críticas ao critério da cláusula exorbitante. 2.7 Critério subjetivo. 2.8 Teoria da relação de subordinação: 2.8.1 Críticas à teoria da relação de subordinação. 2.9 Teoria do interesse público. 2.10 Critério da conjugação de elementos. 2.11 Critério do regime exorbitante. 2.12 Análise geral dos critérios citados.

2.1 Importância e controvérsia da questão

Atualmente prevalecem as teorias que admitem a existência dos contratos administrativos, inexistindo dúvidas quanto à sua existência e autonomia, sendo, pois, regidos pelo direito público.

Nesse sentido caminhamos em nosso Capítulo 1, demonstrando o que já vinha sendo sobejamente debatido por Mestres do Direito, a concluir, *in fine*, pela existência do contrato enquanto gênero, do qual figuram como espécies distintas e independentes os contratos administrativos e civis, cada qual com suas características e propriedades.

No entanto, a caracterização e a definição de uma espécie de contrato não são metas fáceis de alcançar. Como afirma Miguel Angel Berçaitz, desde os tempos antigos, genericamente se tem dito: *omnia definitio periculosa est*.[1]

A teoria dos contratos administrativos foi e vem sendo elaborada com a conjugação de diversas jurisprudências e de vários entendimentos doutriná-

---

1. Miguel Angel Berçaitz, *Teoría General de los Contratos Administrativos*, 2ª ed., p. 219.

rios, existindo muitos critérios que visam a distingui-los dos demais contratos, sobretudo daqueles regidos pelo direito civil.

Renato Alessi, ao tecer considerações sobre a natureza e a admissibilidade dos contratos administrativos, afirma tratar-se de "uma entre as mais duvidosas e discutíveis questões de todo o direito público, e a discussão, longe de ser esclarecida, apresenta-se morta".[2]

Assim também se manifesta Themístocles Brandão Cavalcanti, dizendo que "a teoria dos contratos administrativos constitui um dos pontos mais importantes no estudo do direito administrativo, não somente pela relevância da sua aplicação, como ainda porque aqui se encontra a fronteira menos definida do direito público com o direito privado".[3]

Porém, a existência de incertezas só vem acrescentar relevância aos estudos empreendidos com o objetivo de aprofundar as discussões, permitindo angariar elementos necessários à clara definição das linhas limítrofes ainda nebulosas.

Trata-se, pois, de uma das questões mais discutidas no direito administrativo, suscitando muitas dúvidas, como se pode identificar diante das várias teorias existentes sobre a matéria, tendo alguns mestres sido influenciados pela doutrina francesa, outros pela doutrina alemã, outros, ainda, alinhando-se consoante visão civilista etc.

Referidas teorias, de qualquer sorte, propiciaram o estabelecimento de diversos critérios tendentes à caracterização dos contratos administrativos, que passaremos a ver em maior detalhe.

2.2 Critério dos atos de gestão e de império

O primeiro critério formulado não o foi, inicialmente, para distinguir os contratos administrativos dos de direito privado, mas, conforme havíamos exposto em nosso Capítulo 1, para determinar quais atos praticados pela Administração Pública seriam decididos pela jurisdição especial ou pela comum.

Visando a especificar as jurisdições, estabeleceu-se um critério baseado também na diferença entre os atos de autoridade (ou atos de império) e os atos de gestão da Administração Pública.

---

2. Renato Alessi, *Sistema Istituzionale del Diritto Amministrativo Italiano*, p. 244. Alessi entende que os contratos administrativos só se caracterizam entre entes públicos; entre o particular e o Poder Público só haverá contrato de direito privado.
3. Themístocles Brandão Cavalcanti, *Teoria dos Atos Administrativos*, p. 246.

Entendiam-se como *atos de autoridade* aqueles praticados pela Administração investida de prerrogativas e privilégios, que exorbitavam a esfera do direito comum. Tais atos seriam julgados pela jurisdição especial.

Ao revés, os atos de gestão, assim considerados aqueles praticados pela Administração na esfera do direito comum, sem privilégios, em igualdade de condições com os particulares, visando à mera gestão de seus serviços, seriam de competência da jurisdição comum.

Por meio desse critério firmou-se também a distinção entre os contratos de direito público e os de direito privado: tratando-se de ato de gestão, a Administração iria se encontrar nas mesmas condições dos contratados particulares, e o contrato seria, então, considerado de direito privado; ao contrário, se a Administração se apresentasse na relação contratual com supremacia de poderes, o contrato seria considerado como de direito público.

Themístocles Brandão Cavalcanti entende que talvez a teoria do fisco tenha dado à teoria da dupla personalidade do Estado um caráter novo, pela diferenciação dos atos de império e de gestão. Segundo referido autor, essa teoria teve seus maiores defensores na Alemanha.[4]

De acordo com Otto Mayer, a teoria apresenta-se da seguinte forma:

O ponto de partida situa-se no princípio de que o direito civil, e conseqüentemente também a jurisdição civil, deve aplicar-se em todos os casos que tratam de questões de negócios concernentes ao patrimônio. (...). Somente o Estado tem o poder público. A forma geral sob a qual se apresenta o poder público é o mando e o emprego da força. Onde há mando e coerção existe o Estado; em todos os demais casos trata-se do Fisco. (...).

Quando o Estado age como um particular, quando compra, vende, empresta ou toma emprestado algo, recebe ou faz doações, não parece difícil submetê-lo às regras do direito civil; ele não manda; apresenta-se simplesmente ao lado de seus interesses pecuniários, como dissemos, e, por isso, submete-se ao direito civil. Porém, se, contrariamente, ele impõe ordens e exerce o poder público, então não há como se aplicar o direito civil. Seria preciso, com efeito, ter boa vontade, melhor do que a de um jurista, para encontrar no exercício desse poder interesses pecuniários, e, da parte daquele que o exerce, uma submissão às normas do direito civil. Restaria sem explicação a ordem que possa fazer nascer, ao mesmo tempo perante o Estado, direitos de caráter privado. Só a antiga doutrina do Fisco tem permitido atribuir alguns efeitos de direito civil aos atos do Poder Público. No entanto, não é sobre o próprio Estado que recaem esses efeitos: é sobre o Fisco que está colocado ao seu lado; o Fisco não se configura no ato que ordena; não existe, portanto, contradição em fazê-lo obrigar-se civilmente. (...).

O Estado expropria o possuidor de um imóvel, porém impõe ao mesmo tempo ao Fisco o encargo de indenizar a esse último. (...). Em termos gerais, todas as vezes

---

4. Themístocles Brandão Cavalcanti, *Teoria dos Atos Administrativos*, p. 7.

que o Estado, por um ato de poder público, impõe a determinada pessoa um sacrifício especial, o Fisco, em virtude de uma regra geral de direito civil, se converte em devedor de uma indenização justa, cujo pagamento poderá ser pleiteado ante o tribunal civil.[5]

A teoria do Fisco, por sua vez, pela qual o Estado passou a se nivelar aos particulares, submetendo-se à jurisdição comum, teria dado origem a uma outra teoria, concernente à distinção entre os atos de gestão e os de império realizados pela Administração Pública.

Segundo Manuel María Diez, a teoria dos atos de gestão e de império "foi aceita na França no século XIX e esteve no auge até os primeiros anos do século XX. Admitia-se que todos os contratos concluídos pelas pessoas públicas eram atos de gestão e, tendo em vista que neles a Administração não atuava como autoridade, estavam submetidos ao direito privado e à competência judicial, escapando a esse regime aqueles contratos a que a lei atribuía o conhecimento do contencioso à jurisdição administrativa. Essa teoria de distinção entre gestão e autoridade encontra-se, hoje, abandonada".[6]

2.2.1 Críticas ao critério dos atos de gestão e de império

Várias foram as críticas apresentadas contra o critério formulado.

Consoante já expusemos anteriormente,[7] segundo Héctor Jorge Escola, esse critério "não permite determinar quando a Administração Pública atua como tal – concluindo contratos administrativos – e quando atua como pessoa de direito privado, celebrando então contratos civis, questão essa inadmissível, que pode resultar livre da apreciação exclusiva da própria Administração e desvinculada de todo o aspecto normativo".[8]

Por outro lado, também restou superada a teoria da dupla personalidade da Administração Pública – ora praticando atos como um particular, ora como Estado –, porque, tratando-se de uma mesma pessoa, não havia sentido nessa especulação.

Para Escola essa tese foi definitivamente afastada em face da aceitação de que, na realidade, o que existe são duas capacidades distintas – de direito público e de direito privado; ou, melhor, uma só capacidade que se estende ao duplo âmbito do direito público e do direito privado.[9]

---

5. Otto Mayer, *Derecho Administrativo Alemán*, 2ª ed., t. 1, pp. 63-65.
6. Manuel María Diez, *Derecho Administrativo*, vol. 2, pp. 443-444.
7. V. Capítulo 1, subitem 1.4.1.
8. Héctor Jorge Escola, *Tratado Integral de los Contratos Administrativos*, vol. 1, p. 70.
9. Conforme já afirmado anteriormente no Capítulo 1, item 1.4.1 (Héctor Jorge Escola, *Tratado Integral de los Contratos Administrativos*, vol. 1, p. 71).

De acordo com Themístocles Brandão Brandão Cavalcanti, a reação a essa doutrina foi grande, mesmo na França; citando Roger Bonnard, Cavalcanti elenca os motivos que refutaram essa teoria:

1º) Dentro de uma certa concepção do Estado, não se admite mais que ele tenha e exerça um poder soberano e uma autoridade de comando superior à dos indivíduos.

2º) De outro lado, com a teoria jurídica dos atos decorrentes da manifestação unilateral da vontade, não é mais necessário recorrer à idéia de Poder Público para explicar a atividade unilateral da Administração Pública.

3º) A distinção entre as diversas atividades do Poder Público é insustentável, porque não se pode admitir esse dualismo, que importa, afinal, o reconhecimento de uma dualidade de vontades na mesma entidade jurídica.

4º) A razão primordial que impôs o abandono dessa distinção foi a impossibilidade de se estabelecer uma perfeita divisão das duas categorias de atos.[10]

Dentre os motivos elencados, ressalte-se o da dificuldade de separar e precisar quais atos seriam considerados de gestão ou de autoridade, confundindo-se normas próprias do direito público com as normas de direito privado.

Para Themístocles Brandão Cavalcanti, embora o Estado possa transmitir algumas de suas prerrogativas na descentralização administrativa, tal fato não se confunde com a possibilidade de divisão de sua personalidade. De fato, a personalidade do Estado perdura íntegra e indivisível, razão pela qual se refuta a tese ora em exame.[11]

Tais foram as críticas que levaram ao abandono da teoria da distinção dos atos de gestão e de império, bem como da teoria da dupla personalidade do Estado, que lhe é correlata, buscando-se outros critérios para solucionar a questão.

2.3 Critério da jurisdição

De acordo com o critério da jurisdição, são considerados administrativos os contratos que devem ser submetidos à decisão dos tribunais administrativos; e de direito privado os que devem ser submetidos à apreciação do direito comum.

---

10. Themístocles Brandão Cavalcanti, *Tratado de Direito Administrativo*, 3ª ed., vol. 1, pp. 258 e ss.
11. Conforme já afirmado anteriormente no item 1.4.1 (Themístocles Brandão Cavalcanti, *Teoria dos Atos Administrativos*, p. 10).

O critério de distinção, pois, entre os contratos de direito administrativo e os de direito privado tem por fundamento, pela presente teoria, a competência de uma ou outra jurisdição.

Nota-se, de início, que esse critério não é suficiente para caracterizar um contrato como administrativo, tendo em vista que este último deve antes ser tipificado para, posteriormente, ser submetido a uma ou outra jurisdição.

De acordo com Fernando Garrido Falla, a aceitação desse critério significa tanto quanto rechaçar de plano a distinção. Para que os contratos administrativos constituam uma verdadeira categoria jurídica substantiva, não basta afirmar uma determinada competência jurisdicional: haveria de se admitir, ao mesmo tempo, que ela não é senão a mera conseqüência de uma distinção de natureza.[12]

Ademais, na opinião de Recaredo Fernández de Velasco:

A jurisdição não pode afetar nem alterar a essência dos contratos e muito menos mudar sua natureza.

Outrossim, a exclusiva vontade do legislador – submeter certo contrato à jurisdição administrativa – não pode servir de base suficiente para dar a esse contrato o caráter de administrativo. Muito menos é admissível tal conclusão quando a submissão a essa jurisdição emana da simples vontade das partes contratantes, pois um mesmo contrato poderia ser ou não administrativo, segundo o que se convier, sem se levar em consideração que este critério omite o fato de que a competência, por ser de ordem pública, não pode ser alterada pelas convenções feitas nos contratos.[13]

O presente critério, portanto, não define nem caracteriza substancialmente os contratos administrativos, sendo tão-somente uma conseqüência da conclusão de que se está, ou não, diante de um contrato administrativo ou civil.

Há que se encontrar, então, esse critério anterior, que efetivamente defina a natureza do contrato administrativo, não cabendo à mera indicação da jurisdição competente para apreciá-lo conferir a esse instrumento o caráter público.

Diante de tais considerações, verifica-se que o critério da jurisdição, por não se mostrar viável à caracterização dos contratos administrativos, restou superado.

2.4 Critério formal

Consoante o critério formal, os contratos administrativos definem-se pela sujeição às formalidades específicas do direito público, enquanto os

---

12. Fernando Garrido Falla, *Tratado de Derecho Administrativo*, 10ª ed., vol. 2, p. 47.
13. Recaredo Fernández de Velasco, *Los Contratos Administrativos*, p. 12.

contratos de direito privado estariam isentos de tais formalidades, subordinando-se tão-somente àquelas diferenciadas, previstas no direito comum.

Da mesma forma que no critério da jurisdição, observa-se, claramente, que o critério da forma também não é suficiente para a caracterização dos contratos públicos.

Verifica-se, aqui também, que o presente critério de distinção é posterior à definição dos contratos, posto que somente serão observadas formalidades do direito público naqueles contratos considerados administrativos, e do direito privado naqueles considerados civis.

Não é, portanto, um critério que tipifica a natureza substantiva dos contratos, mas somente uma conseqüência de sua conceituação.

Na opinião de Velasco, o critério da forma é insuficiente para diferenciar a classe de contrato, uma vez que a forma é uma conseqüência, e não a causa dos contratos.[14]

Garrido Falla também entende que a forma na contratação administrativa não proporciona um critério discriminador, pois:

(1) a falta das formalidades exigidas pela legislação administrativa não converte em civil um contrato que, sem ajustar-se a elas, tenha sido concluído por uma entidade administrativa com um particular; e

(2) a exigência de formalidades alcança tanto os contratos civis realizados pela Administração quanto aqueles pactuados por simples entidades de caráter privado submetidas ao controle administrativo (assim, as fundações particulares de caráter beneficente-cultural têm de alienar seus bens de acordo com um procedimento formal estabelecido precisamente por via administrativa).[15]

Em face dessas evidências, torna-se claro que o critério da forma não é, tampouco, idôneo para atribuir definição aos contratos administrativos.

Nos dizeres de Escola, o critério formal – muito elementar em sua argumentação apresentada – carece de verdadeira base jurídica.[16]

2.5 Critério do serviço público

Esse critério resultou de diversos julgados da França, tanto pelo Conselho de Estado como pelo Tribunal de Conflitos. O acórdão mais importante foi proferido em 8.2.1873, no caso conhecido como "Blanco". Tratava-se de

14. Recaredo Fernández de Velasco, *Los Contratos Administrativos*, p. 20.
15. Fernando Garrido Falla, *Tratado de Derecho Administrativo*, 10ª ed., vol. 2, p. 48.
16. Héctor Jorge Escola, *Tratado Integral de los Contratos Administrativos*, vol. 1, p. 74.

fato relacionado com uma menina chamada Agnès Blanco, que, ao cruzar os trilhos que cortavam uma rua da cidade francesa de Bordeaux, foi atropelada por um pequeno vagão de uma empresa contratada pela Administração para prestação de serviço público (transporte de matéria-prima de um edifício para outro). Essa decisão, proferida pelo Tribunal de Conflitos, inovou a questão da responsabilidade do Estado: foi desconsiderado o instituto da responsabilidade civil do direito privado, para determinar ao Estado que respondesse por danos decorrentes da prestação de serviço público.[17]

Com essa nova concepção da responsabilidade do Estado, o serviço público passou a ser o objeto da diferenciação entre os contratos de direito público e de direito privado.

Esse posicionamento, segundo Diez, veio a se concretizar pelo Conselho de Estado no acórdão "Terrier", de 6.2.1903, "no qual, pela primeira vez, foi estabelecido o princípio básico de que tudo o que for concernente à organização e ao funcionamento dos serviços públicos propriamente ditos, atuando a Administração por via de contrato ou por via de autoridade, constitui uma operação administrativa. Disso surge a doutrina dos contratos administrativos por natureza, que se aperfeiçoa nos acórdãos *Théroud*, 1910, *Cie. d'Assurance Le Soleil*, 1910, *Société de Granits Porphyroïdes des Vosges*, 1912. Desta jurisprudência surgiu a doutrina que caracterizava os contratos administrativos como aqueles que se realizavam com o objeto da organização ou do funcionamento dos serviços públicos".[18]

O critério do serviço público é sustentado por Velasco, afirmando que "é o fim o que determina a forma geralmente observada na contratação administrativa; em razão do fim se condiciona toda sua vida e se dá lugar à sua constante mutabilidade. Esse fim é o serviço público".[19]

Para esse autor, o serviço público domina integralmente a Administração. Ou, em outras palavras, "aquela não tem outra missão que não seja a de assegurar a realização dos serviços públicos, e deles derivam todas suas faculdades e para eles as exercita. Se todo contrato administrativo tem por objeto um serviço público, a idéia de sua realização domina a entidade administrativa e, portanto, será conseqüência indiscutível a de que o contrato haverá de lhe dar toda a flexibilidade necessária para que a Administração possa devidamente, e com toda eficácia, realizar os serviços públicos".[20]

Diante dessas jurisprudências e entendimentos doutrinários, surge, então, o critério do serviço público. Mas o mais importante é que com o adven-

17. Cretella Jr., *Tratado de Direito Administrativo*, vol. 8, pp. 22 e ss.
18. Manuel María Diez, *Derecho Administrativo*, vol. 2, p. 444.
19. Recaredo Fernández de Velasco, *Los Contratos Administrativos*, p. 46.
20. Idem, pp. 46-47.

to desse critério, de fato, segundo Eduardo García de Enterría, dá-se início ao processo de substantivação da figura dos contratos administrativos.

Para o referido autor, a distinção entre contratos administrativos e contratos privados é, em sua origem, uma distinção de efeitos jurisdicionais, e não substantivos. Suas razões são puramente pragmáticas, e não de natureza. Quando o critério estrutural "atos de autoridade/atos de gestão" foi substituído pelo critério do "serviço público", houve o reconhecimento de um regime jurídico especial aplicável aos contratos administrativos, diverso do regime civil.

E tal fato se dá – de acordo com Enterría – posto que, mesmo sendo até então considerados de natureza civil, os contratos administrativos seriam julgados pelos tribunais administrativos. A atribuição dessa jurisdição contencioso-administrativa justificou, mais tarde, o paulatino traslado, à gestão desses contratos, das técnicas normais de atuação da Administração e, sobretudo, de seu habitual privilégio de autotutela. Essa técnica da autotutela vai dar início ao processo de substantivação da figura dos contratos administrativos, para concluir que sua atribuição à jurisdição contencioso-administrativa não é puramente causal, e que esconde mais uma questão de natureza: os contratos administrativos seriam contratos regidos pelo direito administrativo substantivo, e não pelo direito privado.[21]

A origem da distinção dos contratos administrativos e civis, portanto, fazia-se meramente pragmática, com o intuito único de estabelecer quais contratos seriam julgados pela jurisdição comum ou pela especial. Ainda não existia a necessidade de diferenciar a natureza, a essência, desses contratos. Essa necessidade foi constatada posteriormente, com o advento do critério do serviço público, momento em que se passou a identificar certas singularidades nos contratos administrativos com relação aos particulares, passando-se, assim, ao processo de substantivação desse instrumento, consoante expressão utilizada por Enterría.

Verifica-se, portanto, que o critério do serviço público foi de fundamental importância para a caracterização dos contratos administrativos.

2.5.1 Críticas ao critério do serviço público

Segundo ensinamentos de André de Laubadère, o critério da especificação dos contratos pelo serviço público foi, em princípio, conseqüência direta da nova jurisprudência que distinguiu, entre os contratos da Admi-

---

21. Eduardo García de Enterría e Tomás-Ramón Fernández, *Curso de Derecho Administrativo*, vol. 1, pp. 675 e ss.

nistração, aqueles que são concluídos em vista da organização ou do funcionamento dos serviços públicos e aqueles que, não tendo qualquer laço com um serviço público, permanecem como contratos de direito privado. Contudo, como ressaltou esse autor, foi imediatamente definido pelos comissários de governo junto ao Conselho de Estado e ao Tribunal de Conflitos, e confirmado pela jurisprudência, que, embora os contratos relativos aos serviços públicos sejam, em princípio, contratos administrativos submetidos ao contencioso administrativo, nem todos o são; destarte, alguns entre eles caem na categoria dos contratos de direito comum, sob o mesmo título que os contratos da Administração estranhos aos serviços públicos.[22]

O critério do serviço público, portanto, era falho, tendo em vista a existência de contratos celebrados pela Administração Pública efetivamente vinculados a um serviço público mas submetidos à esfera do direito privado.

Nos termos de Georges Vedel, se o critério do serviço público fosse aplicável dessa forma, quase todos os contratos da Administração seriam administrativos. Na realidade, o serviço público deve ser essencial ao contrato para que este seja administrativo, mesmo que ele não comporte qualquer regime exorbitante.[23]

Gaston Jèze, ao explanar a teoria referida na jurisprudência, cita as conclusões de Romieu, comissário do Governo, no caso "Terrier", dizendo: "Corresponde à jurisprudência determinar (...) em que casos estamos na presença de um serviço público que funciona com suas regras próprias e seu caráter administrativo, ou, pelo contrário, de atos que, ainda que interessando à comunidade, tomam a forma da gestão privada, entendendo assim manter-se exclusivamente no terreno das relações entre particulares, nas condições do direito privado".[24]

Mais adiante, Jèze relata as conclusões de Léon Blum, também comissário do Governo, no caso "Société des Granits de Mille", de 21.7.1912: "Quando se trata de contrato, é preciso determinar não com que objeto foi celebrado este contrato, senão o que é esse contrato em sua própria natureza (...). Não basta que o fornecimento que é o objeto do contrato deva utilizar-se de imediato para um serviço público; é preciso que este contrato, por si

---

22. André de Laubadère, *Traité des Contrats Administratifs*, vol. 1, p. 126.
23. Georges Vedel, *Droit Administratif*, 2ª ed., p. 642. Para Vedel trata-se de contratos nos quais um particular assume a própria execução de um serviço, não contribuindo somente com uma simples participação. Ao contrário, os contratos que são concluídos para a satisfação de necessidade de serviço (fornecimento ou transportes para o serviço, por exemplo), mas sem ter por objeto a própria execução do serviço, não têm, só por esse fato, o caráter administrativo.
24. Gaston Jèze, *Principios Generales del Derecho Administrativo*, vol. 3, p. 316.

mesmo e por sua própria natureza, seja daqueles que só pode celebrar uma pessoa pública; que seja, por sua forma e seu contexto, um contrato administrativo".[25]

Em conformidade com esse entendimento, se o contrato tiver por objeto a execução de um serviço público, por excelência, será considerado administrativo. Todos os demais seriam, então, regidos pelo direito privado?

Verificou-se posteriormente que outros contratos que não tinham por objeto a prestação de serviços públicos deveriam, não obstante esse fato, ser considerados administrativos em função de outras peculiaridades.

Assim, por exemplo, os contratos de serviços públicos industriais e comerciais, que eram considerados privados, também poderiam ser considerados administrativos quando contassem com a presença de uma ou algumas das cláusulas exorbitantes.[26]

Para Miguel S. Marienhoff "o critério do serviço público, por si só, e qualquer que seja o grau de vinculação do contratado com o referido serviço, não é idôneo para qualificar como 'administrativo' um contrato, pois as funções do Estado, suscetíveis de ser matéria contratual, não se concretizam ou se reduzem ao serviço público, senão que podem referir-se a outras atividades, por exemplo: concessão de uso sobre o domínio público, relação de

---

25. Idem, pp. 316-317.
26. Miguel S. Marienhoff, *Tratado de Derecho Administrativo*, t. 3-A, pp. 62-63. Segundo esse autor, "embora o Estado possa realizar atividades *comerciais* e *industriais*, estas não constituem funções estatais *stricto sensu*. Os fins comerciais ou industriais não são fins estatais específicos, já que habitualmente implicam ou representam atividades próprias dos particulares ou administrados. (...). Por isso os contratos da Administração relacionados com sua atividade comercial ou industrial não constituem contratos *administrativos*, propriamente ditos, a menos que o contrato contenha alguma ou algumas cláusulas exorbitantes *expressas*; esses contratos são, então, por princípio, de *direito comum*" (loc. cit.).

Adverte, entretanto, Diez que os serviços públicos industriais e comerciais funcionam em condições análogas aos das empresas privadas similares e, em princípio, estão submetidas principalmente às regras do direito privado, porém não se poder dizer que os contratos são necessariamente de direito privado. Uma jurisprudência constante relativa aos contratos concluídos com os usuários do serviço tem dito que os contratos de serviços industriais e comerciais, mesmo quando em geral sejam de direito comum, podem ser administrativos (*Cie. Electro-Melaturgique de Saint Léger*, 23.12.1949; *Stein*, 20.10.1950; *Établissements Dutrut*, 4.6.1952 etc.). Assim, segundo referido autor, cabe dizer, em conseqüência, que os contratos concluídos para os serviços públicos industriais e comerciais não são necessariamente de direito comum, se bem que o mais freqüente é que o sejam, pela ausência de cláusulas exorbitantes. Existe, em conseqüência, uma presunção do caráter de direito comum desses contratos, presunção que, naturalmente, pode ser destruída (Manuel María Diez, *Derecho Administrativo*, vol. 2, pp. 445 e ss.).

emprego ou função pública etc., que, por certo, não parecem com e nem constituem serviços públicos".[27]

A noção do serviço público, pois, não era suficiente, dando origem a muitas dificuldades, diante da imprecisão do termo. Por essa razão, a expressão "serviço público" foi, inclusive, empregada em diversos sentidos, ocasionando a aceitação de outras terminologias como "utilidade pública", "utilidade coletiva" ou "utilidade social".

Ademais, "o critério baseado na utilidade pública, embora conceitualmente seja mais amplo que o serviço público, (...), resulta muito vago e de contornos difusos. O Direito exige fórmulas concretas, pois isto lhe dá segurança".[28]

Assim, existiam dificuldades até mesmo para saber se o objeto do contrato era, ou não, serviço público ou utilidade pública, em sua essência, restando discricionária essa definição.

Nas lições de Laubadère, se um contrato, tendo por objeto a própria execução de serviço público, é um contrato administrativo, por que os contratos de empréstimo ou de depósito de fundos de organismos de crédito, que são uma das modalidades de execução próprias do serviço público gerado por seus organismos, não seriam contratos administrativos?[29] Sem dúvida, estes últimos também deveriam ser assim considerados.

Verifica-se, portanto, que o critério do serviço público para determinar um contrato administrativo também continha falhas. Mas, não obstante o fato de esse critério não ter prevalecido, cabe salientar que trouxe conseqüências importantes para a doutrina, sobretudo com relação à constatação de que a idéia da perseguição de um serviço público justificava a outorga de prerrogativas à Administração Pública, exorbitantes da esfera do direito comum.[30]

2.6 Critério da cláusula exorbitante

Em vista da ausência de segurança para distinguir quais contratos vinculados aos serviços públicos eram, ou não, considerados administrativos, o

27. Miguel S. Marienhoff, *Tratado de Derecho Administrativo*, t. 3-A, p. 53.
28. Idem, p. 55.
29. André de Kaubadère, *Traité des Contrats Administratifs*, vol. 1, pp. 238-239.
30. Manuel María Diez, *Derecho Administrativo*, vol. 2, p. 443. Segundo referido autor, a existência do serviço público, em que pese à imprecisão dessa noção, apresenta uma utilidade certa e se manifesta por conseqüências que são singularmente importantes, como, por exemplo, a lei da continuidade do serviço, a da igualdade, a idéia de que o serviço público permite justificar o exercício de prerrogativas exorbitantes do direito comum, dentre outras.

Conselho de Estado Francês passou a adotar outro critério, sem deixar, contudo, de aplicar também o critério do serviço público. O novo critério foi o das *cláusulas exorbitantes* ao direito privado.

Verificou-se, então, que, embora o contrato não fosse vinculado a um serviço público, ele poderia contar com alguma cláusula que o caracterizasse como administrativo. De outro lado, o fato de um contrato ter por objeto a organização e o funcionamento de um serviço público não implicava a necessidade de conter cláusulas exorbitantes do direito comum, já que se entendia que esse contrato poderia ser regido também, a critério da Administração Pública, pelo regime de direito privado.

Passou-se, então, a utilizar concomitantemente o critério do serviço público e o das cláusulas exorbitantes.

Diez ensina que, de acordo com a jurisprudência francesa, há que se considerar dois períodos: o anterior a 1956 e o posterior a esse ano, em que se editou o acórdão "Berteim e Grimouard" (20.4.1956). Anteriormente a esse período a jurisprudência francesa exigia, para caracterizar um contrato como administrativo, que ele se referisse à organização e funcionamento de um serviço público e que contivesse uma cláusula exorbitante do direito civil. A doutrina considerava essas duas condições necessárias para que o contrato administrativo pudesse existir.[31]

Mais adiante, aduz referido autor que foi no acórdão do caso "Berteim e Grimouard" que a jurisprudência do Conselho de Estado evoluiu. Nessa sentença o Conselho de Estado decidiu que o contrato era administrativo se ao contratado havia sido confiada a execução direta do serviço público. Vale dizer que na hipótese de o contratado ter a seu encargo a prestação de um serviço público o contrato seria administrativo, sem que fosse necessário identificar no citado instrumento cláusulas exorbitantes do direito comum. Em resumo, pois, desde o caso "Berteim e Grimouard" pode-se dizer que, jurisprudencialmente, a determinação de um contrato como administrativo baseava-se num critério alternativo.[32]

---

31. Manuel María Diez, *Derecho Administrativo*, vol. 2, pp. 444 e ss.
32. Idem, p. 450. De acordo com Diez, no caso "Berteim e Grimouard" o problema que se implantou foi com relação aos cidadãos soviéticos que se encontravam na França, no momento de sua liberação do país, e que foram internados, esperando sua partida, em um centro de repatriação. O chefe de um desses centros, o de Maux, contratou verbalmente com o casal Berteim o fornecimento de alimentos para os russos, pela soma de 30 Francos por pessoa, por dia. Posteriormente, por petição do chefe do centro, convencionou-se o aumento da ração com aumento da soma, que não se pagou. O descumprimento do segundo acordo deu origem ao litígio que chegou ao Conselho de Estado, que, antes de decidir sobre o objeto, teve que determinar se era, ou não, competente.

Adotando-se esse critério alternativo, o contrato seria administrativo ou por ter como objeto a efetiva prestação de um serviço público, ou por conter cláusulas exorbitantes.

Posteriormente verificou-se, contudo, que a presença das cláusulas exorbitantes superava a necessidade do serviço público, visto ter sido constatada a existência de contratos que não tinham por objeto a prestação de serviços públicos, mas que poderiam conter cláusulas que conferiam privilégios exorbitantes do direito comum à Administração Pública; tal fato é que efetivamente caracterizaria os contratos como de direito público.

Ademais, de início, no caso "Berteim e Grimouard", já examinado anteriormente, não bastava que o contrato tivesse por objeto a consecução de um serviço público; havia a necessidade de ele conter outro elemento que caracterizasse seu objeto como um serviço público na sua essência, o que se daria com a inclusão das cláusulas exorbitantes. Ora, se mesmo os contratos de serviços públicos necessitavam da presença das cláusulas exorbitantes para sua caracterização, significa dizer que estas últimas é que tipificariam, afinal, os contratos administrativos.

Assim, em resumo, primeiramente, a organização e o funcionamento de um serviço público foi o critério adotado para a configuração do contrato administrativo. Posteriormente verificou-se que esse elemento era insuficiente, exigindo-se, concomitantemente, a presença de cláusulas exorbitantes. Esses dois elementos, portanto, compartilhando igual importância, é que caracterizariam os contratos administrativos. Mais tarde observou-se que contratos que não tivessem por objeto um serviço público também poderiam caracterizar-se como administrativos, por conterem cláusulas que exorbitavam a esfera do direito comum; daí surgiu o critério alternativo, ou do serviço público, ou das cláusulas exorbitantes. Por último, as cláusulas exorbitantes passaram a ser consideradas mais relevantes, sendo adotadas como elemento determinante da natureza pública dos contratos da Administração.

E o que são *cláusulas exorbitantes*?

Segundo Marcel Waline, "a cláusula exorbitante do direito comum é aquela que não se encontra normalmente no contrato de direito privado, seja porque ela seria nula, como contrária à ordem pública, ou ainda porque ela é inserida no contrato pela autoridade administrativa em função de preocupações de interesse público que são estranhas às pessoas de direito privado quando contratam entre si".[33]

Nas lições de George Péquignot, as cláusulas exorbitantes são definidas pelo Conselho de Estado como aquelas que "têm por objeto conferir às partes direitos ou colocar a seu encargo obrigações estranhas pela sua natu-

---

33. Marcel Waline, *Droit Administratif*, 9ª ed., p. 574.

reza àquelas que são suscetíveis de ser livremente consentidas por qualquer pessoa pelos códigos das lei civis e comerciais (Conselho de Estado, 20.10.1950, *Stein: Rec. Lebon*, p. 505)".[34]

Analisando os conceitos citados, dessome-se, pelo critério das cláusulas exorbitantes que, se em contrato celebrado pela Administração existir uma cláusula exorbitante do direito civil, esse contrato será caracterizado como administrativo, independentemente de ser vinculado à prestação de um serviço público.

Esse posicionamento foi sustentado por vários autores, entendendo ser a existência das cláusulas exorbitantes o marco diferenciador dos contratos administrativos.

Nesse sentido situam-se as lições de Hely Lopes Meirelles ao dizer que "é a presença dessas cláusulas exorbitantes no contrato administrativo que lhe imprime o que os franceses denominam *la marque du droit public*, uma vez que, como observa Laubadère: 'C'est en effet la présence de telles clauses dans un contrat qui est le critère par excellence de son caractère administratif'"[35] – ou seja, com efeito, a presença de tais cláusulas num contrato é que é o critério, por excelência, de seu caráter administrativo.

Portanto, estando presentes essas cláusulas, de forma implícita ou explícita, caracterizado estará o contrato como administrativo.

Segundo Laubadère, como citado por Meirelles, a presença das cláusulas exorbitantes é o critério essencial do contrato administrativo. Tais cláusulas são inseridas em razão do interesse geral e específico do direito público e suficientes, portanto, para dar ao contrato *la marque administrative*.

Nos dizeres de Laubadère, as cláusulas exorbitantes ou derrogatórias do direito comum atribuem o caráter administrativo ao contrato, por repousarem sobre um fundamento subjetivo e outro objetivo. O fundamento subjetivo consiste na concepção voluntária do contrato, aparecendo como um indício de livre escolha das partes pela adoção do direito público. Pelo fundamento objetivo, as cláusulas exorbitantes atribuem o caráter administrativo aos contratos precisamente em virtude de elas serem exorbitantes. Todas as questões que se referem à sua interpretação e sua aplicação são questões de direito público. Este ponto de vista completa, portanto, o precedente. Porém, a cláusula exorbitante não surge sempre como um indício de escolha: ela nem sempre é uma cláusula estipulada e inserida livremente num contrato pelas partes, podendo ter uma origem exterior à sua escolha (advir da própria lei, por exemplo).[36]

---

34. George Péquignot, *Des Contrats Administratifs*, p. 26.
35. Hely Lopes Meirelles, *Direito Administrativo Brasileiro*, 32ª ed., p. 213.
36. André de Laubadère, *Traité Théorique et Pratique des Contrats Administratifs*, vol. 1, pp. 86-89.

Diante dessas considerações, Laubadère sustenta que a noção de "cláusula exorbitante" aparece, assim, como uma manifestação da noção mais ampla dos elementos exorbitantes, suscetíveis de atribuir ao contrato o caráter administrativo.

2.6.1 Críticas ao critério da cláusula exorbitante

De acordo com a teoria ora analisada, o contrato administrativo será caracterizado pela presença de cláusulas exorbitantes.

Isso significa dizer que a simples presença de uma cláusula exorbitante em um contrato o tipificará como administrativo – regido, portanto, pelas normas do direito público.

Entretanto, um contrato pode ser administrativo mesmo na ausência expressa dessas cláusulas, porquanto elas se referem aos atributos da Administração, como ente público, e precedem a própria existência do contrato.

Segundo Escola, a teoria da cláusula exorbitante tem suscitado críticas bastante sérias, sobretudo pelo fato de que a Administração, enquanto tal, e por ter a seu cargo a gestão de um interesse público, sempre goza de prerrogativas especiais, ainda quando não existam no contrato cláusulas específicas outorgando-as – pelo quê a ausência de tais cláusulas não impediria de considerar esses contratos como administrativos; distintos, portanto, dos contratos de direito privado.[37]

Assim sendo, um contrato celebrado pela Administração Pública poderá não conter expressamente quaisquer cláusulas exorbitantes, embora implicitamente elas sempre estejam presentes.

Para Bartolomé A. Fiorini o contrato é um ato jurídico administrativo, com um regime específico do contratualismo. A Administração, na feitura desse ato, não deixa de ser poder administrador, e o particular o titular de direitos que devem ser respeitados. Os atributos que os atos administrativos unilaterais têm são conseqüência dos que provêm da atividade administrativa; com relação aos atos administrativos bilaterais, denominados contratos administrativos, sustenta-se o mesmo e indiscutível princípio.

Mais adiante, conclui Fiorini que a cláusula exorbitante não é uma qualidade específica dos contratos administrativos, fazendo parte das atividades da Administração Pública.[38]

---

37. Héctor Jorge Escola, *Tratado Integral de los Contratos Administrativos*, vol. 1, p. 79.
38. Bartolomé A. Fiorini, *Derecho Administrativo*, t. 1, pp. 597 e ss.

Berçaitz também afirma que a cláusula exorbitante não é o que sempre caracteriza o contrato como administrativo, e cita como referência jurisprudência da Corte Suprema de Justiça da Província de Santa Fé. Nela, aponta alusão concreta ao contrato de concessão de serviços públicos: "Desde a própria origem da concessão, o Poder Público está chamado a adotar, para seu cumprimento, as disposições que estime oportunas, impondo-as ao concessionário, ainda que não previstas no contrato e mesmo contrariando o que nele está disposto".[39]

Dessa forma, a cláusula exorbitante poderá estar ausente na letra do contrato, porém sempre estará presente em sua essência quando o contrato, por sua própria natureza, for realmente administrativo. O autor, adiante, sustenta que "a inclusão de cláusulas exorbitantes em um contrato celebrado pela Administração Pública não será a determinante de seu caráter, senão sua conseqüência. É precisamente por tratar-se de um contrato administrativo que as cláusulas exorbitantes do direito comum estarão incluídas em seu texto".[40]

Segundo Diez, as prerrogativas da Administração não resultam realmente da inclusão de cláusulas exorbitantes no contrato administrativo, mas derivam da posição jurídica geral da Administração, de tal forma que se pode dizer que são, em si mesmas, extracontratuais.[41]

Por esse motivo, também, é que se refuta a cláusula exorbitante como o elemento caracterizador dos contratos administrativos, porquanto, na realidade, não existe cláusula exorbitante na relação contratual, mas sim, prerrogativas extracontratuais da Administração, que incidem em todos os atos por ela praticados, inclusive nos contratos administrativos.

Marienhoff também faz críticas a essa teoria, pois pergunta-se, admitindo-se a existência de cláusulas implícitas ou virtuais num contrato administrativo: como saber se se trata, ou não, dessa espécie de contrato?[42]

Obviamente, para ser possível aceitar a existência de cláusulas implícitas ou virtuais, deve-se estabelecer, com efetividade, que se está na presença

39. Miguel Angel Berçaitz, *Teoría General de los Contratos Administrativos*, 2ª ed., p. 215.
40. Idem, pp. 215-216.
41. Manuel María Diez, *Derecho Administrativo*, vol. 2, p. 455.
42. Miguel S. Marienhoff, *Tratado de Derecho Administrativo*, t. 3-A, pp. 54 e ss. Segundo Marienhoff, o objeto destinado a uma finalidade exclusiva do Estado ou pertencente ao direito público caracteriza o contrato administrativo; nesse caso, sempre estarão presentes as cláusulas implícitas. Entende, também, que os contratos se caracterizam como administrativos, independentemente de seu objeto, quando está prevista, expressamente, uma cláusula exorbitante.

de um contrato administrativo propriamente dito; não será, portanto, o critério ora examinado que irá caracterizar a natureza contratual.

Manuel de Oliveira Franco Sobrinho também partilha dessa opinião ao afirmar que as cláusulas exorbitantes não passam de "medidas cautelares manifestadas no interesse público para a satisfação de necessidades públicas",[43] podendo estar presentes no contrato ou ficar contidas nas faculdades que se atribuem à Administração, não sendo, pois, suficientes para ensejar a qualificação dos contratos administrativos.

2.7 Critério subjetivo

Pelo *critério subjetivo* ou orgânico, entende-se que o contrato administrativo se define pela presença da Administração como uma das partes contratantes.

Tendo em vista que um contrato celebrado entre particulares jamais resultará num contrato de direito público, certo é que este último se configurará com a presença da Administração em um dos pólos contratuais. Esse fato, portanto, é que dá a marca diferenciadora aos contratos administrativos.

Themístocles Brandão Cavalcanti assim afirma ao concluir que todos os contratos devem ser considerados administrativos pelo simples fato de serem concluídos pela Administração, qualquer que tenha sido o fim visado. Em todos esses contratos já existe a marca do Estado, que justifica o desnivelamento das partes, diante de sua supremacia.[44]

Entretanto, grande parte da doutrina tem refutado o critério subjetivo, diante da possibilidade de a Administração Pública também celebrar contratos sob o regime de direito privado.

---

43. Manuel de Oliveira Franco Sobrinho, *Contratos Administrativos*, p. 153.
44. Themístocles Brandão Cavalcanti, *Tratado de Direito Administrativo*, 3ª ed., vol. 1, p. 316. Para Cavalcanti, não seria a denominação do contrato que viria alterar sua substância, mas a finalidade do ato. Se destinada à execução de um serviço público, a relação contratual terá de se subordinar às normas que regulam a execução desse serviço; será, portanto, mero acessório da relação jurídica principal, à qual se terá de submeter, porque o serviço público deve ser considerado como a razão de ser do laço obrigacional a que se ligou o Estado para realizar suas finalidades. Mas todos esses contratos devem ser considerados administrativos, porque foram concluídos pela Administração, qualquer que tenha sido o fim em vista. Devem, ainda mais, obedecer às exigências formais impostas pela lei e pelos regulamentos administrativos, e também por isso são contratos administrativos. Todos eles têm a marca do Estado, e, por isso mesmo, sofrem a influência que lhes imprime a intervenção do Poder Público.

Haveria, então, a necessidade de saber quando a Administração atua como tal, com supremacia de poderes perante o contratado particular, para tipificar um contrato administrativo.

Segundo Escola, de acordo com o critério subjetivo, o que caracterizaria o contrato administrativo seria o fato de uma das partes que o celebra ser a Administração Pública, atuando fora do âmbito do direito privado e com o caráter de poder público.

Mais adiante, conclui referido autor que o critério subjetivo é insuficiente, em si mesmo, para definir a noção essencial do contrato administrativo, porquanto referido critério não permite precisar quando a Administração Pública atua como tal, celebrando um contrato administrativo, e quando atua como pessoa de direito privado, celebrando, então, contratos comuns.[45]

Seguindo esse raciocínio, o critério subjetivo recairia igualmente no critério inicialmente proposto, qual seja, da distinção dos atos de império e dos atos de gestão, que já foi analisado anteriormente – motivo pelo qual deixaremos de efetuar maiores considerações a esse respeito.[46]

2.8 Teoria da relação de subordinação

Os adeptos dessa teoria qualificam como contrato administrativo aquele em que estiver presente a *relação de subordinação* entre as partes.

De acordo com esse entendimento, a relação de igualdade entre as partes é típica dos contratos privados, ocorrendo um nivelamento das obrigações e dos direitos.

Nos contratos administrativos, ao contrário, em face da finalidade pública que a Administração tem por objetivo atingir, há a supremacia desta com relação ao particular contratado, posto que o interesse público sempre se sobrepõe ao interesse privado.

De acordo com Berçaitz, a relação contratual pode ser de *coordenação* ou de *subordinação*. A relação jurídica é de coordenação quando os sujeitos se encontram em plano de igualdade, como ocorre nos contratos de direito privado. Por outro lado, a relação de subordinação ou de sujeição significa a existência de "um vínculo estabelecido entre 'duas pessoas desiguais do ponto de vista do Direito, cujo conteúdo determina a vontade da pessoa superior'".[47]

---

45. Héctor Jorge Escola, *Tratado Integral de los Contratos Administrativos*, vol. 1, p. 100.
46. V. item 2.2 deste capítulo.
47. Miguel Angel Berçaitz, *Teoría General de los Contratos Administrativos*, 2ª ed., p. 144.

Mais adiante, adverte Berçaitz que esse estabelecimento não se opera exclusivamente de forma unilateral pelo Estado – ou seja, por uma vontade estranha ao súdito que é o obrigado –, mas mediante o concurso das vontades daqueles que se obrigam.

Em seguida, conclui o autor que "isto é o que constitui o elemento característico fundamental do contrato administrativo: o estabelecimento de uma relação jurídica de subordinação com relação à Administração Pública, mediante um ato de vontade própria de quem se obriga com ela".[48]

Fazendo também referência à desigualdade jurídica, Roberto Dromi afirma, ao tecer considerações sobre os caracteres distintos dos contratos administrativos:

As partes contratantes estão em um plano desigual. Nos contratos administrativos desaparece o princípio de igualdade entre as partes, que é um dos elementos básicos dos contratos civis. A Administração aparece em uma situação de superioridade jurídica com relação ao contratado.

Quando uma das partes contratantes é a Administração, se impõem certas prerrogativas e condições que subordinam juridicamente o contratado. O princípio da inalterabilidade dos contratos não pode ser mantido, posto que cede ante o *ius variandi* que tem a Administração para introduzir modificações neles, e que são obrigatórias, dentro dos limites da razoabilidade, para o contratado.

Essa desigualdade jurídica se traduz na competência que tem a Administração para:

(a) Adaptar o contrato às necessidades públicas, variando dentro de certos limites as obrigações do contratado (*modificação unilateral, mutabilidade do contrato*). É dizer, que o contrato carece da rigidez e imutabilidade do contrato civil, porque cede ante o interesse público.

(b) Executar o contrato por si ou por um terceiro, em caso de descumprimento ou mora do contratado, em forma direta, unilateral e por conta deste (*execução com substituição do contratado*).

(c) Deixar unilateralmente o contrato sem efeito no caso de descumprimento, quando as necessidades públicas o exijam (*rescisão contratual*).

Esta subordinação ou desigualdade jurídica do contratado com relação à Administração Pública, com quem celebra um contrato, tem sua origem na desigualdade de propósitos perseguidos pelas partes no contrato, pois ao fim econômico privado se opõe e antepõe um fim público ou necessidade pública coletiva que pode afetar sua execução.[49]

Destarte, segundo a teoria ora em análise, sustentam seus defensores que essa subordinação, portanto, não se refere à desigualdade de fato, mas

---

48. Idem, ibidem. Berçaitz tece referidas considerações refutando a teoria do ato unilateral defendida por Otto Mayer (sobre essa teoria, v. Capítulo 1, subitem 1.2.1).
49. Roberto Dromi, *Derecho Administrativo*, 5ª ed., pp. 314-315.

de direito, tendo sua origem na autoridade ou no poder de que se faz investida a Administração Pública; e seu fundamento é o fim público, cuja satisfação se persegue com a celebração do contrato.

Na Espanha, Sabino A. Gendin também se manifesta de maneira semelhante, entendendo que "o privilégio da Administração na relação ou negócio jurídico bilateral é o que caracteriza o contrato público".[50]

2.8.1 Críticas à teoria da relação de subordinação

A teoria da relação de subordinação é criticada, sobretudo, sob dois aspectos.

No primeiro aspecto, por se entender que não existe, na realidade, uma relação de subordinação entre as partes.

Aliás, a doutrina moderna tem-se posicionado no sentido de que o vínculo do contratante particular é o de um colaborador com a Administração Pública, existindo, portanto, um relacionamento de colaboração, e não de subordinação.[51]

Outrossim, consoante foi visto anteriormente, quando da crítica à teoria da cláusula exorbitante, na realidade, não há cláusula exorbitante na relação contratual, mas prerrogativas extracontratuais da Administração, presentes em todos os atos por ela praticados, inclusive nos contratos administrativos. Isso, conseqüentemente, faz com que não exista uma relação de subordinação no instrumento contratual, mas apenas uma desigualdade das partes, preexistente à própria formalização do ajuste.

Além do mais, se fosse aceitável a existência de uma relação de subordinação entre as partes, tal fato descaracterizaria o próprio contrato, para se tipificar num ato unilateral da Administração Pública.

Nesse sentido, segundo Gabino Fraga, o Estado, em situação de superioridade com relação ao seu contratado, pode impor a este as cláusulas do convênio, não restando ao particular nem a possibilidade jurídica de discuti-las. Em tais condições, destrói-se a própria idéia de contrato, pois, se as duas vontades que nele devem intervir não contribuem à sua formação, senão que só uma delas o impõe e a outra se limita a aceitá-lo – porque não pode, juridicamente, questioná-lo –, então, não existe a bilateralidade de vontades.

A seguir, citando Posada, diz o autor que, "se a Administração impõe sua vontade por interesse público, não contrata, manda".[52]

---

50. Sabino A. Gendin, Los Contratos Públicos, 1ª ed., p. 26.
51. V., nesse sentido, item 4.1.
52. Gabino Fraga, Derecho Administrativo, 5ª ed., p. 549 (citando Posada, Direito Administrativo, t. 2, p. 264).

Num segundo aspecto, essa teoria também é criticada pelo fato de existirem contratos verdadeiramente administrativos sem que se verifique essa relação de subordinação.

Assim se posiciona Escola, mencionando as relações contratuais que se estabelecem entre duas ou mais entidades ou organismos estatais que, por serem tais, atuam em um plano de igualdade, sem se subordinarem uns aos outros, e em virtude de uma verdadeira coordenação.

Posteriormente, afirma Escola que, "se a noção de subordinação não é exclusiva do direito público, se não está referida unicamente às relações administrativas e se por outra parte existem verdadeiros contratos administrativos em que dita subordinação não existe, é inegável que a existência de tal subordinação não é um elemento infalível para configurar a realidade de um contrato administrativo".[53]

2.9 Teoria do interesse público

Atualmente, é de se verificar que a maior parte dos doutrinadores vêm caracterizando os contratos como administrativos em razão do seu fim, que é o interesse público.

De acordo com Escola, a atividade administrativa é, em sua essência, uma atividade teleológica, que está endereçada para atingir uma finalidade, que constitui a satisfação das necessidades coletivas e a obtenção dos fins próprios do Estado.[54]

Adiante, continua o autor, afirmando que o fato de os contratos administrativos serem uma forma da atividade administrativa permite considerar a existência de outro elemento, que se encontra de modo constante: a finalidade pública de tais contratos.

Por fim, efetua a caracterização dos contratos administrativos: "Esses contratos têm por objeto direto o serviço público, em sentido geral e amplo, ou seja, a satisfação do interesse público, das necessidades coletivas".[55]

Marienhoff também perfilha essa opinião. Para ele, "o contrato administrativo pode definir-se nos seguintes termos: é acordo de vontades, gerador de obrigações, celebrado entre um órgão do Estado, no exercício das funções administrativas que lhe competem, com outro órgão administrativo ou com um particular ou administrado, para satisfazer finalidades públicas".[56]

---

53. Héctor Jorge Escola, *Tratado Integral de los Contratos Administrativos*, vol. 1, pp. 108 e ss.
54. Idem, pp. 127 e ss.
55. Idem, p. 111.
56. Miguel S. Marienhoff, *Tratado de Derecho Administrativo*, t. 3-A, p. 34.

Consoante a opinião de Fraga, o que diferencia o regime das duas classes de contratos é o objeto, que nos administrativos se constitui em uma obra ou um serviço público, "que é, em definitivo, o interesse social".[57]

Com efeito – continua o autor –, "assim como a finalidade diferente é motivo para que dentro do mesmo direito privado se classifiquem os contratos em civis e mercantis e que estes últimos restam sujeitos a um regime legal diverso do que se aplica aos primeiros, assim os contratos que o Estado celebra com fins especiais, distintos dos que perseguem os particulares em suas relações civis ou mercantis, exigem, pela mesma razão, um regime jurídico especial. Da mesma maneira que as finalidades da vida comercial e os procedimentos nela empregados não podem conter-se dentro das normas rígidas do direito civil e têm originado um direito exorbitante dele, o direito mercantil, em igual forma as finalidades diversas da vida estadual e os procedimentos nela usados, completamente diversos das finalidades e procedimentos da vida civil e da mercantil impõem a existência de outro regime exorbitante para regular as relações que surgem nos chamados contratos administrativos".[58]

Sob esse enfoque, subsome-se que é a finalidade pública que outorga o regime público, especial, aos contratos.

Carlos García Oviedo, ao explanar sobre a natureza dos contratos administrativos, aduz que, ao se considerarem as circunstâncias que acompanham os contratos administrativos, não há razão para duvidar de sua especialidade. E o fundamento da especialidade está no objeto – obra ou serviços públicos –, que constitui, definitivamente, o interesse social. Para deixar a salvo este interesse, estabelecem-se formas, requisitos e efeitos especiais aos quais têm de se submeter tanto os particulares como a Administração.[59]

Segundo Garrido Falla, analisando-se os critérios do serviço público e das cláusulas exorbitantes, verifica-se que esses dois elementos distintos dos contratos estão ligados entre si em relação de causa e efeito: as cláusulas exorbitantes são a conseqüência de o contrato versar sobre um serviço público; e, porque se contrata sobre um serviço público, o regime é exorbitante do direito civil.

Tendo que eleger um entre esses dois critérios, Garrido Falla inclina-se pelo que julga exercer um papel principal: o critério do objeto do contrato ou do serviço público. Porém, nesse caso, faz-se necessário ponderar sobre o seguinte:

---

57. Gabino Fraga, *Derecho Administrativo*, 5ª ed., p. 542.
58. Idem, pp. 543-544.
59. Carlos García Oviedo, *Derecho Administrativo*, 3ª ed., pp. 164 e ss.

(1º) Ao falar do serviço público como objeto do contrato administrativo, o fazemos dando a esta expressão o sentido mais amplo possível, isto é, entendendo que é contrato administrativo todo aquele em que o interesse público está, de certa maneira, diretamente implicado.

(2º) Pode dizer-se que está em jogo o interesse público sempre que a Administração contrata sobre um objeto que lhe está atribuído como competência própria pelo ordenamento vigente, que lhe concede simultaneamente poderes de execução.

(3º) Por conseqüência, não é que o contrato administrativo implique um título jurídico de habilitação de prerrogativas exorbitantes para uma das partes contratantes, a Administração; mas que, não podendo a Administração alienar prerrogativas que previamente tem conferidas pelo Direito, a peculiaridade do contrato consiste em que haveria de subentender-se nele uma cláusula tácita que impede tal alienação.

(4º) Por isso não têm caráter administrativo, como regra, os contratos que a Administração realiza com relação a objetos a cuja gestão se tem recomendado, à Administração Pública, expressamente o amparo do regime jurídico privado: por exemplo, contratos sobre bens patrimoniais ou contratos celebrados por estabelecimentos públicos de caráter industrial ou mercantil.[60]

Na doutrina brasileira, a maioria dos autores posiciona-se nesse sentido, caracterizando os contratos administrativos através do interesse público visado.

Para Franco Sobrinho, "a presença do interesse público na finalidade é que cria o regime contratual administrativo, não a existência de cláusulas exorbitantes, que são a conseqüência daquele, já que a exorbitância dimana do interesse que a Administração deve satisfazer".[61]

Franco Sobrinho chega a afirmar que inexiste zona nebulosa entre os limites dos direitos público e privado. O que interessa é a finalidade, o interesse público.

Segundo Toshio Mukai, "todos os contratos celebrados pela Administração Pública, sejam os administrativos ou sob forma de direito privado, são contratos públicos, porque têm sua referência a um objeto de direito público (interesse público-administrativo ou serviço público)".[62]

Nas palavras de Diogo de Figueiredo Moreira Neto, contratos administrativos são "manifestações de vontades recíprocas, sendo uma delas da Administração Pública, que, unificadas pelo consenso, têm por objeto a constituição de uma relação jurídica obrigacional, visando a atender, com presta-

60. Fernando Garrido Falla, *Tratado de Derecho Administrativo*, 10ª ed., vol. 2, pp. 47 e ss. A respeito dos contratos industriais ou mercantis, v. item 2.11.
61. Manuel de Oliveira Franco Sobrinho, *Contratos Administrativos*, pp. 153 e ss. Franco Sobrinho faz referência a Bartolomé A. Fiorini, "Los contratos administrativos", in *Manual de Derecho Administrativo*, pp. 419-420.
62. Toshio Mukai, *Licitações e Contratos Públicos*, 4ª ed., p. 87.

ções comutativas, a interesses distintos, dos quais um, pelo menos, é público".[63]

Mais adiante, diz o referido autor que a distinção entre o contrato privado e o contrato público "deve ser encontrada no interesse público específico, que se reconhece como aquele que deverá ser imediatamente atendido pela prestação que se espera do contratante privado".[64]

2.10 Critério da conjugação de elementos

Para Edmir Netto de Araújo não é possível estabelecer um critério exato para distinguir o contrato administrativo, sendo este, na essência, individualizado pela presença de princípios e regras do direito administrativo.[65]

De acordo com Enrique Sayagués Laso, "a realidade mostra que em todos os vínculos da Administração regem o direito público e o direito privado, em maior ou menor grau, segundo os casos, não sendo possível estabelecer o limite de onde deixaria de aplicar-se um e começaria a reger o outro".[66]

Segundo referido autor, é difícil fixar as linhas demarcatórias entre os contratos administrativos e civis, sendo raros os contratos que se regem exclusivamente pelo direito público ou pelo privado.

Assim, posteriormente conclui que "talvez seja mais correto prescindir da expressão 'contrato administrativo', que sugere uma idéia de oposição com os contratos de direito privado, promovendo a controvérsia examinada, e referir-se, por sua vez, aos contratos da Administração".[67]

Dessa forma, para Sayagués Laso os vínculos da Administração podem apresentar as seguintes situações: (a) em alguns casos o vínculo jurídico é exclusivo do direito público, já que não é admissível no direito privado, por se tratar de figuras jurídicas insuscetíveis de serem utilizadas pelos particulares; (b) em outras vezes o contrato tem certa analogia com alguma figura contratual do direito privado, porém apresenta diferentes características em razão da forma como habitualmente se celebra e se executa, derivadas da própria atividade dos entes públicos; (c) finalmente estão os contratos típicos de direito privado, que a Administração também pode celebrar. Nestes

---

63. Diogo de Figueiredo Moreira Neto, *Curso de Direito Administrativo*, 11ª ed., p. 116.
64. Ob e loc. cits.
65. Edmir Netto de Araújo, *Contrato Administrativo*, pp. 40-41.
66. Enrique Sayagués Laso, *Tratado de Derecho Administrativo*, 5ª ed., vol. 1, pp. 536-537.
67. Idem, ibidem.

casos, ainda quando as normas civis ou comerciais têm aplicação principal, as regras de direito público não são totalmente descartadas.[68]

Em conseqüência, ainda segundo Sayagués Laso, resta determinada uma ampla gama contratual, de "contratos da Administração", nos quais, em maior ou menor grau, segundo os casos, tem aplicação o direito público.[69]

Para outros doutrinadores há, ainda, a necessidade de serem conjugados determinados elementos para a caracterização dos contratos administrativos, sendo insuficiente a presença de somente um deles. Vejamos alguns desses posicionamentos.

De acordo com Jèze, os contratos são administrativos quando reúnem as seguintes condições: (a) é preciso existir um acordo de vontades entre a Administração e um particular contratado; (b) o acordo de vontades deve ter por objeto a criação de uma obrigação jurídica de prestação de coisas materiais ou de serviços pessoais, mediante remuneração (em dinheiro ou outro modo); (c) a prestação que o indivíduo fornecerá deve estar destinada a assegurar o funcionamento de um serviço público; (d) as partes, por uma cláusula expressa, pela mesma forma prevista no contrato, pela forma de cooperação solicitada ao contratante ou por qualquer outra manifestação de vontade, devem ter acordado submeter-se ao regime especial do direito público. Por uma parte, a Administração quis este regime jurídico especial; por outra parte, o provedor, ao submeter-se voluntariamente a este regime especial, renunciou a prevalecer-se das regras do direito privado para a determinação de uma situação jurídica (deveres e obrigações).[70]

Segundo Waline, a existência de um contrato administrativo requer: (a) que uma das partes contratantes seja uma autoridade pública, atuando no exercício de suas funções; (b) que o contrato tenha sido concluído para a prestação de um serviço público; (c) que o contrato, tendo por objeto somente mediata ou indiretamente a execução de um serviço público, contenha cláusulas ditas exorbitantes do direito comum.[71]

Para Zavalía, os contratos administrativos são aqueles que, por sua natureza: (a) são celebrados pela Administração Pública; (b) têm um fim público ou que afeta a satisfação de uma necessidade pública; (c) estão sujeitos ao direito público, contendo cláusulas exorbitantes do direito privado; (d) apre-

---

68. Idem, pp. 538-539.
69. Idem, ibidem.
70. Gaston Jèze, *Principios Generales del Derecho Administrativo*, vol. 3, pp. 322-323.
71. Marcel Waline, *Droit Administratif*, 9ª ed., pp. 565-572.

sentam o contratante particular em uma situação de subordinação jurídica em face da Administração.[72]

Nos ensinamentos de Escola, os contratos administrativos resultam das seguintes notas básicas: (a) são verdadeiros contratos, é dizer, participam da noção essencial do contrato; (b) são celebrados pela Administração Pública, ou seja, por algum de seus órgãos, com capacidade suficiente para fazê-los; (c) têm como finalidade o interesse público; (d) podem conter cláusulas expressas exorbitantes do direito privado ou que coloquem o contratado da Administração em posição de subordinação a ela; (e) ao perseguir o cumprimento de uma finalidade administrativa, de interesse público, a Administração Pública atuará com as prerrogativas especiais que lhe são próprias para o adimplemento dessas funções.[73]

2.11 Critério do regime exorbitante

Consoante ensinamentos de Laubadère, a partir de 1973 vem sendo adotado na França outro critério para a caracterização dos contratos administrativos – qual seja, o do *regime exorbitante*.[74]

Segundo referido critério, entende-se que, além da presença de cláusula exorbitante, a submissão do contrato a um regime exorbitante do direito comum constitui sempre um dado suscetível de imprimir a esse instrumento o caráter administrativo.

O regime exorbitante como critério qualificador do contrato administrativo, de acordo com Laubadère, passou a ser utilizado a partir da decisão do Conselho de Estado Francês, de 19.1.1973, no acórdão "Société de la Rivière du Sant". Nessa decisão o Conselho de Estado reconheceu o caráter administrativo de um contrato celebrado entre E.D.F., estabelecimento público industrial e comercial, e um produtor autônomo de eletricidade, tendo por objeto a aquisição obrigatória de eletricidade fornecida por este último para a empresa pública. No caso, foram observados dois elementos exorbitantes do direito comum: o primeiro relacionado à obrigatoriedade de a empresa E.D.F. celebrar tais contratos; o outro, à presença de uma disposição outorgando competência ao Ministro para dirimir eventuais litígios decorrentes dessas avenças. Diante desses elementos, julgou-se que os contra-

---

72. Zavalía, "La evolución del concepto del contrato administrativo", *La Ley* 73/834 e ss., janeiro-março/1954, *apud* Héctor Jorge Escola, *Tratado Integral de los Contratos Administrativos*, vol. 1, p. 62.

73. Héctor Jorge Escola, *Tratado Integral de los Contratos Administrativos*, vol. 1, pp. 130-131.

74. André de Laubadère, *Traité des Contrats Administratifs*, vol. 1, p. 158.

tos celebrados dessa forma seriam submetidos a um regime exorbitante do direito comum e apresentariam, assim, o caráter de contratos administrativos.[75]

Trata-se, na realidade, da antiga polêmica existente na França relacionada à natureza dos contratos de prestação de serviços industriais e comerciais.

Até 1949 esses contratos eram considerados de direito privado, entendendo-se que tais atividades eram próprias dos particulares ou administrados.

Posteriormente, com o advento dos acórdãos "Cie. Electro-Métallurgique de Saint Légen" (23.12.1949), "Stein" (20.10.1950), "Établissements Dutrut" (4.6.1952) etc., passou-se a reconhecer a natureza administrativa de tais contratos se neles estivesse contida alguma ou várias cláusulas exorbitantes.

Havia, portanto, uma presunção do caráter de direito comum desses contratos que foi destruída com o critério das "cláusulas exorbitantes".[76]

Com o acórdão "Rivière du Saint", em 1973, passou-se a adotar novo critério – qual seja, o do *regime exorbitante* – para a caracterização desses contratos como de natureza administrativa.

Sob esse prisma, constatou-se que as cláusulas exorbitantes, por si sós, eram insuficientes para imprimir natureza administrativa a esses contratos, verificando-se a existência de outros elementos, também considerados exorbitantes, que eram mais amplos e suficientes para caracterizar esses instrumentos como de natureza administrativa.

De acordo com Laubadère, não se trata propriamente de um novo critério, mas da extensão das cláusulas exorbitantes, porquanto o acórdão "Rivière du Sant" situa-se na linha e na lógica de uma jurisprudência que já teria sido observada para reconhecer o caráter administrativo de um contrato, sua submissão a regras exteriores a ele próprio, exorbitantes do direito comum.[77]

Em sentido diametralmente oposto manifesta-se Prosper Weil, afirmando que uma

(...) primeira interpretação do acórdão "Rivière du Saint" consideraria que o "regime exorbitante do direito comum" tratar-se-ia de uma concepção mais ampla da "cláusula exorbitante do direito comum".

---

75. Idem, ibidem.
76. Nesse sentido: Manuel María Diez, *Derecho Administrativo*, vol. 2, pp. 445 e ss.; Miguel S. Marienhoff, *Tratado de Derecho Administrativo*, t. III-A, pp. 62-63.
77. André de Laubadère, *Traité des Contrats Administratifs*, vol. 1, pp. 158-159. V. outros comentários no subitem 3.3.2.

Porém, outra análise é possível. Pode-se pensar, com efeito, que o problema não é de apresentação e de pedagogia, mas de fundo: o conceito de regime exorbitante marcaria uma ruptura radical com aquele de cláusula exorbitante. A cláusula exorbitante é interior do contrato, ela é a expressão da vontade das partes, e o critério fundado sobre ela é de ordem subjetiva e voluntarista. O regime exorbitante é composto de elementos impostos exteriormente, pela lei e regulamento, não tendo nenhuma relação com a vontade das partes, e o critério fundado sobre ele é de ordem objetiva. A identidade de qualificação não deve induzir ao erro: não há nada de comum entre a "cláusula exorbitante", manifestação contratual da vontade das partes, e o "regime exorbitante", expressão de um ambiente jurídico no qual as partes não têm relevância; toda assimilação dessas duas noções seria puramente verbal.[78]

Segundo Weil, o conceito de regime exorbitante, sem dúvida alguma, aproxima-se daquele de contrato que constitui uma modalidade de execução de serviço público.

Explica referido autor que o contrato analisado no acórdão em questão não apresentava claramente uma relação com o serviço público, motivo pelo qual M. Rougevin-Baville sugeriu recorrer a um conceito mais amplo: "Esta associação (de produtores autônomos aos serviço público) não é suficiente para determinar a natureza do contrato num 'ambiente de direito público' cuja existência é retirada mais notadamente de um mecanismo relacional exorbitante sobre diversos pontos desse que ele decidiu chamar 'o direito comum'. O conceito de 'regime exorbitante' parece assim ser mais amplo do que aquele de contrato constituindo a execução do serviço público: o contrato seria, a partir de então, administrativo em razão do 'ambiente de direito público' no qual se encontra".[79]

2.12 Análise geral dos critérios citados

Diante dos critérios citados, verifica-se a existência de inúmeros entendimentos visando a caracterizar os contratos administrativos, para distingui-los dos contratos de direito privado, entendendo-se, em suma, que ambos sejam passíveis de elaboração pela Administração Pública.

O início dessa discussão, consoante exposto no Capítulo 1, deu-se na França, por razões jurisdicionais, em face da criação do Conselho de Estado, e até hoje, já no século XXI, ainda inexiste um posicionamento pacífico a respeito da caracterização dos contratos administrativos.

---

78. Prosper Weil, "Le critère du contrat administratif en crise", in: *Mélanges Offerts a Marcel Waline*, t. 2, p. 846.
79. Prosper Weil, "Le critère du contrat administratif en crise", in: *Mélanges Offerts a Marcel Waline*, t. 2, p. 847. A respeito desse critério teceremos outras considerações no Capítulo 3, subitem 3.3.2.

Entretanto, duas questões parecem ter sido superadas.

A primeira relacionada à teoria que sustentava a existência de um ato unilateral imposto pela Administração Pública, e não de um contrato propriamente dito.

A segunda com relação à inexistência de um contrato administrativo diferenciado daqueles existentes na esfera civil, entendendo não se tratar de uma espécie autônoma, mas de contrato de natureza privada.

Atualmente, grande parte da doutrina é uníssona ao aceitar a existência do contrato administrativo, com regime próprio, autônomo e diferenciado dos contratos de direito civil.

Porém, embora algumas questões tenham sido superadas para, atualmente, se admitir a existência dos contratos administrativos, não existe ainda um entendimento pacífico quanto à caracterização desses contratos.

Por "caracterização dos contratos administrativos" entendemos o estabelecimento de um elemento que, por si só, geraria a inclusão automática dos demais componentes desses contratos; o elemento que, presente, rechaçaria de plano quaisquer dúvidas com relação ao caráter administrativo do contrato.

Esse elemento, como visto anteriormente, foi definido de diversas maneiras, prevalecendo os critérios que, em termos gerais, apontavam-no como o sujeito (Administração Pública), o objeto (serviço público em sua acepção ampla), as cláusulas exorbitantes ou regime exorbitante, a desigualdade jurídica das partes contratantes ou a conjugação dessas características, dentre outras.

No entanto, efetuando-se uma análise desses elementos, constata-se que o principal, que desencadeia todos os demais, é o *sujeito*, ou seja, a presença da Administração Pública num dos pólos contratuais.

Subsome-se, assim, que os contratos administrativos, por terem como uma de suas partes a Administração Pública, obrigatoriamente devem perseguir o interesse público; e este, por sua vez, justifica a outorga de prerrogativas, privilégios, ao ente público, muitas vezes denominados "cláusulas exorbitantes".

Dessa forma, a marca diferenciadora, o elemento caracterizador, dos contratos administrativos é a presença da Administração Pública.

Por esse entendimento verifica-se que, na realidade, não se pode dizer que os demais critérios e teorias desenvolvidos para a caracterização dos contratos administrativos estão equivocados. Ao contrário, todos eles expuseram fatos relevantes, e precisamente por seu intermédio houve a possibilidade de desenvolver o entendimento ora exposto.

A nosso ver, *o único equívoco existente refere-se à suposição de que a Administração Pública possa celebrar contratos de direito privado*, da mesma forma que os particulares efetuam suas contratações. Eis aqui o único engano de todas essas teorias.

Capítulo 3
CARACTERIZAÇÃO
DOS CONTRATOS ADMINISTRATIVOS

3.1 Finalidade da Administração Pública. 3.2 Finalidades distintas dos contratos privados e públicos: 3.2.1 O falso contrato de locação da Administração. 3.3 Inalienabilidade das prerrogativas da Administração Pública: 3.3.1 As chamadas "cláusulas exorbitantes" – 3.3.2 Análise do critério do regime exorbitante – 3.3.3 O anacronismo. 3.4 Análise dos critérios caracterizadores dos contratos administrativos. 3.5 Definição de contrato administrativo.

3.1 Finalidade da Administração Pública

A caracterização dos contratos administrativos foi e continua sendo analisada e sustentada por diversos entendimentos, inexistindo, portanto, um posicionamento pacífico a esse respeito.

No capítulo anterior foram trazidos à colação critérios relevantes que elegeram, cada qual, determinado elemento caracterizador dos contratos administrativos. Não obstante todos eles terem suas devidas argumentações, entendemos que o elemento que qualifica os contratos como administrativos é a simples presença da Administração Pública em um dos pólos contratuais – aderindo, portanto, ao critério subjetivo ou orgânico.[1]

O critério subjetivo foi criticado e rechaçado pelo fato de se admitir pacificamente a possibilidade de a Administração Pública celebrar contratos de direito privado, não havendo dúvidas sobre essa questão.

Existiria, dessa forma, a necessidade de distinguir em que momento a Administração atuaria com supremacia, celebrando contratos administrativos, e quando atuaria como um particular, celebrando, então, contratos de direito privado.

---

1. V., no Capítulo 2, item 2.7, considerações sobre o critério subjetivo.

Entretanto, essa crítica está equivocada ao considerar indiscutível a possibilidade de a Administração celebrar contratos de direito privado, despojando-se de suas prerrogativas para se nivelar ao particular contratado. Na realidade, não existe a possibilidade jurídica da alienação dos privilégios concedidos pelo direito público à Administração.

Para demonstrarmos tal afirmativa, mister se faz analisar, primeiramente, a finalidade da Administração Pública, ou seja, seu objetivo, a ser sempre perseguido. Ou, ainda, em outras palavras, a razão de sua própria existência, segundo diretrizes da Teoria Geral do Estado e do Direito Constitucional.

De acordo com os ensinamentos de Burdeaux, "o Estado é uma sociedade política com indefinida continuidade no tempo e *institucionalização* do poder. Significa: dissociação entre a chefia, a autoridade política, o poder, e a pessoa que em cada momento tem o seu exercício; fundamentação do poder não nas qualidades pessoais do governante, mas no Direito que o investe como tal; permanência do poder para além da mudança de titulares; e sua subordinação à satisfação de fins não egoísticos, à realização do *bem comum*"[2] (grifos nossos).

Na definição de Dalmo de Abreu Dallari, o Estado "é a ordem jurídica soberana que tem por fim o *bem comum* de um povo situado em determinado território"[3] (grifos nossos).

Para Darcy Azambuja, "Estado é a organização político-jurídica de uma sociedade para realizar o *bem comum* com governo próprio e território determinado"[4] (grifos nossos).

Vários são os conceitos e as definições de Estado, valendo citar os que foram arrolados com o intuito de demonstrarmos que em todos eles há o entendimento de que sua finalidade é sempre direcionada à realização do *bem comum*.

De acordo com os ensinamentos de José Afonso da Silva, "o Estado, como estrutura social, carece de vontade real e própria. Manifesta-se por seus *órgãos* que não exprimem senão vontade exclusivamente humana. Os órgãos do Estado são *supremos* (constitucionais) ou *dependentes* (administrativos). Aqueles são os a quem incumbe o exercício do poder político, cujo conjunto se denomina *governo* ou órgãos governamentais. Os outros estão em plano hierárquico inferior, cujo conjunto forma a Administração Pública, considerados de natureza administrativa".[5]

---

2. Burdeaux, *Traité de Science Politique*, apud Jorge Miranda, *Manual de Direito Constitucional*, 5ª ed., t. 1, p. 47.
3. Dalmo de Abreu Dallari, *Elementos de Teoria Geral do Estado*, 17ª ed., p. 101.
4. Darcy Azambuja, *Teoria Geral do Estado*, 30ª ed., p. 6.
5. José Afonso da Silva, *Curso de Direito Constitucional Positivo*, 27ª ed., p. 107.

Para o referido autor, "Administração Pública é o conjunto de meios institucionais, materiais, financeiros e humanos preordenados à execução das decisões políticas".[6]

Nas lições de Odete Medauar, "embora em ocasiões limitadas se perceba de modo nítido a função governamental (exemplo: opção por determinada política econômica, tomada de posição em questão internacional) e a respectiva atuação de impulso, torna-se difícil determinar fronteiras rígidas entre governo e Administração. A vida da Administração deve ser considerada como produto do contemporâneo desenvolvimento de várias tendências, correspondentes a exigências reais da sociedade; exigência de quadro organizacional resultante da integração de Administração e governo, capaz de produzir atividades com o empenho e presteza que a realidade atual exigem dos Poderes Públicos; exigência de Administração submetida à lei e ao Direito, que assegure o atendimento das necessidades coletivas, sem transformar-se em instrumento passivo de interesses restritos; exigência de que o processo de decisão tenha seu ponto de verificação na ação dos centros administrativos que permanecem mais diretamente em contato com a coletividade".[7]

Não se pode afirmar, portanto, que o governo do Estado é algo absolutamente distinto da Administração Pública; de fato, aquele tem por incumbência a tomada de decisões políticas, sempre voltadas à realização do *bem comum*, que é o objetivo do Estado; esta, por outro lado, encarrega-se de aplicar as decisões políticas tomadas pelo governo, devendo, portanto, ter também como finalidade a realização do *bem comum*.

Ademais, comumente se entende que a Administração Pública pertence exclusivamente ao Poder Executivo; tal entendimento, porém, não está correto.

Dalmo Dallari, em remissão à obra de Montesquieu, ensina a respeito da teoria da separação de Poderes, afirmando que foi concebida "para assegurar a liberdade dos indivíduos. Com efeito, diz o próprio Montesquieu que, quando na mesma pessoa ou no mesmo corpo de Magistratura o Poder Legislativo está reunido ao Poder Executivo, não há liberdade, pois que se pode esperar que esse monarca ou esse Senado façam leis tirânicas para executá-las tiranicamente. Proposta essa idéia de maneira sistemática no século XVIII, com o fim exclusivo de proteção da liberdade, mais tarde seria desenvolvida e adaptada a novas concepções, pretendendo-se então que a separação dos Poderes tivesse também o objetivo de aumentar a eficiência do Estado, pela distribuição de suas atribuições entre órgãos especializados".[8]

---

6. Idem, p. 655.
7. Odete Medauar, *O Direito Administrativo em Evolução*, p. 141.
8. Dalmo Dallari, *Elementos de Teoria Geral do Estado*, 17ª ed., p. 181.

Assim, a teoria da separação de Poderes foi concebida como um "sistema em que se conjugam um Legislativo, um Executivo e um Judiciário, harmônicos e independentes entre si, tomando, praticamente, a configuração que iria aparecer na maioria das Constituições".[9]

Subsome-se, portanto, que, pela teoria da separação de Poderes, o Estado manifesta-se através de seus três órgãos – Executivo, Legislativo e Judiciário –, cada qual independente e com sua respectiva especialização funcional.[10]

"O *governo* é, então, exercido pelo conjunto de órgãos mediante os quais a vontade do Estado é formulada, expressada e realizada, ou o conjunto de órgãos supremos a quem incumbe o exercício das *funções do poder político*. Este se manifesta mediante suas *funções* que são exercidas e cumpridas pelos órgãos de governo. Vale dizer, portanto, que o poder político, *uno*, *indivisível* e *indelegável*, se desdobra e se compõe de *várias funções*, fato que permite falar em *distinção das funções*, que fundamentalmente são três: a *legislativa*, a *executiva* e a *jurisdicional*."[11]

Verifica-se, assim, que, como o governo não é atividade exclusiva do chefe do Poder Executivo, a atividade administrativa também não é.

Todos os Poderes – Executivo, Legislativo e Judiciário – têm parcelas das funções do poder do Estado e todos eles também têm seu próprio governo, tomando decisões políticas de forma autônoma, mas equilibrada.[12]

9. Idem, p. 183.
10. De acordo com os ensinamentos de José Afonso da Silva: "A *independência dos Poderes* significa: (a) que a investidura e a permanência das pessoas num dos órgãos do governo não dependem da confiança nem da vontade dos outros; (b) que, no exercício das atribuições que lhes sejam próprias, não precisam os titulares consultar os outros nem necessitam de sua autorização; (c) que, *na organização dos respectivos serviços, cada um é livre, observadas apenas as disposições constitucionais e legais*; (...)" (*Curso de Direito Constitucional Positivo*, 27ª ed., p. 110 – grifos nossos).
11. José Afonso da Silva, *Curso de Direito Constitucional Positivo*, 27ª ed., p. 108.
12. Segundo Dallari, "o sistema de separação dos Poderes, consagrado nas Constituições de quase todo o mundo, foi associado à idéia de Estado Democrático e deu origem a uma engenhosa construção doutrinária, conhecida como *sistema de freios e contrapesos*. Segundo essa teoria, os atos que o Estado pratica podem ser de duas espécies: ou são atos *gerais* ou são *especiais*. Os *atos gerais*, que só podem ser praticados pelo Poder Legislativo, constituem-se a emissão de regras gerais e abstratas, não se sabendo, no momento de serem emitidas, a quem elas irão atingir. Dessa forma, o Poder Legislativo, que só pratica atos gerais, não atua concretamente na vida social, não tendo meios para cometer abusos de poder nem para beneficiar ou prejudicar a uma pessoa ou a um grupo em particular. Só depois de emitida a norma geral é que se abre a possibilidade de atuação do Poder Executivo, por meio de *atos especiais*. O Executivo dispõe de meios concretos para agir, mas está igualmente impossibilitado de atuar discricio-

Dessa forma, em todos os Poderes também se verifica a presença da Administração Pública, posto esta ser a responsável pelo efetivo cumprimento das decisões políticas emanadas pelos chefes desses Poderes.

"Etimologicamente, a palavra 'Administração' significa atividade do que não é proprietário. É, pois, conceito antagônico ao de propriedade. A propriedade é direito que vincula à nossa vontade. Ao revés, a Administração refere-se a um bem que não se entende vinculado à vontade ou personalidade do administrador, porém à finalidade impessoal a que essa vontade deve servir. Essa finalidade às vezes é fixada pela lei ou no contrato (sociedade civil). Na Administração Pública, a finalidade é a utilidade pública. O fim – e não a vontade – domina todas as formas da administração."[13]

Para Álvaro Lazzarini:

O vocábulo "Administração" é o oposto ao vocábulo "propriedade", porque Administração indica, justamente, atividade de gerir interesses alheios, enquanto que a lei assegura ao proprietário o direito de usar, gozar e dispor de seus bens e de reavê-los do poder de quem quer que injustamente os possua. (...).

Há uma diferença básica entre administração particular e administração pública, conforme a natureza do bem e do interesse a serem geridos. Partindo do art. 65 do C, que diferencia bens públicos e particulares, é possível dizer que será administração privada quando a gestão tiver por objeto bens e interesses particulares, enquanto que será administração pública quando ela for de bens e interesses qualificados da comunidade, por serem bens do domínio nacional, pertencentes à União, aos Estados, ao Distrito Federal ou aos Municípios.[14]

Hely Lopes Meirelles define "Administração Pública" como sendo "a gestão de bens e interesses qualificados da comunidade no âmbito federal, estadual ou municipal, segundo os preceitos do Direito e da Moral, com o fim de realizar o bem comum".[15]

Conclui-se, portanto, que por "Administração Pública" deve ser entendida a atividade de cuidar, de gerir interesses públicos, atuando em prol da comunidade.

Naturalmente, se o Estado tem essa finalidade, a Administração Pública, cuja existência se dá justamente para o efetivo cumprimento das decisões políticas do governo, também deve objetivar o mesmo.

---

nariamente, porque todos os seus atos estão limitados pelos atos gerais praticados pelo Legislativo. E se houver exorbitância de qualquer dos Poderes surge a ação fiscalizada do Poder Judiciário, obrigando cada um a permanecer nos limites de sua respectiva esfera de competências" (*Elementos de Teoria Geral do Estado*, 17ª ed., pp. 184-185).

13. Ruy Cirne Lima, *Princípios de Direito Administrativo*, 6ª ed., pp. 22 e ss.
14. Álvaro Lazzarini, *Estudos de Direito Administrativo*, 2ª ed., p. 29.
15. Hely Lopes Meirelles, *Direito Administrativo Brasileiro*, 32ª ed., p. 84.

Por "bem comum" entende-se "o conjunto de todas as condições de vida social que consintam e favoreçam o desenvolvimento integral da personalidade humana".[16]

Segundo ensinamentos de Maria Garcia:

No âmbito da realização do bem comum incide, inevitavelmente, a questão das *políticas públicas* ("metas coletivas conscientes", na acepção de Hugo Assman), as decisões que fixam, exatamente, os *objetivos* a alcançar pela ação do Estado, e a grande dificuldade, nessa área, torna-se precisamente a *aferição*, pelo governo, do que sejam as "metas coletivas conscientes" em determinado momento e em cada momento da coexistência social, tornando-se necessária a diversidade de instrumentos sensíveis de captação das "vozes" sociais, extremamente difícil quando governo e sociedade se encontram distanciados e separados por fontes de ruído e dispersão.

O norteio dessa realização deverá ser o interesse público, bem social transcendente aos interesses individuais[17] (grifos nossos).

Em outras palavras, a maneira de o Estado realizar o bem comum será pelo atendimento ao interesse público.

O interesse público, portanto, é o que deverá nortear todas as decisões a serem tomadas pelo governo; e como a Administração Pública tem por finalidade dar cumprimento a essas decisões, naturalmente, também ela deverá assim guiar-se.

Segundo Gaston Jèze, "em todo país civilizado, a Administração tem por missão satisfazer as necessidades de interesse geral. Claro que não satisfaz todas as necessidades de interesse geral: a alimentação, por exemplo, não é, na atualidade, salvo o caso de crise, de sua competência; a assistência médica, o fornecimento de medicamentos etc., tudo isso se abandona, pelo momento, salvo casos excepcionais, para a atividade dos particulares".[18]

Por esse motivo, Celso Antônio Bandeira de Mello, ao tecer considerações sobre os princípios básicos da Administração Pública, cita somente dois, quais sejam: o princípio da supremacia do interesse público sobre o privado e o da indisponibilidade dos interesses públicos.

O princípio da supremacia do interesse público, segundo esse autor, firma essa prevalência "como condição, até mesmo, da sobrevivência e asseguramento" do interesse particular, constituindo-se "pressuposto de uma

---

16. Trata-se de um conceito, universalmente aceito, elaborado pelo Papa João XXIII, in *Pacem in Terris (Encíclica, II, 58)*, apud Dalmo Dallari, *Elementos de Teoria Geral do Estado*, 17ª ed., p. 19.

17. Maria Garcia, "O Estado e a Reforma do Estado – A Reforma Administrativa (Emenda Constitucional n. 19/1998)", *Boletim de Direito Administrativo* julho/1999, pp. 441-447.

18. Gaston Jèze, *Principios Generales del Derecho Administrativo*, vol. 3, p. 415.

ordem social estável". O princípio da indisponibilidade, pela Administração, dos interesses públicos "significa que, sendo interesses qualificados como próprios da coletividade – internos ao setor público –, não se encontram à livre disposição de quem quer que seja, por inapropriáveis. O próprio órgão administrativo que os representa não tem disponibilidade sobre eles, no sentido de que lhe incumbe apenas curá-los – o que é também um dever – na estrita conformidade do que predispuser a *intentio legis*".[19]

Os interesses da coletividade, portanto, devem estar presentes em todas as atuações da Administração Pública, visto que esta existe justamente para realizá-los.

Antônio A. Queiroz Telles, ao tecer considerações a respeito do princípio da supremacia do interesse público, aduz que:

Sendo o direito administrativo, inquestionavelmente, ramo do direito público, é, por conseguinte, informado por este princípio, embora se reconheça não lhe seja o mesmo exclusivo.

Deflui esta ressalva da lição: "uma primeira proposição acode à mente dos administrativistas menos avisados que cogitam do tema – o interesse público prepondera sobre o interesse privado. Esse princípio, que consubstancia o mandamento da supremacia do interesse público, informa todo o direito administrativo, norteando a ação dos agentes na edição dos atos administrativos e dos órgãos legiferantes, nos processos nomogenéticos (*sic*), mas de maneira alguma é princípio setorial típico, específico do direito administrativo, visto ser comum a todo o direito público, em seus desdobramentos, já que se encontra na base de toda processualística, bem como na raiz do direito penal e do constitucional".

O aforismo "o interesse público prepondera sobre o particular" traduz a idéia de que, representando a Administração a soma dos interesses dos particulares, enfeixa o enorme poder de editar atos e de fazê-los cumprir pela coletividade.[20]

Daí o motivo pelo qual a Administração Pública deverá evoluir constantemente, a fim de se adequar efetivamente aos objetivos do Estado e, conseqüentemente, da coletividade geral.

Segundo os ensinamentos de Odete Medauar, o estudo do direito administrativo revela mudanças. Ele, de fato, se atualiza e se revitaliza a cada instante, para acompanhar a dinâmica do Estado e, assim, da comunidade administrada. Desvencilhando-se de resquícios absolutistas, sobretudo quanto à imposição da vontade da autoridade, ele vem absorvendo valores e princípios do ordenamento consagrados na Constituição e assimilando a nova rea-

---

19. Celso Antônio Bandeira de Mello, *Curso de Direito Administrativo*, 21ª ed., pp. 66 e 70.
20. Antônio A. Queiroz Telles, *Introdução ao Direito Administrativo*, 2ª ed., p. 49. Telles cita José Cretella Jr., "Princípios informativos do direito administrativo", separata da *Revista da Faculdade de Direito da USP*, São Paulo, Ed. RT, 1968, p. 268.

lidade do relacionamento Estado/sociedade, com a abertura para o cenário sócio-político-econômico em que se situa, a abertura para conexões científicas interdisciplinares e a disposição de acrescentar novos itens à temática clássica.[21]

Dessome-se, pois, que a finalidade única da Administração é a realização das decisões governamentais, visando à consecução do interesse público. Este pode se modificar a cada instante, motivo pelo qual a Administração também deverá se atualizar e se revitalizar, em busca de sua efetivação. O interesse público, portanto, é que deverá nortear todas as atividades da Administração.

3.2 Finalidades distintas dos contratos privados e públicos

Como visto anteriormente, a maior parte dos doutrinadores entende que a Administração pode celebrar contratos de direito público e de direito privado.

Assim, para André de Laubadère, a Administração pode pactuar, de uma parte, contratos administrativos sujeitos a regras especiais de direito público, cujo contencioso corresponde aos tribunais administrativos; e, de outra, contratos de direito comum (ou de direito privado), sujeitos ao regime do direito privado e à competência judicial.[22]

Também José Cretella Jr. entende que:

Nem todos os contratos celebrados pelo Estado – *contratos* "da" Administração – são *contratos administrativos*, pois a Administração pode celebrar contratos de direito privado e contratos de direito público.

Ora, o *contrato administrativo* é espécie do gênero *contrato de direito público*. Assim, dos *contratos* "da" *Administração* devem ser retirados os contratos privados. O "resíduo" é constituído pelos *contratos administrativos*.[23]

Entendemos, porém, que a Administração Pública não pode celebrar contratos de direito privado.

Trazendo novamente à colação os ensinamentos de Meirelles:

Os *fins da administração pública* resumem-se num único objetivo: o *bem comum da coletividade administrada*. Toda atividade do administrador público deve ser orientada para esse objetivo. Se dele o administrador se afasta ou desvia, trai o mandato de que está investido, porque a comunidade não institui a Administração

---

21. Odete Medauar, *O Direito Administrativo em Evolução*, p. 227.
22. André de Laubadère, *Manual de Derecho Administrativo*, 10ª ed., p. 185.
23. José Cretella Jr., *Direito Administrativo Brasileiro*, p. 358.

senão como meio de atingir o bem-estar social. Ilícito e imoral será todo ato administrativo que não for praticado no interesse da coletividade.
(...).

Em última análise, os fins da Administração consubstanciam-se na defesa do *interesse público*, assim entendidas aquelas aspirações ou vantagens licitamente almejadas por toda a comunidade administrada, ou por uma parte expressiva de seus membros. O ato ou *contrato administrativo* realizado *sem interesse público* configura *desvio de finalidade*.[24]

Consoante exposto no tópico anterior, a Administração somente deverá se nortear pelo interesse público, em todas as suas atividades, inclusive na celebração de seus contratos.

De fato, todos os contratos realizados pela Administração deverão ter em vista a realização do interesse coletivo, ainda que de maneira indireta, conforme o caso, mas necessariamente.

Daí advém a formação da teoria dos motivos determinantes, a seguir colacionada, conforme ensinamentos de Jèze, que relaciona as regras comuns concernentes à Administração em razão dos contratos por ela celebrados, no tocante:

1º) *À competência*. Para que um contrato celebrado pela Administração seja juridicamente válido, é preciso que o conclua o agente público competente. Isto é verdadeiro com relação a todos os atos jurídicos. A competência a criam a lei e os regulamentos, devendo exercer-se de conformidade a eles. Difere da capacidade das pessoas em direito privado. A competência só pode exercer-se em consideração do interesse público; tem, pois, um caráter muito menos discricionário que a capacidade de direito privado. Há aqui, pois, duas teorias: a da competência, no que concerne ao contratante Administração; e a da capacidade, no que concerne ao contratante particular.

2º) *Ao livre consentimento*. Os vícios do consentimento são o erro, a violência e o dolo, e, muito raramente, a lesão. Aqui, as regras são comuns a todos os contratantes: em princípio, são as mesmas que regem as relações dos particulares em direito privado.

3º) *Ao objeto*. O objeto deve ser possível e lícito; a regra é comum a todas as partes contratantes.

4º) *Aos motivos determinantes. A teoria dos motivos determinantes ocupa, no direito público, um lugar muito importante. Nenhum contrato (tampouco qualquer ato dos agentes públicos) pode concluir-se se não tem em conta o interesse geral. É esta uma teoria própria do contratante Administração.*

5º) *Às formas.* É necessário seguir as formas, sob pena de sanções diversas). A regra relativa às formas é comum a todas as partes contratantes. Já se tem exposto as teorias gerais, comuns aos contratos administrativos ou de direito civil e aos atos jurídicos em geral[25] (grifos nossos).

---

24. Hely Lopes Meirelles, *Direito Administrativo Brasileiro*, 32ª ed., pp. 86-87.
25. Gaston Jèze, *Principios Generales del Derecho Administrativo*, vol. 1, pp. 5 e ss.

Se todos os contratos da Administração devem objetivar o interesse público, não há como sustentar que ela possa celebrar contratos de direito privado, visto que a realização destes últimos tem por objetivo outra finalidade, que, certamente, jamais será o interesse público, por ser-lhe ilícito. Consoante sustentado por inúmeros civilistas, o objetivo dos contratos de direito privado é, única e exclusivamente, fazer circular riquezas.[26]

Os contratos de direito público e os de direito privado são, portanto, instrumentos contratuais distintos, com finalidades diversas, não sendo possível à Administração utilizar ambos, posto que ela jamais pode visar à circulação de riquezas.

Renato Alessi, ao explanar sobre dispositivo do Código Civil, afirma que "o contrato deve ter por objeto bens comerciáveis, enquanto que no campo do direito público envolveria, em contrário, bens não-comerciáveis (a dizer, a função pública)".[27]

Nesse mesmo sentido, Carlos García Oviedo, para distinguir contratos de obras de direito privado e de direito público, analisa a finalidade desses instrumentos. Assim, se a obra se refere à construção de edifício destinado a um serviço público, ela será pública. Complementa o autor que o "fim de utilidade pública deve entender-se em seu sentido mais amplo. Realizam-no todas as obras que se propõem à satisfação de um interesse administrativo, seja direta, seja indiretamente".[28]

Trazendo essa distinção para todos os contratos, são considerados administrativos também aqueles que têm por fim, imediato ou não, o interesse público em seu sentido mais amplo, não sendo possível visar a outro objetivo.

Conclui-se ser errado, portanto, afirmar que a Administração Pública pode ora celebrar contratos de direito privado, ora de direito público. Na realidade, ela jamais poderá celebrar contratos regidos pelo direito comum,

26. Francesco Messineo, *Doctrina General del Contrato*, t. 2, pp. 33 e ss.; Sílvio Rodrigues, *Direito Civil*, 14ª ed., vol. 3, p. 11. Em nosso Capítulo 1, subitens 1.3.2.1, 1.3.2.2, 1.3.2.3 e 1.3.2.4, já tecemos considerações a respeito dos elementos dos contratos administrativos incompatíveis com os privados, elencando: o objeto que está fora do comércio; a ausência da relatividade das convenções, em face de os efeitos dos contratos alcançarem terceiros; a parcela ínfima da autonomia da vontade da Administração Pública, que tem sempre a necessidade de buscar a satisfação do interesse público; e a desigualdade jurídica entre as partes contratantes, tendo em vista as prerrogativas que detém a Administração para a efetiva consecução do interesse público.

27. Renato Alessi, *Sistema Istituzionale del Diritto Amministrativo Italiano*, p. 246.

28. Carlos García Oviedo, *Derecho Administrativo*, 3ª ed., p. 161.

dado que a finalidade que norteia estes últimos – qual seja, a de circular riquezas – lhe é absolutamente incompatível.

Por esse motivo, Miguel Angel Berçaitz afirma que "nos contratos administrativos existe uma desigualdade jurídica que tem sua origem na desigualdade de propósitos perseguidos pelas partes contratantes. Nesses contratos, o contratante da Administração persegue um fim econômico privado: busca uma colocação produtiva para seu capital. A Administração, ao contrário, vela pelo interesse público, pelas necessidades públicas: trata de que satisfaçam ou de que não se criem obstáculos para sua satisfação".[29]

Nas lições de Rafael Bielsa, contrato administrativo é o que "a Administração Pública celebra com outra pessoa pública ou privada, física ou jurídica, e que tem por objeto uma *prestação de utilidade pública*. De onde, pois, em todo contrato administrativo devem concorrer os seguintes elementos essenciais: (a) *um dos sujeitos* da relação jurídica é a Administração Pública (Estado, província, comuna ou entidade autárquica) atuando como tal, é dizer, como entidade de direito público; (b) *o objeto* do contrato é uma prestação de utilidade pública, por exemplo, concessão de serviço público, um emprego público, uma obra pública etc. Por essa razão, a Administração Pública deve fixar unilateralmente o objeto, o modo e as condições da prestação e da contraprestação".[30]

Ainda no tocante ao objeto do contrato, aduz Bielsa que "é sempre uma coisa pública, uma função pública: 'coisa útil, por certo, porém que não constitui riqueza, porque não é suscetível nem permutável' (Cammeo). Descarta-se, assim, a idéia econômico-privada do preço, que supõe troca e equivalência, segundo as leis normais. De onde, também, se exclui a noção de causa que no direito privado deriva dessa equivalência. Porque, no que diz respeito ao Estado, a causa da obrigação se encontra não na utilidade que obtém da contraprestação, senão em uma mais elevada finalidade, de índole social".[31]

Assim, tendo os contratos administrativos por objeto a prestação de utilidade pública, não há que se falar, portanto, em celebração de contratos de direito privado pela Administração, posto que estes últimos têm outras finalidades que não o interesse público.

---

29. Miguel Angel Berçaitz, *Teoría General de los Contratos Administrativos*, 2ª ed., p. 229. Como visto no Capítulo 2, item 2.8, Berçaitz caracteriza os contratos administrativos em razão da desigualdade jurídica das partes. Não compartilhamos desse entendimento que enseja a idéia de subordinação, e não de cooperação. Contudo, é inegável que as partes, nos contratos administrativos, se situam em nível vertical, e não horizontal, em função da supremacia do interesse público sobre o particular, como adiante iremos demonstrar.

30. Rafael Bielsa, *Derecho Administrativo*, 6ª ed., t. 2, pp. 171 e ss.

31. Idem, nota de rodapé da p. 173.

Gabino Fraga também distingue os contratos administrativos dos contratos civis e mercantis em função das finalidades distintas, restando sujeitos a regime legal diverso: "Da mesma maneira que as finalidades da vida comercial e os procedimentos nela empregados não podem conter-se dentro das normas rígidas do direito civil e têm originado um direito exorbitante dele, o direito mercantil, em igual forma as finalidades diversas da vida estadual e os procedimentos nela usados, completamente diversos das finalidades e procedimentos da vida civil e da mercantil, impõem a existência de outro regime exorbitante para regular as relações que surgem nos chamados contratos administrativos".[32]

Assim – arremata Fraga –, se o contrato não tiver essa finalidade pública, estará, então, sujeito ao regime de direito civil. Mas em quais hipóteses a Administração poderia celebrar contratos sem visar à satisfação das necessidades coletivas, sem estar vinculada ao cumprimento de suas atribuições estatais? Em nenhuma.

Mais adiante, fazendo referências às prerrogativas da Administração Pública, Fraga diz que as mesmas estipulações dentro dos contratos administrativos "se consideram como perfeitamente regulares, porque elas salvaguardam o eficaz cumprimento das atribuições estaduais, que de outro modo quedaria impedido se o Estado não dispusesse de meios rápidos e efetivos para poder satisfazer as necessidades coletivas. É que o Estado, como já dito anteriormente, não pode prescindir de seu caráter de Poder Público mesmo nas relações contratuais e 'se não impõe como poder o contrato, impõe ao que quer contratar com ele condições que deixam a salvo esse poder'".[33]

Então, como sustentar que a Administração possa celebrar contratos sem deixar a salvo esse "poder" mencionado por Fraga? Obviamente, não existe essa possibilidade; e, por isso, não há como defender a possibilidade de a Administração Pública celebrar contratos submetidos ao regime de direito civil.

Em todas as contratações a Administração sempre deverá satisfazer o interesse público; nesse sentido também se posiciona a nossa jurisprudência: "Contrato – Inserção de cláusulas que operam contra os interesses da Administração – Irregularidade. O objeto da contratação é sempre o atendimento ao interesse público. A tomada de liberalidade pelo administrador que possa comprometer a integralidade do patrimônio público constitui-se em prática vedada pelo Direito pátrio".[34]

32. Gabino Fraga, *Derecho Administrativo*, 5ª ed., p. 544.
33. Idem, p. 549.
34. TCE/SP, TC-172/003/93, Cons. Edgard Camargo Rodrigues, 28.2.1992.

Conclui-se, dessa forma, que a finalidade pública sempre configurará o objeto de todos os contratos a serem celebrados pela Administração, os quais deverão obrigatoriamente se submeter ao regime público, jamais ao privado, por ter finalidade distinta.

Nas lições de Eduardo Soto Kloss:

Dada a diversidade de fins que o Estado e o indivíduo perseguem, cada um em sua esfera, existem interesses dentro desse plano temporal que adquirem maior relevância: logo, sua regulação jurídica há de ser diferente e originarão um regime jurídico distinto.

(...).

As relações em que participa o Estado, quando se objetiva a sua verdadeira configuração (da perspectiva dos fins), são relações supra-ordenadoras, de bem comum, de repartição e distribuição; para ele existe uma regulação jurídica específica, adequada a essa natureza, que não é outra que o direito público. E, ainda quando atue para cumprir seus fins pela via contratual, isto é, sob a base de intercâmbios, trata-se de intercâmbios finalizados, fazendo com que também o fim que ordena tal contratação seja um fim público, coletivo, de bem comum, e, portanto, ditos intercâmbios são regulados pelo direito público. Pretender aplicar, então, uma regulação diferente é tratar desiguais em forma igual, e isso é injusto.

"Pretender que a atividade do Estado, como atividade, possa ser regulada pelos princípios da justiça comutativa vem a contradizer os próprios fundamentos da idéia de Estado."[35]

3.2.1 O falso contrato de locação da Administração

A maioria dos doutrinadores, sustentando a possibilidade de a Administração celebrar contratos de direito privado, traz à colação, como exemplo, os contratos de locação.

Segundo Bielsa, quando o Estado outorga uma concessão, celebra um contrato; e, quando dá em locação a um particular um bem que forma parte de seu patrimônio disponível, também celebra um contrato. Porém, a diferença entre um e outro caso é substancial.[36]

Por outras palavras, entende-se que esses contratos de locação, que são regulamentados pelo direito civil, sempre serão considerados de direito privado, mesmo sendo celebrados pela Administração Pública; não podendo, dessa forma, jamais ser caracterizados como contratos administrativos.

---

35. Eduardo Soto Kloss, "La contratación administrativa. Un retorno a las fuentes clásicas del contrato", *RDC* abril-junho/1980, pp. 49 e ss.
36. Rafael Bielsa, *Derecho Administrativo*, 6ª ed., t. 2, p. 175.

Contrariamente, tratando-se, por exemplo, de contrato de concessão de serviço público, a predominância será das regras de direito público, e é a esse regime que essa contratação deverá se submeter.

Mas, em que pese às argumentações expendidas, acreditamos que mesmo nas contratações em que a Administração se utiliza predominantemente das regras do direito privado o contrato necessariamente irá caracterizar-se como de direito público. Vejamos o exemplo da locação.

Indubitavelmente, pode a Administração Pública ceder o uso de imóveis públicos a particulares, assim como utilizar imóveis particulares, desde que, em ambos os casos, existam razões de interesse público.

Assim, nas hipóteses em que se permite locar imóveis, há, de uma maneira ou de outra, um interesse público a ser atingido, como, por exemplo, nos casos em que uma Universidade pública loca imóveis para seus estudantes, ou espaços para a instalação de restaurante, bares, lanchonetes, dentre outros.

Ademais, cabe salientar que a denominação "locação" para esse tipo de contrato não é a adequada.

No direito administrativo existem institutos jurídicos específicos para a utilização de bens imóveis públicos por particulares: autorização de uso, permissão de uso, cessão de uso, concessão de uso, concessão de direito real de uso e enfiteuse ou aforamento.

Em todos esses institutos, a Administração transfere o uso do bem imóvel público a particulares, e somente no caso da autorização de uso (que é um ato, por excelência, discricionário e precário)[37] é que se visa à satisfação de interesse particular; e, mesmo assim, desde que não prejudique a comunidade e nem embarace o serviço público. Em todos os demais institutos há que existir a satisfação do interesse da coletividade.

O instituto da locação, na realidade – e conforme bem nos ensina o saudoso Hely Lopes Meirelles –, é um contrato típico do direito privado *que*

---

37. Entende-se por *autorização de uso* "o ato unilateral, discricionário e precário pelo qual a Administração consente na prática de determinada atividade individual incidente sobre um bem público. Não tem forma nem requisitos especiais para sua efetivação, pois visa apenas a atividades transitórias e irrelevantes para o Poder Público, bastando que se consubstancie em ato escrito, revogável sumariamente a qualquer tempo e sem ônus para a Administração. Essas autorizações são comuns para a ocupação de terrenos baldios, para a retirada de água em fontes não abertas ao uso comum do povo e para outras utilizações de interesse de certos particulares, desde que não prejudiquem a comunidade nem embaracem o serviço público. Tais autorizações não geram privilégios contra a Administração ainda que remuneradas e fruídas por muito tempo, e, por isso mesmo, dispensam lei autorizativa e licitação para seu deferimento" (Hely Lopes Meirelles, *Direito Administrativo Brasileiro*, 32ª ed., p. 525).

não deve ser utilizado pela Administração, visto esta ter os seus próprios instrumentos adequados para o mesmo fim.[38] De acordo com o referido autor, a Administração tem, erroneamente, feito "*concessões remuneradas de uso* de seus bens sob a imprópria denominação de *locação*, pretendendo submetê-las ao Código Civil ou às leis do inquilinato e até mesmo à lei de locações para fins comerciais, o que é inadmissível tratando-se de uso especial de bem público".[39]

Entretanto, em desconformidade com esse entendimento, a Lei de Locação (Lei 8.245, de 18.10.1991, art. 1º, parágrafo único, I) dispõe que "as locações de imóveis de propriedade da União, dos Estados e dos Municípios continuam reguladas pelo Código Civil" – possibilitando, assim, a utilização desse instituto.

---

38. Hely Lopes Meirelles, *Direito Administrativo Brasileiro*, 32ª ed., nota de rodapé da p. 528. De acordo com os ensinamentos de Meirelles:

"A *locação* é contrato típico do direito privado, onde as partes devem manter equivalência de situações nos direitos e obrigações que reciprocamente assumirem. Por isso se conceitua a locação como um contrato bilateral perfeito, oneroso, comutativo e consensual. Ora, no direito administrativo jamais se poderá traspassar o uso e gozo do bem público com as características da locação civil, porque implicaria renúncia de poderes *irrenunciáveis* da Administração, para que ela viesse a se colocar em igualdade com o particular, como é da essência desse contrato no campo do direito privado. O só fato de uma lei administrativa, primando pela falta de técnica, referir-se erroneamente a um instituto civil não é o bastante para implantá-lo em nosso direito público. Aliás, o mesmo diploma federal desvirtua o que ele denomina de 'locação dos próprios nacionais' quando declara que ela 'se fará mediante contrato, não ficando sujeita a disposições de outras leis concernentes à locação' (art. 87). Como se poderá entender uma *locação* que não se subordina às normas da *locação*? Além dessa *contradictio in terminis*, o mesmo decreto-lei ainda ressalva que essa 'locação' poderá ser rescindida 'quando o imóvel for necessário a serviço público' (art. 88, III). Locação por tempo certo, rescindível a juízo de uma das partes, aberra dos mais elementares princípios desse instituto.

"O que a lei federal denominou impropriamente de 'locação' nada mais é que *concessão remunerada de uso* dos bens do domínio público patrimonial, instituto, esse, perfeitamente conhecido e praticado pela Administração Pública dos povos cultos e regido por normas próprias do direito administrativo.

"Concessão de uso, onerosa ou gratuita, será sempre um contrato administrativo, que traz em si mesmo a possibilidade ínsita de a Administração desfazê-lo a qualquer tempo, desde que ocorram motivos de interesse público. Sustentar-se que o Poder Público realiza *locação* de seus bens aos particulares seria tão aberrante dos modernos princípios do direito administrativo como afirmar-se que o funcionário público faz com a Administração um contrato de locação de serviços, quando hoje ninguém desconhece a natureza estatutária das relações que se estabelecem entre as entidades estatais e seus servidores" (ob. cit., pp. 528-529).

39. Hely Lopes Meirelles, *Direito Administrativo Brasileiro*, 32ª ed., p. 528.

Contudo, mesmo sendo legalmente permitido à Administração celebrar um contrato impropriamente denominado "locação", este jamais se caracterizará como um instrumento típico do direito privado.

Destarte, ainda que se admitisse à Administração a possibilidade de celebrar contratos privados – inclusive o de locação –, não poderia ela agir em desconformidade com o interesse público, que é sua finalidade precípua, seu objetivo. Esse fato, por si só, descaracteriza o contrato tido como privado, em face das prerrogativas que a Administração detém, preexistentes à formalização do contrato, para assegurar o interesse público.

Veja-se que a própria lei citada estatui que a locação poderá ser rescindida quando o imóvel for necessário para o serviço público.

Isso significa dizer que, mesmo havendo a possibilidade de a Administração celebrar um contrato impropriamente denominado de "locação", este não será concretizado nos moldes do direito privado, pois, inclusive, neste caso, a Administração poderá rescindi-lo em nome do interesse público, não lhe sendo facultado, pois, despir-se de suas vestes e de seus objetivos para se igualar aos particulares. Ou, em outras palavras, não podendo ela renunciar às prerrogativas que lhe são inerentes, inalienáveis.

Conclui-se, portanto, que a Administração pode até mesmo celebrar contrato de locação, mas a incorreta utilização desse instrumento não o faz caracterizar-se como contrato típico de direito privado.

Nesse sentido é o entendimento de nossa remansosa jurisprudência:

Administrativo – Contrato intitulado "de locação" firmado pela Administração e por particular – Natureza jurídica do contrato: concessão de uso – Regras aplicáveis: de direito público – Recurso não conhecido. I – Ainda que tenha sido intitulado "contrato de locação", o acordo firmado entre a Administração e o particular para a instalação de lanchonete em rodoviária municipal configura concessão de uso, dando ensejo à aplicação das regras de direito público e não da legislação civil – Recurso especial não conhecido.[40]

Administrativo – Bem imóvel da União administrado pela INFRAERO – Cessão de uso – Instituto de direito administrativo. Consoante dispõe a lei (Decreto-lei n. 9.760/1946), a cessão de uso de bem imóvel da União, mediante contrato oneroso, seja qual for a denominação dessa avença, deve ser regida pelas normas de direito público, já que tem a natureza jurídica de contrato administrativo. As normas de direito privado não podem disciplinar a cessão de uso de bem público, ainda que este esteja sob a administração de empresa pública, porquanto, tendo em vista o interesse e as conveniências da Administração, a União pode, a qualquer tempo e unilateralmente, reaver o seu imóvel, tornando sem efeito qualquer contrato entre o cessionário e o cedente – Recurso a que se nega provimento.[41]

---

40. STJ, REsp 717-SC, j. 11.12.1997.
41. STJ, REsp 55.275-ES, j. 17.5.1995.

Administrativo – Empresa pública e empresa privada como contratantes – Ajuste tendo por objeto bem imóvel da União Federal – Natureza jurídica do contrato – Retomada do uso – CF, arts. 37 e 173, § 1º – Lei n. 8.666/1993 (arts. 1º e 54) – Decreto-lei n. 200/1967.

1. A empresa pública, de finalidade e características próprias, cujos bens são considerados públicos, sujeitar-se-á aos princípios da Administração Pública, que são aplicáveis para as suas atividades-fins, bem apartadas do direito privado. A rigor, a sua função administrativa consiste no dever do Estado, com regime jurídico-administrativo, com regras próprias e prevalecentemente de direito público. Os contratos que celebra têm por pressuposto lógico o exercício de função pública. Somese que a empresa pública está inscrita no capítulo apropriado à Administração Pública (art. 37 da CF).

2. A remuneração pelo uso de bem público não configura aluguel e o disciplinamento do ajuste, firmado entre a empresa pública e a particular, não submetendo às normas ditadas à locação comum, mas sob os albores do direito público. Forçando, caso admitida a locação, mesmo assim, não escaparia dos preceitos de direito público (arts. 1º e 54 da Lei n. 8.666/1993).

3. Na alcatifa de contrato administrativo, extinto o prazo e justapostos o seu objeto e especificações, mostra-se incensurável o vergastado acórdão.

4. Recurso improvido.[42]

Bens públicos – Locação – Inadmissibilidade – Contrato típico de direito privado – Caracterização como permissão de uso, mediante remuneração mensal – Natureza jurídica do ato, ademais, não alterada pelo fato de ter sido paga com o nome de aluguel ou renda – Liminar em reintegração de posse deferida – Recurso não provido – Voto vencido. A locação, caracterizada como contrato bilateral perfeito, oneroso, comutativo e consensual, em que uma das partes cede o uso do bem a terceiro, recebendo, em troca, equivalente em dinheiro, inexiste no direito administrativo brasileiro quando o Poder Público cede o uso do bem. Isto porque é impossível conferir o uso e gozo de bem público a particular com as características do negócio jurídico civil, porque implicaria renúncia de poderes irrenunciáveis pela Administração, para que ela viesse se colocar em igualdade com o locatário, como é da essência desse contrato no campo do direito privado.[43]

Todo o exposto também se aplica aos demais contratos aos quais alguns doutrinadores intencionam atribuir a natureza privada. *Embora todos eles possam, em princípio, ser predominantemente regidos por normas de direito privado, nenhum deles se reveste das características necessárias aos contratos particulares*, diferenciando-se sobretudo pelo fato de terem a presença da Administração com suas prerrogativas, outorgadas para a realização do interesse público.

42. STJ, REsp 55.565-ES, j. 1.6.1995.
43. TJSP, AI 9.883-5, j. 16.12.1996.

3.3 Inalienabilidade das prerrogativas da Administração Pública

Aqueles que sustentam a possibilidade de a Administração celebrar contratos de direito privado o fazem argumentando que, nessas hipóteses, a Administração se despoja de seus poderes, para se igualar aos particulares.

Mas como a Administração poderia se despojar de seus poderes? Sustentar-se-ia, novamente, o critério dos atos de gestão e atos de império?

De acordo com essa teoria, já analisada anteriormente, os atos de autoridade, a serem apreciados pelo Conselho de Estado, seriam aqueles praticados pela Administração Pública, atuando com todas as suas prerrogativas, que exorbitam a esfera do direito civil; os atos de gestão, por sua vez, seriam aqueles em que ela atuaria em condições de igualdade com os particulares, de competência da jurisdição comum.[44]

Transportando-se esse critério para os contratos celebrados pela Administração, seriam considerados *contratos públicos* aqueles em que ela estivesse dotada de suas prerrogativas, com supremacia de poderes frente ao particular contratado. Nos casos em que ela se encontrasse em condições de igualdade, despojada de seus privilégios, os contratos seriam *privados*.

O principal motivo pelo qual esse critério recebeu críticas foi justamente o fato de a Administração não poder alienar suas prerrogativas, posto que estas fazem parte integrante de sua essência, para assegurar o interesse público. Dessa forma, não existe dualidade de vontades; e muito menos a dupla personalidade da Administração, sendo inconcebível ela atuar como um particular.

Ao revés, admitindo-se que a Administração pudesse se despojar de suas prerrogativas, em quais hipóteses ela o faria? Restaria a seu critério discricionário "vestir-se" ou "despir-se" dessas "vestes", ao seu talante? Essa sustentação é inadmissível, e refoge de qualquer aspecto normativo.

A conclusão evidente que se faz dessa crítica é a de que todos os atos celebrados pela Administração são atos de império, inexistindo atos de gestão, como intencionaram sustentar os adeptos dessa teoria.

Da mesma maneira, não há que se falar de contratos de direito privado celebrados pela Administração nas hipóteses em que ela se despoja de seus privilégios, porquanto em todos os seus contratos o ente público sempre estará presente com todas as suas prerrogativas, inalienáveis, a fim de assegurar o efetivo cumprimento do interesse público.

Juan Carlos Cassagne ensina que:

44. V. Capítulo 2, item 2.2.

Como o bem comum constitui o fim do Estado e o seu beneficiário é o sujeito particular componente da comunidade mediante a distribuição que dele se faz, o regime exorbitante só se concebe, em definitivo, a serviço desse fim de bem comum, através da qual se alcança o bem individual.

Enquanto *a figura da prerrogativa alicerça-se nos requerimentos do bem comum*, porque as exigências da comunidade (justiça legal ou geral) se baseiam na idéia de serviço para satisfazer em forma direta o bem de cada um dos componentes, *a presença das garantias tende a assegurar a realização desse interesse geral* mediante o reconhecimento da posição que os indivíduos têm no seio da comunidade, dando a cada um deles participação no bem comum[45] (grifos nossos).

As prerrogativas, portanto, baseiam-se na outorga de poderes à Administração Pública para que lhe seja possível modificar a relação contratual em função de alterações do interesse público, que sempre deverá alcançar.

Nas lições de Marcello Caetano, o poder conferido à Administração de ordenar unilateralmente modificações nos contratos administrativos tem por fundamento o fato de que "a Administração *serve* o interesse público e não pode exonerar-se do dever de procurar sempre os melhores processos técnicos e meios materiais e jurídicos de realizá-lo".[46]

Nesse mesmo sentido são os ensinamentos de Meirelles, aduzindo que "no desempenho dos encargos administrativos o agente do Poder Público não tem a liberdade de procurar outro objetivo, ou de dar fim diverso do prescrito em lei para a atividade. Não pode, assim, deixar de cumprir os deveres que a lei lhe impõe, nem renunciar a qualquer parcela dos poderes e prerrogativas que lhe são conferidos. Isso porque *os deveres, poderes e prerrogativas não lhe são outorgados em consideração pessoal, mas sim para serem utilizados em benefício da comunidade administrada*. Descumpri-los ou renunciá-los equivalerá a desconsiderar a incumbência que aceitou ao empossar-se no cargo ou função pública. Por outro lado, deixar de exercer e defender os poderes necessários à consecução dos fins sociais, que constituem a única razão de ser da autoridade pública de que é investido, importará renunciar os meios indispensáveis para atingir os objetivos da Administração"[47] (grifos nossos).

É o interesse público, portanto, que justifica a outorga de privilégios à Administração Pública. Nesse sentido a nossa pacífica jurisprudência.

Serviço público – Concessão – Caducidade. A autoridade municipal pode cassar *ex officio* concessão do serviço público, desde que o dano seja inexcedível para os usuários. A decisão unilateral emitida nos limites da competência geral do prefei-

---

45. Juan Carlos Cassagne, *Derecho Administrativo*, 3ª ed., vol. 2, p. 17.
46. Marcello Caetano, *Manual de Direito Administrativo*, 10ª ed., t. 1, pp. 619 e ss.
47. Hely Lopes Meirelles, *Direito Administrativo Brasileiro*, 32ª ed., p. 86.

to municipal, ancorada na supremacia e no poder geral do concedente (cláusulas exorbitantes), permite cassar concessão de transporte coletivo por infração contratual quando o interesse público se entremostrar urgente e ocasionar sérios prejuízos para a população de um bairro, situado nos limites territoriais do concedente.[48]

Contrato administrativo – Concessão – Rescisão indireta – Ocorrência – Administração que criou departamento de serviços funerários, contrariando cláusula convencionada – Quebra da exclusividade – Indenização dos lucros cessantes e danos emergentes devida – Aplicação dos princípios *lex inter partes* e *pacta sunt servanda* – Restabelecimento do equilíbrio financeiro – Ação procedente – Recurso não provido. O Poder concedente nunca se despoja do direito de explorá-lo direta ou indiretamente, desde que o interesse coletivo assim o exija. Permanece, portanto, com o Poder concedente a faculdade de, a qualquer tempo, no curso da concessão, retomar o serviço concedido, mediante indenização, ao concessionário, dos lucros cessantes e danos emergentes resultantes da encampação.[49]

Bem público – Permissão de uso – Cláusula de livre revogação pelo permitente – Anulação do dispositivo pretendida com fundamento no art. 115 do CC – Inadmissibilidade – Ato negocial, unilateral, discricionário e precário onde se permitem as cláusulas exorbitantes ao direito comum – Prevalência das disposições de direito público. Os contratos públicos da Administração têm características especialíssimas, exorbitantes das normas de direito comum, por estarem em jogo fins de interesse público, permitindo-se neles, portanto, a adoção de cláusulas ditas "exorbitantes", decorrentes de normas especiais. Assim, à permissão de uso, instituto especial de direito administrativo, não se aplica o art. 115 do CC, que veda condições contratuais que venham a privar de todo efeito o ato ou o sujeitem ao arbítrio de uma das partes. Legal, portanto, a cláusula de rescisão unilateral em proveito da Administração.[50]

Ato administrativo – Concessão de uso – Celebração de escritura que não impede a rescisão – Área destinada a praça pública – Afetação – Cláusulas exorbitantes – Observância do princípio da supremacia do interesse público – Segurança denegada.[51]

Administrativo – Processo civil – Contrato de concessão de uso de bem público – Prédio da Universidade ocupado por estudante – Descabimento de ação de reintegração de posse – Cláusula exorbitante – Possibilidade de rescisão unilateral do contrato. 1. O vínculo existente entre a Universidade e o aluno que reside em prédio a ela pertencente é de índole marcadamente administrativa, constituindo contrato de concessão de uso de bem público, rescindível a qualquer tempo pela Administração, por força de cláusula exorbitante, inerente ao contrato administrativo, mesmo não explicitada. 2. A utilização, na hipótese, de ação de reintegração de posse é absolutamente inviável.[52]

48. TJSP, Ap. cível 16.203-5, Rio Claro, j. 1.6.1998.
49. TJSP, Ap. cível 210.401-1, Cotia, j. 7.6.1994.
50. TJSP, Ap. cível 113.792-1, j. 13.12.1989.
51. TJSP, MS 172.684-1, São Paulo, j. 3.12.1992.
52. TRF-4ª Região, Processo 95.04.14939-1-RS, apelação cível, j. 27.4.1999.

Verifica-se, dessa forma, que o fundamento da outorga de tais prerrogativas à Administração é o interesse público, o qual ela sempre deverá objetivar em todos os seus atos – motivo pelo qual entendemos ser impossível afirmar que esses privilégios possam ser renunciados.

Para Sabino A. Gendin:

O interesse público pode reclamar uma instabilidade do vínculo contratual com evidente prejuízo para o possuidor de uma situação jurídica individual, ainda quando a Administração pelo momento se veja prejudicada economicamente ou tenha de dispor de bens ou desprender-se de numerário.

Tudo isso é conseqüência do lugar em que atua a Administração, que a coloca em um plano superior, em uma posição privilegiada com relação ao particular contratado.[53]

Segundo Marcos Juruena Villela Souto:

A existência de uma teoria geral do contrato administrativo, variante daquela teoria geral das obrigações, regulada pelo direito privado, decorre do fato de que a Administração, centralizada ou descentralizada, não sendo auto-suficiente na execução das tarefas indispensáveis ao atendimento do interesse público (motivador da existência do Estado), muitas vezes necessita chamar particulares para com ela colaborar.

Ocorre que nessa colaboração, seja por ato unilateral (permissão), seja por acordo de vontades (contrato ou convênio, não deixa a Administração de agir como representante do interesse geral, não podendo, pois, despir-se dessa supremacia.

Em razão disso, mesmo quando ela contrata com o particular, não perdendo essa supremacia, com ele jamais pode se nivelar, posto que o interesse geral (por ela representado) sempre prevalece sobre o interesse individual (do contratado). Daí a regência do contrato pelo direito público e não pelo direito privado, onde não se admite essa desigualdade no tratamento das partes no ato jurídico bilateral.[54]

Assim, tais prerrogativas se fazem necessárias para a Administração Pública, tendo em vista o princípio da supremacia do interesse público sobre o interesse particular.

De acordo com Eurico de Andrade Azevedo, "a supremacia do interesse público sobre o privado e a indisponibilidade dos interesses públicos conferem à Administração uma posição privilegiada nos contratos administrativos, em relação ao particular contratado. Estas prerrogativas da Administração concretizam-se nas chamadas cláusulas exorbitantes do direito comum, porque não seriam lícitas em um contrato privado, por desigualar as partes contratantes. Nos contratos administrativos, contudo, elas se justificam como instrumentos de realização dos fins do Estado".[55]

---

53. Sabino A. Gendin, *Los Contratos Públicos*, 1ª ed., p. 22.
54. Marcos Juruena Villela Souto, *Licitações & Contratos Administrativos*, p. 187.
55. Eurico de Andrade Azevedo, "A Administração Pública, os contratos e as obrigações de pagamento", in Milton Paulo de Carvalho, *Temas Atuais de Direito*, p. 77.

Cabe, aqui, efetuar outra crítica.

3.3.1 As chamadas "cláusulas exorbitantes"

Pelo fato de as prerrogativas da Administração Pública terem o condão de modificar as condições inicialmente avençadas no contrato, passou-se a denominá-las *cláusulas exorbitantes*, trazendo a idéia da outorga de privilégios nesses instrumentos que exorbitam daqueles existentes no regime de direito privado.

Nesse sentido são os ensinamentos de George Péquignot, trazendo definição elaborada pelo Conselho de Estado, *in verbis*: "cláusulas que atribuem à autoridade pública prerrogativas exorbitantes do direito comum (21.1.1948, Sté Penaroya: S. 1949, 3, 6)".[56]

Cretella Jr. entende que essa denominação é criticável, inválida, por tomar como referência o direito civil e, assim efetuando, partir para um conceito residual. Para ele, "quando se diz 'exorbitante', o referencial é o direito civil. A verdade é que o direito civil não é nem raiz nem tronco principal da árvore jurídica, mas um dos ramos em que o tronco-matriz se biparte".[57]

Na realidade, não existem derrogação e nem exorbitância do direito civil, mas apenas diferenças específicas, sabidamente existentes nas duas espécies: contratos administrativos e contratos privados.

Mais adiante, Cretella Jr. conclui dizendo que "melhor seria denominá-la cláusula de privilégio, de prerrogativa".[58]

Entretanto, como dito anteriormente, não se trata também de cláusulas contratuais. Trata-se, na realidade, de privilégios, prerrogativas da personalidade da Administração Pública, e que, portanto, são preexistentes ao contrato a ser celebrado. Por outras palavras, não existem as chamadas "cláusulas exorbitantes", posto que a questão não reside em inserir, implícita ou expressamente, cláusulas nos contratos administrativos. Existem tão-somente prerrogativas inerentes à pessoa da Administração Pública.

Da mesma forma, criticamos a denominação do regime de direito público como "regime exorbitante", uma vez que também toma como referencial o direito civil.

E qual é a distinção entre o chamado "regime exorbitante" e a assim denominada "cláusula exorbitante"?

---

56. George Péquignot, *Des Contrats Administratifs*, p. 26.
57. José Cretella Jr., "As cláusulas de privilégio nos contratos administrativos", *Revista de Informação Legislativa* 89/313.
58. Idem, ibidem.

Segundo Cassagne, "o regime exorbitante, próprio do direito público, se encontra acima da cláusula da espécie, constituindo uma ordem jurídica geral, que, além do mais, inclui prerrogativas e garantias. Ao contrário, a cláusula exorbitante, ao advir de um pacto, de uma ordem singular, resulta na imposição concreta de uma determinada conduta ou obrigação por parte da Administração. Por essa causa, não existem as chamadas 'cláusulas exorbitantes implícitas' nos contratos administrativos. O que existe são as prerrogativas de poder público que possui a Administração Pública, derivadas do ordenamento geral que constitui o regime administrativo".[59]

Para o referido autor, "a prerrogativa se situa em um plano superior à relação jurídica singular, sendo um poder abstrato geral e irrenunciável, cujo fundamento emana do ordenamento jurídico do Estado. Não há que confundir, então, a prerrogativa com o ato de seu exercício em uma relação jurídica determinada ou individualizada, porque ela não é um elemento da relação, como é o direito subjetivo ou o interesse legítimo".[60]

Nos ensinamentos de Manuel María Diez, essa faculdade extraordinária da Administração Pública não resulta realmente da inclusão de cláusulas exorbitantes no contrato administrativo, mas deriva da posição jurídica geral da Administração, de forma que se pode dizer que é, em si mesma, extracontratual. Mais adiante, complementa Diez, dizendo que "a verdadeira razão que justifica a prerrogativa da Administração está na relação imediata do contrato com a satisfação do interesse geral".[61]

Nesse mesmo sentido posiciona-se Eduardo García de Enterría, que, ao explanar sobre a prerrogativa da Administração Pública, refere-se a ela como um poder que "não resulta propriamente do contrato, senão da posição jurídica geral da Administração, de modo que é em si mesma extracontratual. Historicamente, parece claro que a inserção desses poderes nos contratos administrativos tem sido a conseqüência, e não a causa, ainda que ela possa hoje resultar paradoxal, da atribuição jurisdicional desses instrumentos à via contencioso-administrativa. Hoje, sem embargo, a verdadeira razão de fundo que justifica essa prerrogativa está na relação imediata do contrato com as necessidades públicas".[62]

De acordo com José Manuel Sérvulo Correia, "para a grande maioria de autores alemães e suíços, a questão da criação de poderes de autoridade da Administração sobre o particular através de contrato administrativo tem

---

59. Juan Carlos Cassagne, *Derecho Administrativo*, 3ª ed., vol. 2, p. 22.
60. Idem, p. 18.
61. Manuel María Diez, *Derecho Administrativo*, vol. 2, p. 455.
62. Eduardo García de Enterría, "La figura del contrato administrativo", in *Studi in Memoria di Guido Zanobini*, vol. 2, p. 666.

de resolver-se à luz dos princípios gerais. E como destes resulta que, nas matérias que constituem objeto de reserva de lei, o contrato administrativo se encontra sujeito à *legalidade material* e tais matérias incluem toda a administração ablativa (*Eingriffsverwaltung*), a criação contratual de poderes de autoridade sobre o particular depende de uma permissão normativa expressa. O poder dos órgãos da Administração não se gera através de pactos ou negócios: provém diretamente das normas".[63]

Por essas razões, podemos dizer que não existem cláusulas exorbitantes, mas características da personalidade da Administração Pública que, assim sendo, se fazem existentes em todos os seus atos, sejam bilaterais ou unilaterais.

Segundo Bartolomé A. Fiorini, os atributos que os atos administrativos unilaterais têm são conseqüência dos que provêm da atividade administrativa. Com relação aos atos administrativos bilaterais, denominados contratos administrativos, sustenta-se o mesmo e indiscutível princípio. Conclui o autor que a cláusula exorbitante não é uma qualidade específica dos contratos administrativos, fazendo parte das atividades da Administração Pública.[64]

Por outro lado, entendemos que a denominação "cláusulas exorbitantes" também é criticável por referir-se a uma característica da personalidade da Administração Pública, enquanto parte na relação contratual ou em qualquer outro ato por ela realizável, motivada pelo princípio da supremacia do interesse público sobre o privado.

Existem, portanto, prerrogativas, privilégios, da Administração Pública que, ademais, antecedem a existência de qualquer outro ato a ser por ela realizado, inclusive os contratos. Tanto procede essa conclusão, que tais prerrogativas não se inserem, de fato, em nenhuma cláusula contratual.

De acordo com Jèze – um dos autores mais autorizados, em razão dos estudos dedicados aos contratos administrativos –, existem três categorias de cláusulas, muito distintas: (1ª) cláusulas contratuais; (2ª) cláusulas regulamentares; (3ª) cláusulas de ordem interna.

As *cláusulas contratuais* são aquelas incluídas nos documentos que formulam as regras segundo as quais o contrato deverá cumprir-se. Assim, têm caráter contratual as regras relativas à garantia, ao preço, ao pagamento do preço, aos prazos e penalidades por mora, ao recebimento dos fornecimentos e obras, ao procedimento dos recursos, à rescisão nos casos de força maior ou caso fortuito, às medidas coercitivas.

63. José Manuel Sérvulo Correia, *Legalidade e Autonomia Contratual nos Contratos Administrativos*, p. 722.
64. Bartolomé A. Fiorini, *Derecho Administrativo*, t. 1, pp. 597 e ss.

As *cláusulas regulamentares* relacionam-se à forma de celebrar os contratos, às formas e à aprovação da adjudicação, tendo todas caráter regulamentar, porquanto conferem garantias às pessoas que vão contratar com a Administração. Não têm caráter contratual, pois estabelecem regras que devem ser seguidas para que se conclua o contrato.

Cláusulas de ordem interna são disposições que indicam aos agentes administrativos de execução como devem se comportar. Essas medidas não têm força jurídica; sua inobservância não tem qualquer influência sobre a validez jurídica dos atos realizados. Tais são, por exemplo, as disposições relativas aos modelos de avisos de editais, de propostas etc. Trata-se, pois, de disposições de ordem interna, sem a força jurídica obrigatória dos contratos ou dos regulamentos.[65]

Com relação às prerrogativas – como, por exemplo, modificações unilaterais do objeto do contrato ou de suas quantidades, a fiscalização e a assunção do objeto contratual, dentre outras –, verifica-se que elas não se situam em qualquer das três categorias de cláusulas acima relacionadas, por não se tratar propriamente de cláusula contratual e nem de cláusulas regulamentares ou de ordem interna.

Da mesma forma, a Lei 8.666/1993 dispõe, em seu art. 55, sobre as cláusulas necessárias dos contratos administrativos, não estando expressamente previstas as prerrogativas da Administração Pública, que se encontram devidamente elencadas no art. 58. Obviamente, subsome-se que essas últimas não constituem cláusulas contratuais, mas privilégios que deverão ser utilizados se, como e quando o interesse público assim impuser.[66]

---

65. Gaston Jèze, *Revue du Droit Public et de la Science Politique*, 1930, pp. 446 e ss.

66. Segundo disposto no art. 55 da Lei 8.666/1993, "são cláusulas necessárias em todo contrato as que estabeleçam: I – o objeto e seus elementos característicos; II – o regime de execução ou a forma de fornecimento; III – o preço e as condições de pagamento, os critérios, data-base e periodicidade do reajustamento de preços, os critérios de atualização monetária entre a data do adimplemento das obrigações e a do efetivo pagamento; IV – os prazos de início de etapas de execução, de conclusão, de entrega, de observação e de recebimento definitivo, conforme o caso; V – o crédito pelo qual correrá a despesa, com a indicação da classificação funcional programática e da categoria econômica; VI – as garantias oferecidas para assegurar sua plena execução, quando exigidas; VII – os direitos e as responsabilidades das partes, as penalidades cabíveis e os valores das multas; VIII – os casos de rescisão; IX – o reconhecimento dos direitos da Administração, em caso de rescisão administrativa prevista no art. 77 desta Lei; X – as condições de importação, a data e a taxa de câmbio para conversão, quando for o caso; XI – a vinculação ao edital de licitação ou ao termo que a dispensou ou a inexigiu, ao convite, e à proposta do licitante vencedor; XII – a legislação aplicável à execução do contrato e especialmente aos casos omissos; XIII – a obrigação do contratado de manter durante

Por outro lado, entendendo-se que as cláusulas exorbitantes caracterizam os contratos administrativos, na hipótese de não virem a ser inseridas expressamente nesses instrumentos, elas inexistiriam. Mas se poderia argumentar que o contrato é administrativo diante da presença de cláusulas implícitas. Neste caso, como saber se elas estariam presentes? Como podemos conceber a efetiva existência de cláusula implícita nos contratos administrativos?

Como é cediço, as cláusulas contratuais são disposições estabelecidas nesses instrumentos justamente visando a determinar e a limitar os direitos, obrigações e sanções às partes contratantes. Não havendo previsão no contrato celebrado, a realização do ato pretendido não pode ser exigida.

De que maneira, portanto, se poderia obrigar o particular contratado a realizar algo que não se sabe ao certo se está, ou não, estabelecido no contrato?

Por outro lado, se realmente se trata de uma cláusula implícita no contrato, poderia ela deixar de ser cumprida? Não se caracterizaria, assim, o descumprimento das obrigações contratuais?

Miguel S. Marienhoff, ao tecer considerações a respeito das cláusulas "implícitas" ou "virtuais", afirma que elas "constituem expressões de autoridade ou prerrogativas que correspondem à Administração Pública em seu caráter de órgão especial do Estado, enquanto exercita sua capacidade para atuar no campo de direito público".[67]

Mais adiante, ao referir-se às "cláusulas exorbitantes expressas", aduz Marienhoff que, "em um contrato da Administração, a inclusão de uma cláusula exorbitante do direito comum converte o referido contrato em 'administrativo', propriamente dito, porque por meio dela se reconhecem à Administração prerrogativas de poder, que não se concebem nos contratos entre pessoas particulares. Tais prerrogativas tendem à eficaz satisfação dos fins

---

toda a execução do contrato, em compatibilidade com as obrigações por ele assumidas, todas as condições de habilitação e qualificação exigidas na licitação". No tocante às prerrogativas da Administração, elenca o art. 58 desse mesmo diploma legal as seguintes: "I – modificá-los, unilateralmente, para melhor adequação às finalidades de interesse público, respeitados os direitos do contratado; II – rescindi-los, unilateralmente, nos casos especificados no inciso I do art. 79 desta Lei; III – fiscalizar-lhes a execução; IV – aplicar sanções motivadas pela inexecução total ou parcial do ajuste; V – nos casos de serviços essenciais, ocupar provisoriamente bens móveis, imóveis, pessoal e serviços vinculados ao objeto do contrato na hipótese da necessidade de acautelar a apuração administrativa de faltas contratuais pelo contratado, bem como na hipótese de rescisão do contrato administrativo".

67. Miguel S. Marienhoff, *Tratado de Derecho Administrativo*, t. III-A, p. 80.

específicos ou funções essenciais do Estado, é dizer, dos fins públicos deste".[68]

Conforme o entendimento do referido autor, será possível concluir que as prerrogativas decorrem da cláusula exorbitante? Em outras palavras, será em função das cláusulas exorbitantes que a Administração tem as referidas prerrogativas? Evidentemente que não. Consoante Cassagne, já mencionado, as prerrogativas da Administração decorrem do ordenamento jurídico geral que constitui o regime administrativo, sendo, conforme Diez e García de Enterría, extracontratuais.[69]

Não existem, portanto, cláusulas exorbitantes, mas tão-somente prerrogativas das quais a Administração poderá ou não se valer. E, por esse motivo, não haverá o descumprimento do contrato se elas não forem utilizadas.

Roberto Ribeiro Bazilli, ao fazer referências às cláusulas exorbitantes, também entende tratar-se de prerrogativas da Administrativas. Afirma Bazilli que "o atual estatuto licitatório e dos contratos administrativos, de maneira expressa, consagra a presença destas cláusulas exorbitantes, ensejando à Administração, no contrato, prerrogativas que a colocam em posição de supremacia em relação ao contratado. São as prerrogativas elencadas no seu art. 58, I a V, quais sejam: de modificação unilateral do contrato, de extinção unilateral, de fiscalização, de aplicação de sanções e de ocupação provisória de bens e de pessoal vinculados ao objeto do contrato".[70]

---

68. Idem, p. 83.
69. No início do século XX foi sustentado por muitos doutrinadores que as prerrogativas da Administração Pública decorriam da soberania do Estado. Assim são as lições de Léon Duguit, ao discorrer sobre o entendimento de alguns doutrinadores que caracterizam os atos do direito público como aqueles que emanam de uma vontade investida de soberania ou que, ao menos, participa das prerrogativas da soberania; refutando tal entendimento, Duguit defende que os atos de direito público são, em princípio, atos unilaterais, e aqueles do direito civil, atos contratuais (*Traité de Droit Constitutionnel*, 3ª ed., t. 1, pp. 695-696). Atualmente a doutrina caminha para um *entendimento mais participativo dos particulares* junto às atividades da Administração Pública, fazendo menção a uma Administração concertada. Segundo ensinamentos de Odete Medauar, "sob outro ângulo se focaliza a atenção nos contratos celebrados pelo Poder Público. Já se mencionou como um dos fatores da atenuação do caráter unilateral e impositivo da atividade administrativa o aumento do uso de *módulos convencionais, contratuais ou consensuais*, a chamada *Administração concertada*. Tais práticas consistem em 'técnicas de ação com base em soluções obtidas mediante concordância entre Administração e interessados, evitando-se decisões unilateralmente impostas, decisões tomadas solitariamente" (*O Direito Administrativo em Evolução*, p. 199). *Assim, com relação às prerrogativas da Administração Pública, deixou-se de fundamentá-las na soberania estatal, atribuindo-se como sua base legal a consecução do interesse público.*
70. Roberto Ribeiro Bazilli, *Contratos Administrativos*, p. 23.

Sob outro enfoque, entendendo tratar-se de cláusula contratual propriamente dita, poder-se-ia até mesmo sustentar a teoria de Francis-Paul Bénoit.

Segundo referido autor, as cláusulas contratuais são estipulações efetuadas livremente pelas partes contratantes. Assim sendo:

Em inserindo essas cláusulas usuais dos contratos administrativos em um determinado contrato, as partes provam, dessa forma, que entendem submeter esse contrato ao regime dos contratos administrativos. Essas cláusulas revelariam a livre escolha efetuada pelas partes entre os dois regimes contratuais, sua vontade de adotar o regime de direito público.

As cláusulas não conferem, portanto, por si sós, o caráter administrativo ao contrato; elas constituem simplesmente a prova da vontade das partes de escolher o regime de direito público.[71]

Edmir Netto de Araújo faz referência a Bénoit como uma voz isolada, posto que "a doutrina predominante não o apóia, a jurisprudência francesa não o socorre, e tal fato é de suma importância ao recordarmos que a dimensão dada pela doutrina francesa à relevância das decisões jurisprudenciais é bem mais expressiva, por exemplo, que a doutrina brasileira".[72]

Mas, admitindo tratar-se de cláusula contratual, Bénoit estaria correto em sua teoria, porquanto constitui, de fato, uma livre estipulação a ser realizada pelas partes contratantes; e, desse modo, se poderia adotar um ou outro regime contratual.

Porém, na realidade, não se trata de cláusulas contratuais, mas de prerrogativas da Administração, outorgadas para o efetivo alcance do interesse público.

Assim sendo, podemos afirmar que *não existem cláusulas exorbitantes nos contratos administrativos*. O que existe são *prerrogativas da Administração que antecedem a própria existência dos contratos públicos e que, por serem inerentes à sua personalidade, jamais poderão ser alienadas*. É incorreto, portanto, afirmar que os entes públicos podem celebrar contratos de direito privado, uma vez que jamais haverá o nivelamento, a igualdade, das partes contratantes.

3.3.2 Análise do critério do regime exorbitante

Quanto à teoria do regime exorbitante, segundo Laubadère, trata-se de critério que engloba diversos elementos que ultrapassam a esfera do direito comum, inclusive as cláusulas exorbitantes. Assim afirma esse autor colacionando as conclusões sobre o caso "Rivière du Sant", do comissário

---

71. Francis-Paul Bénoit, *Le Droit Administratif*, p. 599.
72. Edmir Netto de Araújo, *Contratos Administrativos*, p. 68.

do governo Rougevin-Baville, "que invocou o 'quadro regulamentar exorbitante' como tendo de fato 'regras essencialmente estranhas às relações entre pessoas privadas'. Pode-se considerar que essa fórmula geral também engloba as diversas particularidades que, como visto, caracterizam as cláusulas exorbitantes: contradição com regras, princípios e objetivos dos contratos entre pessoas privadas, prerrogativas exorbitantes, regras portando a marca do direito público etc.".[73]

No tocante aos dois elementos observados pelo Conselho de Estado Francês no contrato analisado no acórdão "Rivière du Sant", Laubadère observa que a obrigatoriedade de contratar não é uma regra consentânea com os princípios que dominam o regime dos contratos, sendo insólita, anormal, com relação a determinados modelos ideais das relações privadas (a liberdade de contratar, ou não, é um dos princípios essenciais que regem os contratos de direito privado).

Com relação à competência eventualmente outorgada às autoridades administrativas para intervir unilateralmente, sob diversas formas, no contrato, sua execução ou aplicação de sanção, tais intervenções constituem exemplos de regras exorbitantes porque insólitas, se não impossíveis de ocorrer nos contratos de direito privado, podendo-se muito facilmente aproximá-las de exemplos fornecidos pela teoria das cláusulas exorbitantes.[74]

Realizando essa análise, sustenta referido autor que não se trata propriamente de um novo critério, mas da extensão das cláusulas exorbitantes.

Em sentido oposto manifesta-se Prosper Weil, entendendo que o conceito de *regime exorbitante* marcaria, ao revés, uma ruptura radical com aquele de *cláusula exorbitante*.

Para Weil não existem mais dois, três ou quatro critérios para a caracterização dos contratos administrativos, mas um só: "o *ambiente de direito público*, entendendo-se que esse ambiente se traduz por diversos elementos externos: caráter obrigatório do contrato, intervenção da Administração nos litígios entre as partes, presença de cláusulas exorbitantes, participação direta do contratado à execução do serviço, análise do contrato como constituindo uma modalidade de execução do serviço etc. Os diversos critérios atuais tornaram-se assim, de simples manifestações, entre outros, o único critério geral do contrato administrativo".[75]

Obviamente, todas as características relacionadas por Weil, quando presentes nos instrumentos contratuais, demonstram sua submissão aos ditames do regime de direito público.

73. André de Laubadère, *Traité des Contrats Administratifs*, vol. 1, pp. 232-233.
74. Idem, pp. 233-234.
75. Prosper Weil, "Le critère du contrat administratif en crise", in *Mélanges Offerts a Marcel Waline*, t. 2, p. 847.

Sob esse aspecto, deduz-se que, pelo critério do *regime exorbitante*, da determinação de um único elemento, passou-se a adotar entendimento no sentido de que qualquer elemento considerado como exorbitante do direito comum, se presente, tipificará o contrato como administrativo, bastando analisar o "ambiente" em que este se encontra.

Subsome-se, assim, inexistir um elemento suficientemente capaz de caracterizar o contrato como administrativo. Ou, em outras palavras, todos os critérios desenvolvidos para determinar objetivamente um elemento qualificador dos contratos administrativos restaram inócuos em face da adoção desse novo critério, amplo e subjetivo, do *regime exorbitante*: os contratos são administrativos quando se encontrarem em um "ambiente exorbitante".

Com a devida vênia, referido critério é tão óbvio, que termina nos mesmos erros existentes nos critérios da jurisdição e da forma, qual seja: necessidade de, primeiramente, considerar o contrato como administrativo para, após, submetê-lo às formalidades públicas, à jurisdição administrativa e, finalmente, ao regime exorbitante.

O regime de direito público não pode, portanto, caracterizar o contrato como administrativo; algum ou determinados elementos devem assim qualificá-lo para, então, ser submetido ao chamado "regime exorbitante".

Todos os elementos elencados constituem particularidades do regime de direito público, e todos eles auxiliam na qualificação dos contratos. Porém, todos os estudos foram desenvolvidos justamente para saber qual o elemento caracterizador de tais instrumentos contratuais. E, analisando o referido acórdão "Rivière du Sant", constata-se, mais uma vez, que o critério subjetivo é o que, indubitavelmente, deve prevalecer, porquanto todos os elementos analisados derivam de um único, qual seja, a presença da Administração num dos pólos da relação contratual.

Para tanto, mister se faz analisarmos os elementos considerados no acórdão "Rivière du Sant" que resultaram na elaboração do critério do regime exorbitante.

Com relação ao primeiro elemento colacionado por Laubadère – qual seja, o da obrigatoriedade de contratar –, já vimos, anteriormente, que a Administração não tem, na realidade, a liberdade existente para os particulares nos contratos privados. Ela não pode celebrar contratos se, quando e como quiser, tendo o dever de realizá-los quando assim demandar o interesse público.

Assim sendo, nota-se que o referido elemento é inerente à Administração, constituindo, indubitavelmente, uma peculiaridade do regime de direito público.

Da mesma forma, quanto à atribuição das competências citadas, verifica-se também tratar-se de prerrogativas da Administração, não advindas exatamente dos contratos, mas do ordenamento jurídico, que permite a atribuição de tais privilégios, tratando-se, portanto, de outra peculiaridade do regime de direito público.

Inexistem dúvidas sobre a existência de diversos elementos peculiares do regime de direito público, e todos eles estarão presentes nos contratos submetidos a esse regime. De toda sorte, são esses mesmos elementos que qualificam os contratos como administrativos, sendo paradoxal o critério apresentado. Há que se identificar, primeiramente, o elemento caracterizador do contrato para, depois, e em função dele, submeter o contrato ao regime exorbitante.

3.3.3 O anacronismo

Pelo exposto, para nós, a simples presença da Administração em um dos pólos contratuais tipifica a contratação como sendo regida pelo direito público.

A Administração traz consigo as prerrogativas que impedem seu nivelamento ao particular contratado. Não existem, portanto, contratos celebrados pela Administração Pública regidos pelo direito privado.

Na realidade, todas as teorias foram desenvolvidas visando a solucionar um único problema que deu origem às dúvidas sobre a existência, ou não, dos contratos administrativos, qual seja: a distinção das jurisdições do Conselho de Estado Francês e do direito comum.

Jèze, ao discorrer sobre a teoria da jurisprudência, traz à colação o caso "Société Générale d'Armements", de 23.12.1921, *R.D.P.*, 1922, p. 27, no qual Rivet cita: "As pessoas morais, quando contratam tendo em vista a criação ou a realização de um serviço público, têm sempre em consideração o interesse geral, que, ora mais ou menos acentuado, ora mais ou menos imperativo, sempre existe. Pode-se daí deduzir que todo contrato celebrado nestas condições, e com este fim, escapa necessariamente da competência dos tribunais administrativos? De maneira alguma".[76]

Conclui-se, portanto, que, embora todos os contratos administrativos tenham em consideração o interesse geral, nem todos devem ser considerados "administrativos".

Nota-se, aqui, a freqüente confusão enunciada: querer distinguir a natureza dos contratos administrativos em função da competência jurisdicional. Todavia, a distinção das jurisdições em nada se relaciona – e nem deve se relacionar – com a caracterização dos contratos administrativos.

---

76. Gaston Jèze, *Principios Generales del Derecho Administrativo*, vol. 3, p. 317.

Embora tenha desencadeado a idéia da existência dos contratos administrativos, a distinção das jurisdições, concomitantemente, acabou por conduzir ao erro aqueles que buscaram caracterizar esses instrumentos.

Enrique Sayagués Laso já advertia nesse sentido, ao dizer que nos países onde há dupla personalidade jurisdicional – administrativa e comum – resulta indispensável insistir na distinção, procurando um critério para estabelecê-la, já que existe um problema de competência. Porém, essa circunstância puramente adjetiva não deve obscurecer a questão de fundo.[77]

Nos dizeres de Enterría e Ramón Fernández, "a distinção contratos administrativos/contratos privados é, pois, exclusivamente, em sua origem uma distinção de efeitos jurisdicionais e não substantivos".[78]

Jacobo Wainer assim também se manifesta ao afirmar que "a distinta classificação dos contratos que realiza a Administração Pública surge às vezes, em certas legislações, como conseqüência da distinta jurisdição prevista no respectivo emprego de condições, concordante, na hipótese, com seu regime administrativo. Por essa razão alguns autores têm reconhecido, como visto, que não há classificação que responda a um critério científico e, ao contrário, muitas vezes, por razões de utilidade prática, a tem aceitado".[79]

Para Charles Debbasch "esta distinção é, sem dúvida alguma, um anacronismo".[80]

---

77. Enrique Sayagués Laso, *Tratado de Derecho Administrativo*, 5ª ed., vol. 1, pp. 536 e ss. Para o referido autor, a realidade mostra que todos os vínculos da Administração "(...) são regidos pelo direito público e pelo direito privado, em maior ou menor grau segundo o caso, não sendo possível estabelecer o limite onde deixaria de aplicar-se um e começaria a reger o outro.

"Dito de outra forma: no variado conjunto de vínculos contratuais da Administração, há os que se regulam fundamentalmente pelo direito público e admitem apenas a aplicação de certos princípios gerais do direito privado, enquanto que, em outro extremo, há os que se regulam quase exclusivamente pelo direito privado e só em aspectos muito limitados rege o direito público; porém entre essas duas situações claramente opostas há numerosos vínculos nos quais o direito público e o direito privado se aplicam em graus variados, sendo impossível estabelecer limites precisos.

"Isto explica as dificuldades para falar de um critério de distinção e ainda a impossibilidade de estabelecê-lo. Daí que alguns autores tenham considerado mais exato afirmar que todos os contratos que celebra a Administração são administrativos, porque a só presença do ente público traz aparelhada certa especialidade na contratação. Quiçá seja mais acertado prescindir da expressão *contrato administrativo*, que sugere uma idéia de oposição com os contratos de direito privado, promovendo a controvérsia examinada, e referir-se, em contrário, aos *contratos da Administração*" (loc. cit.).

78. Eduardo García de Enterría e Tomás-Ramón Fernández, *Curso de Derecho Administrativo*, vol. 1, p. 676.
79. Jacobo Wainer, *Contratos Administrativos*, p. 27.
80. Charles Debbasch, *Droit Administratif*, 2ª ed., p. 346.

Verifica-se, portanto, que a origem do problema levou ao equívoco daqueles que se empenharam em caracterizar os contratos administrativos, intencionando atribuir jurisdição especial aos contratos administrativos, e aos demais a jurisdição comum; e essa foi a falsa premissa, posto que, como já analisado, a Administração não pode celebrar contratos de direito privado.

Na realidade, independentemente de os contratos terem objeto relacionado com a prestação de um serviço público, os de fornecimento de bens, de aquisição, de obras, de alienação, dentre outros, todos eles, se celebrados pela Administração Pública, deverão visar à satisfação de um interesse público – e, por esse motivo, a Administração estará de posse de suas prerrogativas. Dessa forma, basta que ela seja uma das partes contratuais para caracterizar-se um contrato administrativo, mesmo que nele haja predominância das normas de direito privado. Nesse sentido a Lei federal 8.666, de 23.11.1993, que estatui normas gerais para licitações e contratos da Administração Pública. Dispõe referida lei, em seu art. 62, § 3º, I, o seguinte:

Art. 62. (...).

(...).

§ 3º. Aplica-se o disposto nos arts. 55 e 58 a 61 desta Lei e demais normas gerais, no que couber:

I – aos contratos de seguro, de financiamento, de locação em que o Poder Público seja locatário, e aos demais cujo conteúdo seja regido, predominantemente, por norma de direito privado;

(...).

Consoante se depreende desse dispositivo legal, existe – ainda que utilizando termos tecnicamente incorretos –, como vimos acima, a possibilidade de a Administração celebrar contratos de seguro, de financiamento, de locação, entre outros. Porém, embora a lei determine a aplicação supletiva das normas de direito privado, tais contratos, evidentemente, *continuam sendo caracterizados como de direito público*, e é exatamente isso o que a lei federal estabelece.

Além do mais, exige a citada lei que se aplique, dentre outros, seu art. 58, que trata exatamente das prerrogativas da Administração Pública, *in verbis*:

Art. 58. O regime jurídico dos contratos administrativos instituídos por esta Lei confere à Administração, em relação a eles, a prerrogativa de:

I – modificá-los, unilateralmente, para melhor adequação às finalidades de interesse público, respeitados os direitos do contratado;

II – rescindi-los, unilateralmente, nos casos especificados no inciso I do art. 79 desta Lei;

III – fiscalizar-lhes a execução;

IV – aplicar sanções motivadas pela inexecução total ou parcial do ajuste;

V – nos casos de serviços essenciais, ocupar provisoriamente bens móveis, imóveis, pessoal e serviços vinculados ao objeto do contrato, na hipótese da necessidade de acautelar apuração administrativa de faltas contratuais pelo contratado, bem como na hipótese de rescisão do contrato administrativo.

Tais prerrogativas, conforme já sustentado anteriormente, são absolutamente incompatíveis com as normas do direito privado, sendo típicas dos contratos administrativos.

Constata-se, dessa forma, que a Administração Pública não pode jamais celebrar contratações típicas do direito privado, mesmo que haja a predominância das normas deste último, pois sempre estarão presentes suas prerrogativas, visando à consecução da finalidade pública.

Marçal Justen Filho, ao comentar sobre esse dispositivo legal, aduz que "a mera participação da Administração Pública como parte em um contrato acarreta alteração do regime jurídico aplicável. O regime de direito público passa a incidir, mesmo no silêncio do instrumento escrito. O conflito entre regras de direito privado e de direito público resolve-se em favor destas últimas. Aplicam-se os princípios de direito privado na medida em que sejam compatíveis com o regime de direito público".[81]

Nesse mesmo sentido posiciona-se Roberto Bazilli, afirmando que "os chamados contratos de direito privado, quando a Administração deles figura, são mais ou menos intensamente derrogados por normas e preceitos de direito público, verdadeiras cláusulas exorbitantes do direito comum, ficando somente parcialmente e às vezes subsidiariamente regidos pelo direito

---

81. Marçal Justen Filho, *Comentários à Lei de Licitações e Contratos Administrativos*, 3ª ed., p. 386. Para Justen Filho a aplicação dos princípios de direito privado na medida em que sejam compatíveis com o regime de direito público pode, inclusive, provocar a desnaturação do contrato de direito privado. Assim se passa com alguns contratos, tais como o depósito ou o comodato, em que se assegure a uma das partes faculdades de exigir a restituição do bem sob pena de determinadas sanções. Não se pode cogitar da incidência de tais regras contra a Administração Pública.

Os contratos administrativos típicos impõem à Administração, como dever peculiar, pagar uma importância em dinheiro. Excluída a hipótese de alienação, os contratos de obra, serviço ou compra não exigem da Administração prestação diversa de pagar uma quantia em dinheiro. Já os contratos de direito privado têm outra configuração. Mesmo aqueles de dar coisa certa costumam estabelecer prestações acessórias de fazer ou não fazer. Sempre haverá óbices à execução específica contra a Administração Pública de obrigação de restituir, fazer ou não fazer. Não se admitirá a execução específica, resolvendo-se tudo em perdas e danos. Por isso, *a efetivação pela Administração Pública de contratos de direito privado sempre traz em si o potencial afastamento das regras correspondentes* (loc. cit.).

privado. Daí se poder dizer que, na verdade, os contratos nos quais a Administração participa são sempre afetados pelo direito público".[82]

Nas lições de Themístocles Brandão Cavalcanti:

Todos esses contratos devem ser considerados administrativos, porque foram concluídos pela Administração, qualquer que tenha sido o fim em vista. Devem, ainda mais, obedecer às exigências formais impostas pelas leis e pelos regulamentos administrativos, e, por isso, também são contratos administrativos.

Todos eles têm a marca do Estado e, por isso mesmo, sofrem a influência que lhes imprime a intervenção do Poder Público.[83]

Porém, como é cediço, no Brasil não existe jurisdição especial, e, talvez, em função desse fato os respectivos doutrinadores tenham maior facilidade para constatar a existência somente dos contratos de direito público passíveis de serem celebrados pela Administração.

Assim se posiciona Carlos Ari Sundfeld, afirmando que "a doutrina, inclusive brasileira, já vem reconhecendo que, mesmo nos ditos contratos estatais privados, incidem regras de direito administrativo, especialmente no tocante às condições e formalidades para a contratação (como a definição da competência para celebrar o ajuste, a necessidade de licitação etc.) e a seu controle (através do Tribunal de Contas, por exemplo), o que é correto. Mas ainda persiste a idéia de que seu conteúdo seria determinado pelo direito privado. Parece-nos falsa essa visão, eis que os princípios e regras do direito público, ao incidirem nos contratos comuns, acabam por construir um regime novo, tipicamente administrativo, também para seu conteúdo".[84]

Ao final de suas ponderações, conclui referido autor que "todos os contratos da Administração Pública são contratos administrativos, submetidos

---

82. Roberto Bazilli, *Contratos Administrativos*, p. 21. Cabe salientar que Bazilli também entende que as cláusulas exorbitantes são, na realidade, prerrogativas da Administração Pública, devendo, portanto, assim ser considerado nessa citação.

83. Themístocles Brandão Cavalcanti, *Tratado de Direito Administrativo*, 3ª ed., vol. 1, p. 316. Segundo os ensinamentos de Themístocles Brandão Cavalcanti, não seria a denominação do contrato que viria a alterar sua substância, mas a finalidade do ato. Dessa forma, o contrato, em sua essência, não se modifica pela sua denominação. Assim, se objetivar a execução de um serviço público, a relação contratual terá de se subordinar às normas que regulam a execução desse serviço; será, portanto, segundo esse autor, mero acessório da relação jurídica principal, a que terá de se submeter, porque o serviço público deve se considerar como a razão de ser do laço obrigacional a que se ligou o Estado para realizar suas finalidades. Por esse motivo, entende o autor que *todos esses contratos devem ser considerados administrativos, porque foram concluídos pela Administração, qualquer que tenha sido o fim em vista, sendo esta a doutrina universalmente aceita* (loc. cit.).

84. Carlos Ari Sundfeld, *Licitação e Contrato Administrativo*, 2ª ed., p. 201.

ao regime de direito administrativo e informados pelos princípios e regras que lhe são próprios. Inexistem contratos privados da Administração, porquanto a ausência, para ela, de liberdade negocial impede que seus atos bilaterais pertençam ao sistema do direito privado".[85]

Na mesma esteira são os ensinamentos de Lúcia Valle Figueiredo, argumentando que:

(...) de um lado estão os contratos mais rigidamente alocados dentro do direito público, os chamados *contratos administrativos*; e, de outro, os *contratos da Administração Pública*, regidos em grande parte pelo direito privado mas, ainda, sob forte interferência do direito público.

Consoante pensamos, *inexistem contratos privados da Administração*. (...).[86]

Nessa mesma linha de entendimento, Odete Medauar desdobra os contratos celebrados pela Administração Pública em três tipos: "(a) *contratos administrativos clássicos*, regidos pelo direito público, como o contrato de obras, o de compras, as concessões; (b) *contratos regidos parcialmente pelo direito privado*, também denominados *contratos semipúblicos*, como a locação, em que o Poder Público é o locatário; (c) *figuras contratuais recentes*, regidas precipuamente pelo direito público; exemplo: convênios, contratos de gestão".[87]

Assim, também para nós, todos os contratos celebrados pela Administração são regidos pelo direito público, podendo em alguns casos haver a predominância das normas de direito privado – o que, no entanto, não retira a essência pública de tais contratações. Mas essa colocação, sem dúvida, não soluciona o problema original, qual seja, da distinção das jurisdições.

Há a necessidade de estabelecer referida distinção, mas o critério a ser adotado deverá ser outro, porquanto a caracterização dos contratos de direito público não é o princípio correto.

De fato, existem contratos de direito público em que prevalecem normas de direito privado, nos quais a Administração Pública não se utiliza de nenhuma de suas prerrogativas. Por esse motivo, talvez os membros da jurisdição comum fossem mais capacitados a apreciá-los que os do Conselho de Estado.

Aliás, parece-nos, ao final, que esse é o critério que está sendo utilizado para fins jurisdicionais; ou seja, se se tratar de questão oriunda do uso de algumas das prerrogativas da Administração a competência para a apreciação da demanda será da jurisdição especial; do contrário, da jurisdição co-

---

85. Idem, p. 203.
86. Lúcia Valle Figueiredo, *Curso de Direito Administrativo*, 8ª ed., p. 524.
87. Odete Medauar, *Direito Administrativo Moderno*, 5ª ed., p. 249.

mum. Assim, por exemplo, segundo Georges Vedel, os contratos comerciais e industriais, que se presume serem regidos pelo regime privado, têm sido considerados públicos na presença de alguma "cláusula exorbitante" – ou, segundo nosso entendimento, de alguma das prerrogativas da Administração Pública.[88]

Porém, esse critério ainda deverá ser efetivamente determinado, e a distinção certamente haverá de se pautar em outro fundamento, que não a natureza dos contratos.

3.4 Análise dos critérios caracterizadores dos contratos administrativos

Diante de tais conclusões – ou seja, levando-se em consideração o "equívoco" ocorrido –, verifica-se que, em verdade, todas as teorias desenvolvidas para a caracterização dos contratos administrativos estavam parcialmente corretas em suas sustentações, enganando-se somente em um aspecto: o da possibilidade de a Administração Pública celebrar contratos de direito privado.

Assim, vejamos novamente as teorias referidas, desta feita em conformidade com o nosso entendimento.

De acordo com o *critério dos atos de gestão e de império*, e tendo em vista que, para nós, a Administração não pode celebrar "contratos de gestão", consideram-se contratos administrativos aqueles em que a Administração Pública se apresenta dotada de prerrogativas, privilégios inexistentes entre contratantes particulares nos contratos de direito privado.

Pelo *critério formal*, todos os contratos administrativos se caracterizam pela sujeição às formalidades específicas do direito público, inexistindo, de fato, para os contratos de direito privado, que são específicos para os particulares e não são utilizados pela Administração Pública.

Por sua vez, o *critério do serviço público*, no início, caracterizava os contratos administrativos como aqueles que tinham por finalidade a consecução de um serviço público.

Jèze, ao tecer considerações acerca do referido critério, afirma que contratos administrativos são aqueles:

(...) submetidos às regras especiais de direito público, que se resumem na seguinte fórmula: o contratado não está sujeito unicamente ao cumprimento de sua obrigação, como o faria um particular com relação a outro particular; deve-se interpretar que suas obrigações se estendem a tudo o que é absolutamente necessário

---

88. Georges Vedel, *Droit Administratif*, 2ª ed., pp. 644-645.

para assegurar o funcionamento regular e contínuo do serviço público, com o qual consente em colaborar. A Administração, por sua parte, estará obrigada a indenizar ao contratado no caso em que a ampliação destas obrigações causar um prejuízo anormal, que não poderia razoavelmente prever no momento de contratar.

É impossível enumerar de antemão todas as conseqüências que dimanam desta idéia, que só aparecem à medida que se desenrolam os acontecimentos. Em período normal, os contratantes podem conhecer a maioria dessas conseqüências, segundo a jurisprudência administrativa. Até se crê – equivocadamente – que se as conhece todas; se as tem inscrito nos documentos (emprego de cláusulas e condições gerais). Porém, na realidade, nunca se conhecem todas.

(...).

É a noção do serviço público que deve funcionar regularmente, de maneira contínua, sem interrupção, que legitima e justifica esta obrigação especial que nunca incumbe a um contratado, quando se trata de um contrato entre particulares, ou, ainda, de um contrato civil celebrado com a Administração. Nisto consiste o contrato administrativo.[89]

Posteriormente esse critério desenvolveu-se, para dar outro sentido ao objeto do contrato além do serviço público, utilizando-se de várias terminologias, como "utilidade pública", "utilidade coletiva" ou "utilidade social".

Diante dessa evolução, surge o *critério do interesse público* para caracterizar os contratos administrativos como aqueles cujo objeto seja a realização do interesse público, em conformidade, pois, com o que também sustentamos.

Segundo o *critério das cláusulas exorbitantes*, são contratos administrativos aqueles que contiverem essas cláusulas, de forma explícita ou implícita. Trazendo esse critério para o nosso entendimento, são contratos administrativos aqueles em que a Administração está dotada de privilégios dos quais não pode se despojar. Sem dúvida alguma, portanto, também é característica dos contratos administrativos.

A *teoria da relação de subordinação* visa a qualificar o contrato administrativo quando nele estiver presente esse tipo de relação entre as partes, ao contrário do nivelamento existente nos contratos privados.

Em conformidade com o que sustentamos, não existe, exatamente, subordinação. De fato, o emprego dessa terminologia é questionável, uma vez que leva ao entendimento de que o particular contratado fica à mercê de eventuais mandos e desmandos da Administração Pública, não sendo isso o que efetivamente ocorre.

Há, na realidade, uma primazia da Administração Pública em relação ao particular contratado, fundamentada no princípio da supremacia do inte-

---

[89]. Gaston Jèze, *Principios Generales del Derecho Administrativo*, vol. 3, pp. 320-321.

resse público sobre o interesse particular, que não implica submissão deste perante aquela, mas um pacto de colaboração em prol da coletividade. Assim sendo, existe, de fato, um desnivelamento das partes contratuais como outro elemento caracterizador dos contratos administrativos.

Finalmente, temos o *critério subjetivo*, de acordo com o qual o contrato administrativo é caracterizado pela presença da Administração Pública em um dos pólos contratuais. É esse o critério por nós adotado.

O único que não se pode considerar correto é o *critério jurisdicional*, posto não existirem contratos privados celebrados pela Administração a serem atribuídos à jurisdição comum, diferindo, dessa forma, dos contratos de direito público, por se aplicar a estes a competência da jurisdição especial.

Contudo, não negamos a existência de contratos administrativos regidos pelo direito público e também pelas normas de direito privado, supletivamente. Nesses casos, a Administração normalmente não se utiliza de suas prerrogativas, motivo pelo qual eles podem ser objeto de apreciação da jurisdição comum.

Diante de tais considerações, verifica-se que todos os critérios desenvolvidos foram de grande importância para a caracterização dos contratos administrativos, haja vista terem eles destacado os elementos específicos desses instrumentos, possibilitando que, agora, seja elaborada sua definição.

3.5 Definição de contrato administrativo

Resulta, por fim, oportuno trazer à colação definições de *contrato administrativo* formuladas por alguns autores, dos mais autorizados para tanto.

Para Héctor Jorge Escola, *contratos administrativos* são "aqueles contratos celebrados pela Administração Pública com uma finalidade de interesse público e nos quais, portanto, pode existir cláusula exorbitante do direito privado ou que coloque o contratante da Administração Pública em uma situação de subordinação com relação a esta".[90]

Segundo Bielsa, "é contrato administrativo o que a Administração pública celebra com outra pessoa pública ou privada, física ou jurídica, e que tem por objeto uma prestação de utilidade pública".[91]

Berçaitz propõe duas definições de *contrato administrativo*. Para ele, "contratos administrativos são, por sua natureza, aqueles celebrados pela Administração pública com um fim público, circunstância pela qual podem

---

90. Héctor Jorge Escola, *Tratado Integral de los Contratos Administrativos*, vol. 1, p. 127.
91. Rafael Bielsa, *Derecho Administrativo*, 6ª ed., t. 2, p. 171.

conferir ao contratante direitos e obrigações frente a terceiros, ou que, em sua execução, podem afetar a satisfação de uma necessidade coletiva, razão pela qual estão sujeitos à regras de direito público, exorbitantes do direito privado, que colocam o contratante da Administração pública em uma situação de subordinação jurídica".

Ainda de acordo com o referido autor, pode-se dizer, também, que "são contratos administrativos, ainda quando não por sua natureza, aqueles que o legislador tem submetido a regras de direito público, exorbitantes do direito privado, que colocam o contratante da Administração pública em uma situação de subordinação jurídica, apesar de não celebrar-se com um fim público, nem afetar sua execução a satisfazer uma necessidade pública coletiva".[92]

No dizer de Diez, "contrato administrativo é uma declaração de vontade comum de um órgão da Administração Pública que atua pelo procedimento de gestão pública, e de um particular, destinada a regular relações jurídicas patrimoniais".[93]

Gendin define *contrato administrativo* como "uma obrigação bilateral firmada, é dizer, consensual, em que uma das partes se encontra em uma situação privilegiada em relação à outra, no que diz respeito ao cumprimento das obrigações avençadas, sem que isso implique uma perda nos direitos econômicos que a outra pode fazer valer".[94]

Para Marcello Caetano, *contrato administrativo* é aquele instrumento "celebrado entre a Administração e outra pessoa com o objetivo de associar esta por certo período ao desempenho regular de alguma atribuição administrativa, mediante prestação de coisas ou de serviços, a retribuir pela forma que for estipulada, e ficando reservado nos tribunais administrativos o conhecimento das contestações, entre as partes, relativas à validade, interpretação e execução de suas cláusulas".[95]

Sérvulo Correia afirma ser *contrato administrativo* aquele que "constitui um processo próprio de agir da Administração Pública e que cria, modifica ou extingue relações jurídicas, disciplinadas em termos específicos do sujeito administrativo, entre pessoas coletivas da Administração ou entre a Administração e os particulares".[96]

---

92. Miguel Angel Berçaitz, *Teoría General de los Contratos Administrativos*, 2ª ed., pp. 246-247.
93. Manuel María Diez, *Derecho Administrativo*, vol. 2, p. 456.
94. Sabino A. Gendin, *Los Contratos Públicos*, 1ª ed., p. 19.
95. Marcello Caetano, *Manual de Direito Administrativo*, 10ª ed., t. 1, p. 588.
96. José Manuel Sérvulo Correia, *Legalidade e Autonomia Contratual nos Contratos Administrativos*, p. 396.

Na concepção de José Ignacio Monedero Gil, o *contrato administrativo* "é um contrato do Estado de substrato civil ou mercantil, que leve em consideração sua prestação específica direcionada às necessidades de um serviço público; o órgão competente está facultado, pelo Direito ou contrato, a exercer determinados poderes de supremacia no vínculo, para assegurar plenamente o interesse público durante o prazo de execução, compensando, conforme o caso, os danos causados ao particular contratante".[97]

Na doutrina brasileira, Themístocles Brandão Cavalcanti conceitua *contratos administrativos* como "aqueles contratos em que o Estado é parte; são aqueles contratos passados com a Administração Pública. É preciso, portanto, considerar o contrato administrativo dentro do quadro do direito administrativo, o que vale dizer, dentro dos princípios que servem de base ao direito público".[98]

Meirelles define *contrato administrativo* como "o ajuste que a Administração Pública, agindo nessa qualidade, firma com o particular ou com outra entidade administrativa, para a consecução de objetivos de interesse público, nas condições desejadas pela própria Administração".[99]

Celso Antônio Bandeira de Mello define *contrato administrativo* como "um tipo de avença travada entre a Administração e terceiros na qual, por força de lei, de cláusulas pactuadas ou do tipo de objeto, a permanência do vínculo e as condições preestabelecidas assujeitam-se a cambiáveis imposições de interesse público, ressalvados os interesses patrimoniais do contratante privado".[100]

Para Cretella Jr., *contrato administrativo* "é todo acordo de vontades de que participa a Administração e que, tendo por objetivo direto a satisfação de interesses públicos, está submetido a regime jurídico de direito público exorbitante e derrogatório do direito comum".[101]

Segundo Diogo de Figueiredo Moreira Neto, *contratos administrativos* são "manifestações de vontades recíprocas, sendo uma delas da Administração Pública, que, unificadas pelo consenso, têm por objeto a constituição de uma relação jurídica obrigacional, visando a atender, com prestações comutativas, a interesses distintos, dos quais um, ao menos, é público".[102]

---

97. José Ignacio Monedero Gil, *Doctrina del Contrato del Estado*, pp. 291-292.
98. Themístocles Brandão Cavalcanti, *Tratado de Direito Administrativo*, 3ª ed., vol. 1, p. 310.
99. Hely Lopes Meirelles, *Licitação e Contrato Administrativo*, 14ª ed., p. 194.
100. Celso Antônio Bandeira de Mello, *Curso de Direito Administrativo*, 21ª ed., pp. 592-593.
101. José Cretella Jr., *Direito Administrativo Brasileiro*, p. 360.
102. Diogo de Figueiredo Moreira Neto, *Curso de Direito Administrativo*, 11ª ed., p. 116.

Em consonância com o que já expusemos anteriormente, para nós, o contrato administrativo caracteriza-se pelo simples fato de ter sido concluído pela Administração Pública. Ou, por outras palavras, a Administração é o elemento suficiente para qualificar os contratos como administrativos, como regidos pelas normas de direito público; e, sendo assim, ela é que desencadeia todos os demais elementos característicos desses instrumentos.

Sendo a Administração Pública uma das partes contratantes, necessariamente o contrato deverá ter por objeto, mediato ou imediato, em maior ou menor alcance, o interesse público (critério do serviço público e do interesse público).

Para a realização efetiva do interesse coletivo, o direito público atribui à Administração privilégios, prerrogativas das quais não poderá jamais se despojar (atos de império, critério das cláusulas exorbitantes e teoria da relação de subordinação).

Pelo fato também de a Administração sempre visar à realização do interesse coletivo, todas as suas contratações deverão ser precedidas de formalidades específicas do direito público (critério formal).

Dessa forma, entendemos que são contratos administrativos aqueles celebrados pela Administração Pública (esta sempre dotada de seus privilégios perante o particular contratado, que é o seu colaborador), submetidos à observância de formalidades específicas do direito público, e que têm por finalidade, direta ou indiretamente, a realização do interesse público.

Capítulo 4
PRERROGATIVAS DA ADMINISTRAÇÃO PÚBLICA

4.1 Contrato de colaboração: 4.1.1 A "exceptio non adimpleti contractus". 4.2 Alteração unilateral: 4.2.1 Equilíbrio econômico-financeiro do contrato administrativo. 4.3 Rescisão unilateral. 4.4 Fiscalização e assunção do contrato administrativo. 4.5 Aplicação de sanções. 4.6 Análise geral.

4.1 Contrato de colaboração

Temos caracterizado os contratos administrativos pela presença da Administração Pública como parte da relação contratual, com toda sua força, seu vigor, adotando, por conseguinte, o critério subjetivo.

Como enfatizado anteriormente, é a presença da Administração que faz com que o contrato tenha por fim o interesse público em alguma de suas manifestações, de forma direta ou indireta; em face desse objetivo, o regime jurídico de direito público outorga à Administração determinadas prerrogativas para que sua finalidade seja efetivamente alcançada.

Assim sendo, da mesma maneira que é defendido o princípio da primazia do interesse público sobre o interesse particular, sustenta-se a supremacia da Administração Pública frente ao particular contratado, caracterizando-se, assim, um dos elementos dos contratos administrativos, qual seja, o da desigualdade das partes contratantes, diferindo do nivelamento necessário existente nos contratos privados.[1]

---

1. Cabe, aqui, efetuarmos algumas considerações a respeito do princípio da supremacia do interesse público sobre o privado. Fábio Medina Osório, visando a colaborar para uma intensificação do debate doutrinário (re)instaurado pelo jurista gaúcho Humberto Bergamann Ávila (que refuta a existência do princípio da supremacia do interesse público sobre o privado), sustenta a previsão implícita desse princípio, tanto como uma norma constitucional imanente como, também, um princípio autônomo e relacionado a outros.

Qual seria o motivo pelo qual o particular poderia, nessas condições, ter a intenção de celebrar contrato com a Administração Pública? Ou, em outras palavras, por que o particular se sujeitaria a uma relação em que se encontrasse em posição inferior à da Administração Pública?

Entramos, assim, num campo que o Direito Francês caracterizou como sendo, na feliz conceituação de Bloch-Lainé, o da economia concertada, na qual, para realizar seus planos, o Estado e a Administração vêem-se obrigados a cumprir suas

Segundo esse autor, "são múltiplas as fontes constitucionais da superioridade do interesse público sobre o privado. Dos princípios constitucionais que regem a Administração Pública decorre a superioridade do interesse público em detrimento do particular, como direção teleológica da atuação administrativa. (...). No Brasil, é certo, não há norma específica consagrando o interesse público como princípio geral da Administração Pública na Constituição Federal, mas tal princípio ostenta *status* constitucional, na medida em que consagra uma finalidade indisponível e imperativa da Administração Pública e, por conseguinte, de seus agentes, revelando-se imanente ao sistema". Evidentemente, o princípio da supremacia do interesse público sobre o particular deverá se aplicar concomitantemente com outros princípios, inadmitindo-se a arbitrariedade aos agentes públicos em nome desse princípio. Há que se observar também os princípios da legalidade, da impessoalidade, da finalidade pública, imparcialidade e moralidade administrativa. Há, dessa forma, ainda segundo Fábio Medina Osório, "a necessária implicação recíproca dos princípios constitucionais que presidem a Administração Pública, até porque todos, em conjunto, reforçam determinadas possibilidades argumentativas e, portanto, determinados caminhos hermenêuticos. A superioridade do interesse público sobre o privado é, portanto, uma norma constitucional imanente, podendo servir de parâmetro, no contexto do conjunto de princípios e regras constitucionais, para o juízo de constitucionalidade das leis de direito administrativo e, inclusive, de leis de outros ramos jurídicos. (...) não se pode negar a íntima vinculação de todos os princípios constitucionais que presidem a Administração Pública com a legalidade e com o próprio princípio democrático, mas tampouco se deve negar a existência de autonomia de determinados princípios com suporte na tese de sua íntima conexão com a legalidade. A existência de uma forte conexão entre o princípio da legalidade e os demais princípios de direito administrativo não deve, portanto, inibir o reconhecimento de autonomia desses princípios". Ao final, arremata referido autor que "o 'princípio' da superioridade do interesse público sobre o privado poderia ser, além de princípio, uma 'regra'. (...) essa mesma norma que determina fins cogentemente públicos à atividade administrativa e legislativa tuteladas pelo direito administrativo é, além de regra, também um princípio, porque fundamenta a criação de outras normas, determina e orienta a ação infraconstitucional dos Poderes Públicos, institui valores e atua como um dever-ser ideal em variadas hipóteses. (...). A superioridade do interesse público sobre o privado é uma norma constitucional que incide no Direito Administrativo brasileiro ora como regra, ora como princípio. Resulta implicitamente do sistema constitucional e produz importantes conseqüências normativas na ordem jurídica, não se restringindo a figurar como mera causa sóciopolítica de outras normas jurídicas" ("Existe uma supremacia do interesse público sobre o privado no direito administrativo brasileiro", *RDA* 220/69-107). Aqui, segue-se esse mesmo entendimento.

obrigações de acordo com os princípios da negociação, da boa-fé e do respeito aos compromissos recíprocos das partes.

A mais recente doutrina reconhece que existe, nesses contratos, uma *obrigação de cooperação*, mais densa no seu conteúdo do que as de boa-fé e de lealdade, pois estas importam simples omissão, enquanto aquela impõe um comportamento ativo de negociação construtiva. Como bem salienta o professor Gérard Farjat, da Universidade de Nice, trata-se de uma idéia moderna, que a doutrina invoca, cada vez mais freqüentemente, e de acordo com a qual "o contrato não se fundamenta necessariamente em relações antagônicas entre as partes, mas pode ter a sua base numa relação de cooperação". Essa obrigação não se limita a existir no contrato de sociedade, dominado pela *affectio societatis* ou pelo *jus fraternitatis*, e no mandato dado no interesse comum das partes, mas vai ainda mais longe e se encontra em casos de colaboração contratual, como os referentes à subempreitada e à concessão exclusiva de venda, no direito privado, e, agora, em numerosos contratos administrativos.[2]

Não há, portanto, contradição alguma entre esse espírito de colaboração e a relação de desigualdade existente nos contratos administrativos; esse aparente problema resolve-se exclusivamente por meio do conceito de *interesse público*, que é o fundamento de toda essa relação.

O interesse público, como é cediço, não é o interesse de alguns, de uma coletividade, um grupo específico ou uma única pessoa. O interesse público é o interesse geral de todos, associado ao "bem de toda a população, a uma recepção geral das exigências da sociedade".[3]

---

2. Arnoldo Wald, *O Direito de Parceria e a Nova Lei de Concessões*, p. 38. Cabe observar que, atualmente, muitas referências têm sido efetuadas com relação a outras formas de contratações da Administração Pública caracterizadas pelo consenso, acordo. Tais ajustes, segundo nosso entendimento, não se enquadram no padrão clássico dos contratos administrativos, configurando nova espécie contratual, consoante já manifestado na nota de rodapé 63 do item 1.3 (Capítulo 1).

3. Odete Medauar, *Direito Administrativo Moderno*, 5ª ed., p. 164. Segundo referida autora, muitas dificuldades terminológicas surgem na conceituação de *interesse público* diante do uso de expressões semelhantes, tais como *interesse geral*, *interesses coletivos*, que também aparecem contrapostos a *interesses difusos*, e, por fim, como *interesse social*. Para Medauar, "outra dificuldade diz respeito à fórmula conceitual do interesse público. *Vários significados lhe são conferidos*, dentre os quais: (a) consiste na soma dos interesses particulares; (b) vai além da soma dos interesses particulares; (c) é interesse específico da sociedade, distinto, por sua essência, dos interesses particulares; (d) é a soma, ao máximo, de bens e serviços; (e) o valor ético no padrão do interesse público significa que a ação ou ato administrativo é benéfico para todo mundo; (f) 'conjunto de necessidades humanas às quais o jogo dos direitos fundamentais não satisfaz de modo adequado e cujo atendimento, no entanto, condiciona a realização dos destinos individuais' (Rivero)". Por fim, conclui que, "se é difícil enunciar um conceito jurídico preciso de interesse público, *parece, no entanto, possível associá-lo ao que deveria ser o bem de toda a população, a uma percepção geral das exigências da sociedade*" (loc. cit.).

Por essa razão, mesmo quando a Administração utiliza suas prerrogativas para efetivamente alcançar o interesse público, indiretamente também irá satisfazer um interesse do particular contratado, que também aufere a efetiva contraprestação devida pelo cumprimento de suas obrigações contratuais; não existindo, pois, prejuízos a serem alegados.

Pelos ensinamentos de Marcello Caetano, "não há contradição, senão aparente, entre a idéia de associação ou colaboração e a de sujeição, visto que (...) também o contraente público se encontra submetido ao interesse público; não existe, por conseguinte, colaboração possível entre as duas partes sem essa comum sujeição".[4]

Em razão desse espírito de colaboração, fica claro que a Administração não pode, alegando simplesmente o interesse público para efetivar a alteração contratual necessária, sujeitar o particular contratado a um eventual prejuízo econômico.

Ao contrário, sempre que a Administração utilizar uma de suas prerrogativas e tal fato ocasionar o desequilíbrio econômico-financeiro do contrato, a equação inicial deverá ser restabelecida.

"A conceituação da boa-fé nos chamados contratos de colaboração foi ampliada e alargada, dela decorrendo inclusive, de acordo com a doutrina a mais moderna, um dever de negociar soluções construtivas e eqüitativas nos casos de crise ou dificuldades surgidas na execução do contrato. Entendeu-se, assim, que existia um dever de lealdade que impunha a tolerância, a negociação e a cooperação das partes para manter o equilíbrio dinâmico do contrato."[5]

Cabe advertir, portanto, que *não há que se confundir o desequilíbrio das partes contratantes e o desequilíbrio do contrato; o desequilíbrio das partes contratantes é elemento específico e caracterizador dos contratos administrativos, estando sempre presente nessas relações; mas o desequilíbrio do contrato jamais poderá ocorrer em função daquele, sob pena de caracterizar enriquecimento ilícito por parte da Administração Pública.*

Por esse motivo, a utilização desses privilégios pela Administração sempre deverá estar muito bem embasada e justificada, em nome do interesse público, posto que seu uso deverá, obrigatoriamente, ensejar a revisão do equilíbrio econômico-financeiro do contrato, ocasionando, na maioria das vezes, um ônus maior para os cofres públicos.

Marcello Caetano também faz essa advertência ao dizer que:

---

4. Marcello Caetano, *Manual de Direito Administrativo*, 10ª ed., t. 1, p. 589.

5. Arnoldo Wald, "Novas tendências do direito administrativo: a flexibilidade no mundo da incerteza", *RT* 721/9.

O contrato administrativo inclui um *pacto de colaboração* de certo particular com a Administração para realizar o interesse público sob determinado aspecto. Essa colaboração do particular é livre e interessada. E, conforme a natureza do contrato, implica para a Administração a obrigação de não dispor dos interesses que lhe estão confiados e pretende ver realizados contratualmente sem atender ao interesse do outro contraente empenhado nessa realização.

Mas, ressalvada esta obrigação, é da índole da atividade administrativa o adaptar-se às exigências do interesse público a que deve servir. O pacto de colaboração do particular com a Administração contém, por isso, implícita ou explicitamente, a subordinação ou sujeição do primeiro aos mesmos imperativos a que está sujeita a segunda. Daí o poder conferido à Administração de fazer nas prestações contratuais as modificações *estritamente exigidas pelo interesse público*.[6]

Assim, desde que exista comprovadamente interesse público para se utilizar determinada prerrogativa da Administração, o contrato poderá ser alterado, mas, ao mesmo tempo, deverá ser mantido e assegurado seu equilíbrio econômico-financeiro, podendo-se, por essas razões, falar da existência de um *contrato de colaboração*.[7]

---

6. Marcello Caetano, *Manual de Direito Administrativo*, 10ª ed., t. 1, pp. 619-620.
7. Cabe, aqui, efetuar algumas considerações sobre a evolução da teoria dos contratos administrativos:
"Assim, enquanto o direito administrativo do século XIX caracterizou-se pelo seu caráter autoritário e pela possibilidade de predeterminação de todas as situações, num mundo considerado seguro e estável, a rápida evolução dos fatos tecnológicos e financeiros, as constantes modificações legais e a impossibilidade de qualquer previsão, a médio ou longo prazo, no plano econômico exigiram uma reformulação do direito administrativo, que como os demais ramos do Direito passou a constituir um 'Direito flexível', na feliz expressão de Jean Carbonnier.
"(...).
"Com efeito, no passado, no mundo de segurança que então existia e ao qual se refere Stefan Zweig, todo o esforço dos juristas foi no sentido de evitar as situações aleatórias e de transformá-las, sempre, mediante prévia regulamentação, em situações determinadas. Assim sendo, os riscos criados por oscilações de mercado ou pela própria variação das taxas de juros podiam ser aceitos por um dos contratantes, pois as eventuais modificações, sendo diminutas e só ocorrendo paulatinamente, com o decorrer do tempo, não abalavam a própria estrutura do contrato. A determinação, certeza e intangibilidade das prestações de ambas as partes puderam, por longo período, caracterizar as situações do direito administrativo, numa fase histórica de economia estável.
"As incertezas decorrentes de mudanças econômicas, tecnológicas e políticas, cada vez mais rápidas, fizeram, todavia, com que o direito administrativo não mais pudesse deixar de reconhecer a crescente importância do aleatório, atribuindo-lhe efeitos específicos para, conforme o caso, rever o contrato ou rescindi-lo, diante de dificuldades novas e imprevistas para a sua execução. Como a rescisão sempre tem efeitos negativos, importando prejuízos para ambas as partes, foi introduzida nos contratos de direito administrativo uma nova variante, que é a chamada 'flexibilidade' (*souplesse* do Direito Francês), significando uma interpretação construtiva e negociada do pactuado, para preen-

4.1.1 A "exceptio non adimpleti contractus"

A *exceptio non adimpleti contractus* visa a outorgar a uma das partes contratuais o direito de poder se eximir de continuar cumprindo com suas obrigações se a parte contrária não cumprir com as suas. Trata-se de uma regra pacífica para os contratos de direito privado, contemplada, inclusive, no art. 476 do CC Brasileiro: "Nos contratos bilaterais, nenhum dos contraentes, antes de cumprida a sua obrigação, pode exigir o implemento da do outro".

Inicialmente, a doutrina e a jurisprudência haviam rechaçado veementemente a aplicação da exceção do contrato não cumprido para os contratos administrativos, em face do princípio da continuidade da prestação dos serviços públicos. Entretanto, esse entendimento vem sendo atenuado em alguns casos, tendo em vista que esse princípio não pode ser invocado para obrigar o particular contratado a dar continuidade à prestação de suas obri-

cher os eventuais espaços vazios e superar as dificuldades geradas por normas que não previram os fatos da maneira pela qual aconteceram" (Arnoldo Wald, *O Direito de Parceria e a Nova Lei de Concessões*, pp. 35-36).

Assim, qualquer modificação que pudesse ocorrer no contrato administrativo não mais ocasionava insegurança ao contratado particular, cujo direito de restabelecer o equilíbrio econômico-financeiro lhe havia sido assegurado.

Diante de tal evolução, passou-se a falar sobre uma relação convencional, de um pacto de colaboração, idéia já defendida por André de Laubadère, entendendo que o contrato administrativo faz do contratante um colaborador da Administração, na busca de uma missão de interesse geral, auferindo, assim, uma posição particular, uma função que não é aquela de um contratante do direito privado (André de Laubadère, *Traité Theórique et Pratique des Contrats Administratifs*, vol. 1, p. 9).

Mencionou-se "como um dos fatores da atenuação do caráter unilateral e impositivo da atividade administrativa o aumento do uso de módulos convencionais, contratuais ou consensuais, a chamada Administração concertada. Tais práticas consistem em 'técnicas de ação com base em soluções obtidas mediante concordância entre Administração e interessados, evitando-se decisões unilateralmente impostas, decisões tomadas solitariamente'".

"Subjaz nesse modo de atuar a idéia de troca de pontos de vista, de elaboração em comum de soluções, 'exige acordo entre vários sujeitos (todos públicos ou em parte públicos e em parte privados)', 'é a substituição da decisão pela discussão, do comando pela negociação', é a Administração por consenso, contraposta à Administração por autoridade. Nos países sem regime administrativo sempre foram empregadas de modo amplo; agora nos ordenamentos de regime administrativo aumentam em quantidade e qualidade.

"Teve início na Administração econômica; passou-se aí de economia orientada a economia concertada e depois a economia contratual. Depois, expandiu-se para outros setores da Administração" (Odete Medauar, *O Direito Administrativo em Evolução*, pp. 199-200).

gações à custa de sua própria falência. Ademais, nem todos os contratos têm por objeto a prestação de serviços públicos propriamente dita.

Segundo Odete Medauar, "parece evidente que a prevalência absoluta da inoponibilidade acarreta injustiças e fere direitos. Por isso vem sendo questionada e atenuada. Alguns argumentos levam à sua atenuação; em primeiro lugar, se o atendimento do interesse público compete precipuamente à Administração, cabe-lhe tomar todas as providências ao seu alcance para que o contrato seja bem executado; em segundo lugar, o descumprimento da Administração pode inviabilizar a execução do contrato, por falta de condições materiais e técnicas ou por arruinar o contratado (tratando-se, sobretudo, de grande atraso nos pagamentos)".[8]

Ademais, a hipótese de maior insurgência contra a aplicação dessa regra nos contratos administrativos é a da falta do pagamento devido pela Administração Pública.

Nossa legislação tem atenuado essa obrigatoriedade imposta ao contratado particular, na verificação da hipótese citada, estabelecendo como prazo máximo para a falta de pagamento o período de 90 dias, assegurando-se ao contratado o direito de optar pela suspensão do cumprimento de suas obrigações, até que seja normalizada a situação, ou pela rescisão do contrato (art. 78, XV, da Lei 8.666/1993).[9]

Segundo Toshio Mukai, "o que a lei nova acresceu ao dispositivo nada mais representa do que a possibilidade de se invocar contra a Administração Pública a denominada cláusula *exceptio non adimpleti contractus*, em princípio ininvocável, em face do princípio da continuidade do serviço público, contra a Administração, mas admitida pela maioria da doutrina (cf. Hely Lopes Meirelles, Carlos S. de Barros Jr., Caio Tácito, Jean de Soto Péquignot, Angel Berçaitz, Bielsa, Sayagués Laso, Edmir Netto de Araújo, Maria Sylvia Z. Di Pietro, Escola e Celso Antônio Bandeira de Mello), em especial quando se tratar de contratos que não tenham como objeto a prestação direta de

---

8. Odete Medauar, *Direito Administrativo Moderno*, 5ª ed., p. 257.
9. Dispõe o art. 78, XV, da Lei 8.666/1993 que "constituem motivo para rescisão do contrato: (...) XV – o atraso superior a 90 (noventa) dias dos pagamentos devidos pela Administração decorrentes de obras, serviços ou fornecimento, ou parcelas destes, já recebidos ou executados, salvo em caso de calamidade pública, grave perturbação da ordem interna ou guerra, *assegurado ao contratado o direito de optar pela suspensão do cumprimento de suas obrigações até que seja normalizada a situação*" (grifos nossos). Note-se que, mesmo diante dessa previsão legal, não houve, propriamente, a aceitação da aplicabilidade da exceção do contrato não cumprido, posto que, para sua invocação, haverá que se aguardar o não-pagamento por prazo superior a 90 dias – motivo pelo qual entendemos que nossa legislação somente atenuou a aplicação do princípio da continuidade da prestação dos serviços públicos.

um serviço público ao particular, ou quando o atraso prolongado dos pagamentos estiver por ocorrer, obrigando o contratado a um verdadeiro financiamento, não previsto, do objeto do contrato".[10]

Ademais, entendemos que a opção da suspensão do contrato prevista em nossa legislação poderá ser realizada mediante ato unilateral do contratado, independentemente da aquiescência da Administração Pública.

Nesse sentido são os ensinamentos de Roberto Ribeiro Bazilli, afirmando que a suspensão pode se dar por ato unilateral do contratado, "visto que está configurado no texto em exame o acolhimento indisfarçado da exceção do contrato não cumprido, e esta somente tem sentido na medida em que o contratado pode usá-la independentemente da vontade da Administração contratante".[11]

Outrossim, no caso de suspensão da execução, por ordem escrita da Administração, por mais de 120 dias, salvo calamidade, guerra, grave perturbação da ordem ou por repetidas suspensões que totalizem esse prazo, previsto no art. 78, XV, da lei federal, parece ter o legislador federal permitido também a invocação da exceção do contrato não cumprido.[12]

Nesse sentido manifesta-se Eurico de Andrade Azevedo, afirmando que:

Durante a execução do contrato, a falta de recursos para pagamento das obras ou serviços executados pelo contratado pode dar margem a algumas alternativas: a primeira é a exceção do contrato não cumprido. A discussão doutrinária existente sobre a aplicação da *exceptio non adimpleti contractus* aos ajustes administrativos foi afastada diante de disposição expressa da nova lei, que assegura ao contratado "o direito de optar pela suspensão do cumprimento de suas obrigações" até que a Administração regularize os pagamentos que estejam em atraso há mais de 90 dias, ressalvados os casos de calamidade pública, grave perturbação da ordem ou guerra (art. 78, XV).

Outra alternativa é a própria Administração suspender a execução do contrato. Se esta suspensão for por tempo superior a 120 dias, corridos ou intermitentes, pode também o particular contratado optar pela *exceptio non adimpleti contractus*, ou

---

10. Toshio Mukai, *Licitações e Contratos Públicos*, 4ª ed., pp. 124-125.
11. Roberto Ribeiro Bazilli, *Contratos Administrativos*, p. 121.
12. Segundo disposto no art. 78, XIV, também constitui motivo de rescisão do contrato "a suspensão de sua execução, por ordem escrita da Administração, por prazo superior a 120 (cento e vinte) dias, salvo em caso de calamidade pública, grave perturbação da ordem interna ou guerra, ou ainda por repetidas suspensões que totalizem o mesmo prazo, independentemente do pagamento obrigatório de indenizações pelas sucessivas e contratualmente imprevistas desmobilizações e mobilizações e outras previstas, *assegurado ao contratado, nesses casos, o direito de optar pela suspensão do cumprimento das obrigações assumidas até que seja normalizada a situação*" (grifos nossos).

então pela rescisão do ajuste, conforme seu interesse, ressalvados os mesmos casos de calamidade pública, grave perturbação da ordem ou guerra (art. 78, XIV).[13]

Nas lições de Celso Ribeiro Bastos:

Há casos em que os fatos se mostram mais fortes do que a própria teoria, ou, melhor, esta tem que se render diante da evidência desses fatos e reconhecer-se que não é lícito *[sic]* a imposição desse ônus ao particular, ou seja, de agravar a sua situação financeira até cair em insolvência. O que, na verdade, em termos práticos, resultaria na própria rescisão do contrato.

Portanto, é de se impor o abrandamento do rigor desta regra, sobretudo para essas hipóteses, em que haja absoluto desnível, em que o não-cumprimento da obrigação pela Administração gere uma impossibilidade razoável do cumprimento por parte do particular, sobretudo quando não pode ele contentar-se apenas com a procura de perdas e danos, uma vez que esta pode não chegar a tempo de socorrê-lo da insolvência.[14]

Feitas essas considerações, pode-se observar que tanto a doutrina como a própria legislação vêm direcionadas a atenuar a rigidez de normas que tumultuavam as contratações administrativas, buscando-se, dessa forma, efetivar verdadeiramente os pactos de colaboração, com o sepultamento das normas absolutas e impositivas que visavam exclusivamente à submissão dos particulares.

4.2 Alteração unilateral

De acordo com o disposto no art. 58, I, da Lei 8.666/1993, é conferida à Administração Pública a prerrogativa de modificar unilateralmente os contratos administrativos "para melhor adequação às finalidades de interesse público, respeitados os direitos do contratado".

Trata-se, pois, da prerrogativa outorgada à Administração para que ela, em razão de eventual modificação do interesse público, possa alterar unilateralmente seus contratos, adequando-os às novas finalidades almejadas.

Entretanto, nem todas as cláusulas contratuais são passíveis de ser alteradas: "(...) em todo contrato administrativo coexistem duas ordens de cláusulas: as *econômicas* e as *regulamentares* do serviço, da obra ou do fornecimento. Aquelas são inalteráveis unilateralmente, porque fixam a remuneração e os direitos do contratado perante a Administração e estabelecem a *equação financeira* a ser mantida durante toda a execução do contrato; estas – as *regulamentares* ou *de serviço* – são alteráveis unilateralmente pela Ad-

---

13. Eurico de Andrade Azevedo, "A Administração Publica, os contratos e as obrigações de pagamento", in Milton Paulo de Carvalho, *Temas Atuais de Direito*, pp. 79-80.
14. Celso Bastos, *Curso de Direito Administrativo*, 2ª ed., p. 139.

ministração segundo as exigências do interesse público que o contrato visa a atender".[15]

Dessa forma, a lei federal permite que a Administração Pública efetue alterações tão-somente das cláusulas regulamentares, posto que as econômicas deverão retratar o equilíbrio econômico-financeiro do contrato, que deverá ser mantido até a sua rescisão.

Antônio A. Queiroz Telles, ao tecer considerações a respeito da cláusula econômica, afirma que "esse tipo de cláusula não pode ser alterada, unilateralmente, pela Administração, porque isto representaria uma interferência arbitrária que violentaria, injustamente, o direito do contratado, provocando verdadeira situação anormal de insegurança das relações jurídicas e, também, o total desequilíbrio do contrato, de vez que sua execução acabaria por se tornar impossível".[16]

Por essa razão, respeitadas as cláusulas econômicas, a Administração Pública poderá alterar os demais termos inicialmente avençados no contrato, para melhor adequá-los às exigências do interesse público. Trata-se, pois, de regra contrária àquela aplicada para os contratos de direito privado, qual seja, a da imutabilidade, consoante o princípio *pacta sunt servanda*.

Segundo ensinamentos de Garrido Falla:

Os contratos administrativos são singulares pelo fato de que neles uma das partes contratantes – a Administração Pública – tem a possibilidade de modificar unilateralmente seus termos, afetando desse modo a execução desses contratos e variando as prestações devidas pelo contratado particular.

No direito privado, como é conhecido, a situação é totalmente diferente, já que, por aplicação do clássico princípio *pacta sunt servanda*, reconhecido por disposições legislativas como o art. 1.134 do Código de Napoleão ou o art. 1.197 do nosso CC [*de 1916*], impera o critério da imutabilidade das convenções, que se mantém como norma geral fundamental, apesar dos embates do "dirigismo contratual" e da "publicização" do contrato. De tal modo, desprestigiada a regra *rebus sic stantibus* do direito canônico da Idade Média, no direito privado se aceita que o que se tem pactuado deve cumprir-se inevitavelmente, e deve cumprir-se tal como foi avençado, já que o que o *mutuus consensus* tem estabelecido só o *mutuus dissensus* pode modificar, posto que nenhum dos contratantes pode unilateralmente alterar o contrato.

(...).

Essa particular possibilidade de que goza a Administração Pública não constitui um "direito", senão que, por sua índole e pela finalidade que lhe dá razão de ser,

---

15. Hely Lopes Meirelles, *Licitação e Contrato Administrativo*, 14ª ed., p. 205.
16. Antônio A. Queiroz Telles, *Introdução ao Direito Administrativo*, 2ª ed., p. 248.

é um verdadeiro "poder", que lhe é inerente, e que é essencial para que possa cumprir, na órbita das contratações administrativas, o rol que a caracteriza.[17]

Verifica-se, dessa forma, que a mutabilidade dos contratos celebrados pela Administração Pública também está prevista na Espanha, tratando-se não de um ato arbitrário, mas de um poder atribuído para a efetiva satisfação do interesse público.

Segundo ensinamentos de Carlos García Oviedo:

As sentenças de 10.10.1908 e de 20.11.1911 reconhecem à Administração o direito de modificar um contrato, sempre que as necessidades públicas aconselhem a inovação.

A sentença de 17.12.1927, reconhecendo esta doutrina, autorizou a uma Assembléia Municipal que impusesse a uma empresa de eletricidade, para evitar desgraças, a substituição de seus cabos aéreos de transmissão de energia elétrica, nos povoados, por outros subterrâneos, apesar de que no contrato de concessão se autorizasse aquela, mesmo, como é natural, com indenização.[18]

Na Argentina, Roberto Dromi também faz referências a essa prerrogativa ora analisada, sendo outorgada à Administração a competência para "adaptar o contrato às necessidades públicas, variando dentro de certos limites as obrigações do contratado (*modificação unilateral, mutabilidade do contrato*). Ou seja, o contrato administrativo carece da rigidez e imutabilidade do contrato civil, porque cede ante o interesse público".[19]

Em complemento, Agustín de Vedia aduz que, "no decorrer do contrato, a Administração tem freqüentemente o direito de impor mudanças a certas disposições do contrato, assim como obrigações suplementares que o contratado deve cumprir, como ocorre no recordado contrato de obra pública, em cuja regra permite-se até que a Administração exija trabalhos não previstos ou aumente ou reduza a quantidade de trabalho a executar (art. 487)".[20]

Em Portugal, Marcello Caetano também faz referências à prerrogativa de a Administração alterar unilateralmente seus contratos. Segundo referido autor:

Nos contratos de empreitada de obras públicas assiste à Administração o direito de impor alterações nos projetos que serviram de base aos trabalhos, como sucede, aliás, com qualquer dono de obra nas empreitadas regidas pelo Código Civil (art. 1.216º).

---

17. Fernando Garrido Falla, *Tratado de Derecho Administrativo*, 10ª ed., vol. 2, pp. 391 e ss.
18. Carlos García Oviedo, *Derecho Administrativo*, 3ª ed., p. 169.
19. Roberto Dromi, *Derecho Administrativo*, 5ª ed., p. 315.
20. Agustín de Vedia, *Derechos Constitucional y Administrativo*, p. 487.

Quanto aos fornecimentos contínuos reserva-se a Administração o direito de modificar a seu talante os serviços que eles se destinam a prover e a alterar os padrões dos artigos, gêneros ou mercadorias que devem ser fornecidos bem como as condições especiais (melhor, as circunstâncias de modo, lugar, tempo...) da prestação.

Nas concessões, quer de obras, quer de serviços públicos, a prerrogativa da Administração é mais evidente. Houve pelo contrato uma transferência de poderes respeitantes à construção e exploração, não ao domínio, da obra ou do serviço. E por isso o concedente se reserva o direito de regulamentar o exercício dos poderes transferidos para o concessionário, e de alterar regulamentos quando bem entender. Por outro lado, visto que a obra ou o serviço permanecem *públicos*, a Administração fiscaliza a respectiva exploração e conserva o direito de impor ao concessionário as modificações técnicas necessárias para que a satisfação da necessidade coletiva possa obter-se efetivamente mantendo *atualizados* os meios a empregar.

Verifica-se, pois, que na verdade os textos conferem à Administração o direito de introduzir unilateralmente certas modificações no regime das prestações a fazer pelos particulares a quem esteja vinculada por contrato administrativo.

Qual o fundamento desse poder de ordenar unilateralmente tais modificações?

É que a Administração *serve* o interesse público e não pode exonerar-se do dever de procurar sempre os melhores processos técnicos e os meios materiais e jurídicos de realizá-los.[21]

Segundo José Manuel Sérvulo Correia, o poder de alteração unilateral da Administração Pública também é reconhecido na jurisprudência administrativa, trazendo à colação acórdão do Pleno do Supremo Tribunal Administrativo que "refere sem censura a posição assumida no processo pelo Ministério Público segundo a qual assenta nos princípios gerais da teoria do contrato administrativo e de direito público o poder da Administração de emitir atos administrativos respeitantes à execução do contrato. E, pouco mais adiante, é o próprio julgador quem expressamente toma posição, afirmando que '*a competência* para a prática desse ato (...) *[trata-se de um ato que altera o valor de uma prestação pecuniária]* é inquestionável, já que provém de um poder que visa interesse públicos e necessidades coletivas e que, dado o seu fim, permite à Administração, *segundo os princípios gerais do contrato administrativo*, modificar unilateralmente a execução do contrato (*jus variandi* ou *factum principis*)'".[22]

Comenta Charles Debbasch, na legislação francesa, que "a evolução das exigências do interesse geral implica que se reconheça à Administração

---

21. Marcello Caetano, *Manual de Direito Administrativo*, 10ª ed., t. 1, p. 619.
22. José Manuel Sérvulo Correia, *Legalidade e Autonomia Contratual nos Contratos Administrativos*, p. 732.

o direito de exceder a letra contratual para impor ao contratado uma adaptação do contrato".[23]

De acordo com André de Laubadère, esse poder de modificação "constitui um meio para a Administração realizar a adaptação do contrato às exigências do interesse geral".[24]

Segundo referido autor:

Em termos gerais se admite que, diferentemente do contrato civil, o contrato administrativo não é rigidamente inalterável: a Administração pode, quando as necessidades do serviço público assim exigirem, impor a seu contratado certas modificações nas condições de execução do contrato.

Sem embargo, estes novos encargos implicam um *limite* e uma *contrapartida*.

O limite consiste em que eles não devem sobrepujar certa amplitude e terminar desvirtuando totalmente o contrato, pois em tal caso o contratado tem direito a demandar, ante a injustiça, a invalidação (C.E., 16.11.1928, *Ravier*, p. 1.193).

A contrapartida consiste em que o contratado tem direito a uma *indenização integral*, que compreende tanto o prejuízo sofrido como o lucro que deixou de obter (C.E., 18.3.1925, *Huguet*, p. 283).[25]

Essas limitações e contrapartida referidas por Laubadère também estão previstas em nosso diploma legal.

Com relação aos limites, estatui o art. 65, I, "a" e "b", da Lei 8.666/1993 que os contratos poderão ser alterados unilateralmente pela Administração:

a) quando houver modificação do projeto ou das especificações, para melhor adequação técnica aos seus objetivos;

b) quando necessária a modificação do valor contratual em decorrência de acréscimo ou diminuição quantitativa de seu objeto, nos limites permitidos por esta Lei.

A primeira hipótese refere-se à alteração qualitativa, diferindo, pois, da segunda hipótese, que trata da alteração quantitativa do objeto contratual.

Com relação à primeira, sempre que o interesse público ensejar uma melhor adequação do projeto ou de suas especificações inicialmente estabelecidas, a Administração Pública, mediante devida justificativa, poderá impor a alteração que se fizer necessária, possibilitando, dessa forma, a consecução da finalidade almejada sem ter de sacrificar toda a relação pactuada,

---

23. Charles Debbasch, *Droit Administratif*, 2ª ed., p. 352.
24. André de Laubadère, *Traité Théorique et Pratique des Contrats Administratifs*, vol. 2, p. 42.
25. André de Laubadère, *Manual de Derecho Administrativo*, 10ª ed., p. 191.

adotando a única outra alternativa de que poderia dispor – qual seja, a rescisão do contrato.

A lei federal não impõe limites para a referida alteração qualitativa, embora os preveja para a alteração quantitativa (25% ou 50%, conforme o caso), sendo, no entanto, evidente que essa modificação não pode se dar ao ponto de desvirtuar o que foi inicialmente contratado.

Nas palavras de Marçal Justen Filho, "a lei não estabelece limites qualitativos para essa modalidade de modificação contratual. Não se pode presumir, no entanto, existir liberdade ilimitada. Não se caracteriza a hipótese quando a modificação tiver tamanha dimensão que altere radicalmente o objeto contratado. Não se alude a uma modificação quantitativa, mas a alteração qualitativa. No entanto, a modificação unilateral introduzida pela Administração não pode transfigurar o objeto licitado em outro, qualitativamente distinto".[26]

Havendo necessidade, em função da alteração qualitativa realizada, a lei federal permite, em seu art. 57, § 1º, I, a prorrogação do prazo contratual, desde que seja assegurada a manutenção do equilíbrio econômico-financeiro ao particular contratado.[27]

No tocante à segunda hipótese, da alteração quantitativa, a lei federal estabeleceu limites tanto para os acréscimos quanto para as supressões, conforme se depreende do disposto nos §§ 1º e 2º do art. 65, *in verbis*:

§ 1º. O contratado fica obrigado a aceitar, nas mesmas condições contratuais, os acréscimos ou supressões que se fizerem nas obras, serviços ou compras, até 25% (vinte e cinco por cento) do valor inicial atualizado do contrato, e, no caso particular de reforma de edifício ou de equipamento, até o limite de 50% (cinqüenta por cento) para os seus acréscimos.

§ 2º. Nenhum acréscimo ou supressão poderá exceder os limites estabelecidos no parágrafo anterior, salvo:

I – *(vetado)*;

II – as supressões resultantes de acordo celebrado entre os contratantes.

Referido dispositivo legal possibilita o acréscimo da quantidade do objeto, não sendo permitido, entretanto, em hipótese alguma, o acréscimo de objeto que não tenha sido contemplado no contrato.

---

26. Marçal Justen Filho, *Comentários à Lei de Licitações e Contratos Administrativos*, 3ª ed., p. 395.
27. Dispõe o § 1º do art. 57 que "os prazos de início de etapas de execução, de conclusão e de entrega admitem prorrogação, mantidas as demais cláusulas do contrato e assegurada a manutenção de seu equilíbrio econômico-financeiro, desde que ocorra algum dos seguintes motivos, devidamente autuados em processo: I – alteração do projeto ou especificações, pela Administração; (...)".

Para proceder ao acréscimo ou à supressão, conforme dispõe a lei federal, deve-se efetuar o cálculo do respectivo percentual previsto sobre o valor do contrato, para que, dentro do montante apurado, possa ser adquirido ou suprimido quantitativamente o objeto contratado.

Na hipótese de supressão, além do limite fixado pela lei, pode-se aplicar o que for estabelecido em acordo entre as partes.

Debbasch esclarece que na França esse poder de modificação unilateral é mais reduzido. Segundo o referido autor, "A administração detém simplesmente o poder de modificar as cláusulas que associem o contratado ao funcionamento de um serviço público, e somente na medida em que novas circunstâncias exigem uma novação nas condições desse cumprimento".[28]

Para nós, que não adotamos o critério do serviço público para a caracterização dos contratos administrativos, referida associação deve ser entendida com relação ao interesse público. Analisando a questão por esse prisma, constata-se que *o poder de modificação unilateral previsto na lei federal também é reduzido, posto exigir, outrossim, a presença de alguma circunstância superveniente que, em nome desse interesse público, resulte na necessidade de alterar quantitativamente o objeto contratado, adequando-se à sua nova finalidade.*

Nota-se que em ambas as hipóteses (alteração qualitativa ou quantitativa) admite-se que a Administração efetue as alterações sem a necessidade do consentimento do particular contratado, caracterizando-se, assim, indubitavelmente, um poder-dever de realizar a modificação. O poder resulta da prerrogativa outorgada pela lei para a realização da alteração de forma unilateral; o dever está baseado no princípio da finalidade da Administração Pública, que tem a necessidade de sempre almejar e se adaptar às exigências do interesse público.

Subsome-se, desse modo, que, sempre que for alterar unilateralmente o objeto do contrato, a Administração terá que demonstrar a devida justificativa, o motivo que a levou a essa necessidade, ou qual alteração do interesse público ocorreu para ensejar essa modificação.

Em outras palavras, terá de existir algum fato superveniente que tenha imposto à Administração a necessidade de alterar o objeto do contrato para a consecução do interesse público.

Nas lições de Celso Bastos, "já foi visto à saciedade que o interesse público predomina no contrato administrativo. Este, por sua vez, não é estático. É dinâmico. Daí por que, *durante o cumprimento de um contrato administrativo, podem fazer-se necessárias certas alterações para que ele me-*

---

28. Charles Debbasch, *Droit Administratif*, 2ª ed., p. 353.

lhor se adapte ao interesse público, desde que respeitada a expressão última e mais importante para o contratado, que é o equilíbrio econômico-financeiro. Assim, aumentada a quantidade do objeto, deverá ser aumentado, em igual proporção, o direito à remuneração"[29] (grifos nossos).

Nas palavras de Carlos Ari Sundfeld: "É perfeitamente natural ao contrato administrativo a faculdade de o Estado introduzir alterações unilaterais. Trata-se de instrumentá-lo com os poderes indispensáveis à persecução do interesse público. Caso a Administração ficasse totalmente vinculada pelo que avençou, com o correlato direito de o particular exigir a integral observância do pacto, eventuais alterações do interesse público – *decorrentes de fatos supervenientes ao contrato* – não teriam como ser atendidas. Em suma, a possibilidade de o Poder Público modificar unilateralmente o vínculo constituído é corolário da prioridade do interesse público em relação ao privado, bem assim de sua indisponibilidade"[30] (grifos nossos).

Sob esses aspectos, portanto, não existem grandes distinções entre o que estatuem a lei federal e os ordenamentos jurídicos citados, porquanto em todos eles, de forma mais ou menos limitada, permite-se a alteração unilateral do objeto contratado baseada na dinâmica do interesse público, sendo reconhecida a outorga dessa prerrogativa à Administração – que é o que nos importa para o presente estudo.

4.2.1 *Equilíbrio econômico-financeiro do contrato administrativo*

O *equilíbrio econômico-financeiro do contrato* está previsto na Lei 8.666/1993, a qual, inclusive, assegura esse direito em dois dispositivos legais, *in verbis*:

Art. 65. Os contratos regidos por esta Lei poderão ser alterados, com as devidas justificativas, nos seguintes casos:

I – unilateralmente pela Administração:

a) quando houver modificação do projeto ou das especificações, para melhor adequação técnica aos seus objetivos;

b) quando necessária a modificação do valor contratual em decorrência de acréscimo ou diminuição quantitativa de seu objeto, nos limites permitidos por esta Lei;

---

29. Celso Bastos, *Curso de Direito Administrativo*, 2ª ed., p. 136.
30. Carlos Ari Sundfeld, *Licitação e Contrato Administrativo*, 2ª ed., p. 228.
    Sob esses aspectos, portanto, não existem grandes distinções entre o que estatuem a lei federal e os ordenamentos jurídicos citados, porquanto em todos eles, de forma mais ou menos limitada, permite-se a alteração unilateral do objeto contratado baseada na dinâmica do interesse público, sendo reconhecida a outorga dessa prerrogativa à Administração – que é o que nos importa para o presente estudo.

(...).

§ 6º. Em havendo alteração unilateral do contrato, que aumente os encargos do contratado, a Administração deverá restabelecer, por aditamento, o equilíbrio econômico-financeiro inicial.

Da mesma maneira, estatui o § 2º do art. 58:

Art. 58. O regime jurídico dos contratos administrativos instituído por esta Lei confere à Administração, em relação a eles, a prerrogativa de:

I – modificá-los, unilateralmente, para melhor adequação às finalidades de interesse público, respeitados os direitos do contratado;

(...).

§ 2º. Na hipótese do inciso I deste artigo, as cláusulas econômico-financeiras do contrato deverão ser revistas para que se mantenha o equilíbrio contratual.

Trata-se, portanto, da impossibilidade de ser modificada a cláusula econômica do contrato, preservando-se a relação de igualdade entre as obrigações assumidas por uma parte contraente e a compensação econômica devida pela outra parte, durante todo o período do contrato.

Segundo Laubadère, "o princípio segundo o qual a Administração não pode, sem empenhar sua responsabilidade, romper por seu fato o equilíbrio do contrato em detrimento de seu contratado constitui uma regra defendida pela jurisprudência e fundada, por sua vez, sobre a eqüidade (contraprestação dos poderes exorbitantes de que dispõe a Administração na execução do contrato) e sobre o próprio interesse do serviço público, uma vez que o contratado é, definitivamente, o colaborador".[31]

Pelos ensinamentos de Laubadère, a noção do equilíbrio financeiro foi consagrada num contrato de concessão de serviço público, no caso da "Cie. Française des Tramways" (11.3.1910), cujo princípio foi exposto por L. Blum em termos sempre citados: "Após ter enunciado a idéia de que o concedente pode eventualmente impor ao concessionário, no interesse geral, um aumento considerável de meios para assegurar o serviço concedido, L. Blum afirmou como um princípio de 'equivalência honesta' o direito do concessionário, em contrapartida ao restabelecimento 'da equação financeira do contrato de concessão'".[32]

Assim, tendo em vista a possibilidade de a Administração exercer modificações nos seus ajustes, a teoria dos contratos administrativos estabeleceu a regra do equilíbrio econômico-financeiro, outorgando segurança ao particular contratado e, indiretamente, não colocando em risco o alcance do

31. André de Laubadère, *Traité Théórique et Pratique des Contrats Administratifs*, vol. 1, p. 38.
32. Idem, p. 33.

interesse público, porquanto, caso essa solução não fosse prevista, fatalmente, seria ocasionada a rescisão do acordo.

Essa regra foi consagrada sobretudo pelo fato de o contrato não poder sofrer interrupções, em face do princípio da continuidade da prestação dos serviços públicos, sob pena de ocasionar prejuízos muitas vezes irreparáveis à Administração e ao público em geral.

Segundo Péquinot, "o equilíbrio do contrato de direito privado é estático e do tipo $a = b$. Se uma das partes de um contrato de direito privado ignora suas obrigações, ela comete uma falta, o sistema contratual é irremediavelmente rompido. O equilíbrio do contrato administrativo é dinâmico e do tipo $a/b = a'/b'$. Se a Administração substitui uma obrigação à obrigação originária, a remuneração de seu contratado que era b originalmente torna-se b' e o sistema contratual, assim reequilibrado, será mantido".[33]

Dessa forma, diante da constatação da possibilidade de determinados fatos advirem à execução do contrato, facultando sua modificação pela Administração Pública, assegura-se, concomitantemente, o reequilíbrio econômico-financeiro da avença, na forma realizada inicialmente.

"Esta idéia de equilíbrio, ou, como se diz ainda, de equação financeira do contrato, consiste em considerar o contrato administrativo como sendo um todo no qual os interesses das partes se condicionam; quando, em certas condições que se têm precisado, o equilíbrio inicialmente avençado é rompido em detrimento do particular contratado, este tem direito a que o equilíbrio seja restabelecido pela Administração sob a forma de uma compensação pecuniária. Esta regra do equilíbrio é, todavia, considerada como resultante da comum intenção das partes; ela se aplica em todos os casos, mesmo quando não figure expressamente no contrato."[34]

Caio Tácito faz referência a esse assunto como um "princípio que se traduz no direito do outro contratante ao equilíbrio econômico-financeiro do contrato administrativo, ou seja, a permanente equivalência entre a obrigação de fazer do contratante privado e a obrigação de pagar da Administração Pública".[35]

Em nome do interesse público, portanto, é conferida à Administração a prerrogativa de agravar os encargos do particular contratado, devendo, no entanto, ser assegurada a contraprestação correspondente a esse aumento.

33. *Juris Classeur Administratif*, 1953, fasc. 511, n. 237, *apud* Cáio Tácito, "O equilíbrio financeiro nos contratos administrativos", *Boletim de Licitações e Contratos*, maio/1993, p. 163.
34. André de Laubadère, *Traité Théorique et Pratique des Contrats Administratifs*, vol. 1, pp. 35 e ss.
35. Caio Tácito, "O equilíbrio financeiro nos contratos administrativos", *Boletim de Licitações e Contratos*, maio/1993, p. 162.

Estariam os lucros inseridos nessa repactuação contratual? Consoante nosso entendimento, sim. Vejamos.

Reequilibrar econômica e financeiramente o contrato, como dito anteriormente, é restabelecer a equação entre encargos e vantagens inicialmente previstos no contrato, ou seja, no momento do acordo, no qual, indubitavelmente, já estavam embutidos os lucros. Dessa forma, havendo alteração unilateral por parte da Administração que aumente os encargos do contratado, as respectivas vantagens deverão ser equivalentes às que originalmente teriam sido estabelecidas, ou seja, com lucro. Do contrário não haveria como sustentar a existência de um "pacto de colaboração", mas sim um "pacto de sujeição", que nos parece ser inadmissível, mesmo em nome do interesse público.

Nos ensinamentos de Marcello Caetano:

A harmonização da cláusula de remuneração com os novos encargos impostos ao contraente particular efetiva-se, conforme os casos, mediante o pagamento do preço das prestações impostas a mais, ou atribuição de uma indenização pelos danos sofridos, ou por aumento das tarifas, *mas tem de tomar em consideração os lucros apurados*.

(...).

A doutrina na matéria resume-se, pois, assim:

(a) a Administração pode, nos contratos administrativos em que seja parte, impor ao outro contraente modificações nas prestações convencionais ou alterar por sua autoridade as condições jurídicas e técnicas de execução do contrato;

(b) estas modificações e alterações são feitas no exercício do poder público, por via de regulamentos ou atos administrativos definitivos e executórios, e obrigam em virtude da cláusula especial de sujeição do contraente particular;

(c) *mas como é da essência do contrato administrativo que a sujeição do particular seja voluntária e remunerada, ao ato do Poder que autoritariamente afete o equilíbrio financeiro inicial deve em princípio corresponder a revisão das cláusulas de remuneração para procurar restabelecer as condições normais de risco*[36] (grifos nossos).

Subsome-se que, sempre que a Administração se utilizar dessa sua prerrogativa e, em face dela, alterar a cláusula econômica do contrato, mister se fará sua revisão, na busca do reequilíbrio econômico-financeiro, visto não se tratar de um poder despótico, arbitrário, mas fundamentado em princípios e, sobretudo, atuando em nome do interesse público. Nesse sentido também se orienta nossa jurisprudência, *in verbis*:

---

36. Marcello Caetano, *Manual de Direito Administrativo*, 10ª ed., t. 1, p. 622.

Mandado de segurança – Alteração unilateral de contrato pela Administração – Impossibilidade – Necessidade de manutenção do equilíbrio financeiro – Ordem concedida. A Administração Pública ao contratar com o particular o faz com supremacia, face às prerrogativas das chamadas cláusulas exorbitantes. Vigorando contrato entre as partes, não pode o chefe do Executivo Estadual, através de ofício circular, alterar o contrato, desequilibrando o equilíbrio econômico e financeiro. A correlação remuneração e encargo deve ser conservada durante toda a execução do contrato, sendo a manutenção do equilíbrio financeiro norma fundamental da teoria dos contratos administrativos.[37]

Contrato administrativo – Alteração unilateral pela Administração – Admissibilidade – Exigibilidade do equilíbrio financeiro – Inteligência do art. 65 da Lei n. 8.666/1993.[38]

Finalmente, sobre a concessão do reequilíbrio econômico-financeiro do contrato cabe acolher, fundamentalmente, as idéias defendidas por Celso Antônio Bandeira de Mello, a saber:

(I) A equação econômico-financeira é um direito do contratante particular e não lhe pode nem lhe deve ser negado o integral respeito a ela.

(II) A Administração há de atuar com boa-fé nos chamados contratos administrativos, pelo quê, conforme a citada lição de Gordilo, não lhe calha valer-se de expedientes pelos quais se "aproveite de situações legais ou fáticas que a favoreçam em prejuízo do contratante", vez que não está envolvida em negócio lucrativo, mas na busca de um interesse público.

(III) As avenças entre Administração e particular, nominadas contratos administrativos, fazem deste último um *colaborador* do Poder Público ao qual não se deve ser pago o mínimo possível, mas o normal, donde caber-lhe valor real estipulado no contrato ao tempo de ajuste.

(IV) As partes, ao se obrigarem, fazem-no *rebus sic stantibus*, de tal sorte que as alterações profundas nas situações de fato não podem ser desconhecidas pelo Direito, reclamando, por isso, a adequada compensação para que as prestações continuem equilibradas em função do ajuste inicial.[39]

4.3 Rescisão unilateral

Segundo disposto no art. 58, II, da Lei 8.666/1993:

O regime jurídico dos contratos administrativos instituído por esta Lei confere à Administração, em relação a eles, a prerrogativa de:

(...)

---

37. TJES, Processo 00940009077 (mandado de segurança), j. 11.5.1995.
38. TJSP, *RT* 723/321.
39. Celso Antônio Bandeira de Mello, *Curso de Direito Administrativo*, 21ª ed., pp. 629-630.

II – rescindi-los, unilateralmente, nos casos especificados no inciso I do art. 79 desta Lei.

Segundo Hely Lopes Meirelles, "*o poder de rescisão unilateral do contrato administrativo é preceito de ordem pública*, decorrente do princípio da *continuidade do serviço público*, que à Administração compete assegurar. A rescisão unilateral ou *administrativa* pode ocorrer tanto por *inadimplência do contratado* como por *interesse público na cessação da normal execução do contrato*, mas em ambos os casos se exige *justa causa* para o rompimento do ajuste, pois não é ato discricionário, mas vinculado aos motivos que a norma legal ou as cláusulas contratuais consignam como ensejadores desse excepcional distrato".[40]

Trata-se, portanto, de outra prerrogativa da Administração, que, em último caso, também em nome do interesse público, se vê na necessidade de rescindir o contrato celebrado, por não lhe restar outra alternativa.

De acordo com o dispositivo referido, a Administração poderá rescindir o contrato unilateralmente nas hipóteses arroladas no inciso I do art. 79, o qual, por sua vez, faz remissão aos incisos I a XII e XVIII do art. 78.

Examinando-se esse último dispositivo legal, a rescisão unilateral poderá operar por três motivos.

O primeiro diz respeito à prática de atos ou omissões do particular contratado que, sucintamente, derem causa aos seguintes fatos: descumprimento, cumprimento irregular ou lentidão no cumprimento das cláusulas contratuais; atraso no início do contrato ou sua paralisação, ambos injustificadamente; subcontratação, associação, cessão ou transferência, fusão ou cisão ou incorporação não admitidas; desatendimento de determinações; reincidência de faltas, falência ou insolvência civil; dissolução da sociedade ou falecimento do contratado; alteração social ou modificação da finalidade ou estrutura da empresa que prejudique a execução do contrato (art. 78, I-XI).

Nessas hipóteses, a Administração deverá rescindir o contrato se o ato ou omissão cometida tiver natureza suficientemente grave a ponto de realmente ensejar o fim do contrato. A mera irregularidade não justifica a rescisão, até pelo fato de essa solução sempre ocasionar prejuízos para ambas as partes contraentes, e sobretudo para a Administração, em face da paralisação do atendimento ao interesse geral.

Por essa razão, todas essas hipóteses de rescisão sempre deverão estar devidamente motivadas no processo administrativo, assegurados o contraditório e a ampla defesa. Ademais, convém observar que a ampla defesa e o

---

40. Hely Lopes Meirelles, *Licitação e Contrato Administrativo*, 14ª ed., 206.

contraditório devem ser assegurados independentemente de ser garantida também a interposição de recursos. Esta não se confunde com aqueles. Segundo ensinamento de Yara Darcy Police Monteiro, "pelo recurso, o particular insurge-se contra uma decisão administrativa. Trata-se de apelo, via de regra, que devolve a matéria à autoridade superior àquela que proferiu a decisão recorrida, salvo se não couber recurso hierárquico, à vista de a decisão ter sido exarada pelo hierarca máximo do órgão. Ao revés, o contraditório implica a necessária oportunidade de manifestação da parte contrária antes da tomada de decisão. É dizer, instaura-se o processo abrindo-se a possibilidade de as partes falarem, para que, sopesadas as alegações sobre a pendência, se decida. Em resumo, o contraditório é anterior à decisão, o recurso é um apelo contra a decisão, cujo pleito é o seu reexame".[41]

E nossa jurisprudência caminha nesse mesmo sentido, *in verbis*: "Contrato administrativo – Licitação – Rescisão unilateral da Administração sem o devido processo administrativo – Impossibilidade – Necessidade de se assegurar o contraditório e a ampla defesa à contratada – Lei n. 8.666/1993, art. 78, parágrafo único – Recursos não providos. Para que a rescisão fosse possível deveria, antes de mais nada, ter sido garantido o contraditório e ampla defesa, observando o devido processo administrativo. É que o direito de defesa deve anteceder o ato de rescisão, descabendo à Administração praticar o ato rescisório e depois facultar o contraditório e o direito de defesa".[42]

No tocante às indenizações, Administração poderá se ressarcir dos eventuais prejuízos resultantes das rescisões previstas nessa hipótese mediante execução da garantia e/ou retenção dos pagamentos devidos (§§ 2º e 3º do art. 86 da Lei 8.666/1993).[43]

O segundo motivo para a rescisão do contrato é o decorrente de razões de interesse público. De acordo com o art. 78, XII, da lei federal, essas razões deverão ser de "alta relevância e amplo conhecimento, justificadas e determinadas pela máxima autoridade da esfera administrativa a que está subordinado o contratante e exaradas no processo administrativo a que se refere o contrato".

41. Yara Darcy Police Monteiro, *Licitação: Fases & Procedimento*, p. 116.
42. TJSP, 8ª C. de Direito Público, Ap. cível 244.604-1, Diadema, rel. Des. Celso Bonilha, j. 17.4.1996.
43. Segundo disposto nos §§ 2º e 3º do art. 86: "§ 2º. A multa, aplicada após regular processo administrativo, será descontada da garantia do respectivo contratado"; "§ 3º. Se a multa for de valor superior ao valor da garantia prestada, além da perda desta, responderá o contratado pela sua diferença, a qual será descontada dos pagamentos eventualmente devidos pela Administração ou, ainda, quando for o caso, cobrada judicialmente".

Analisando-se o referido dispositivo legal, constata-se que não basta a Administração Pública invocar razões de interesse público para rescindir o contrato. Há que preencher todos os demais requisitos citados.

Primeiramente, condicionou a rescisão à existência de razões de interesse público de alta relevância e amplo conhecimento. A adjetivação não pode ser ignorada. A eventual dificuldade em definir, de antemão, o sentido de "alta relevância" não autoriza ignorar a exigência legal. A administração está obrigada a demonstrar que a manutenção do contrato acarretará lesões sérias a interesses cuja relevância não é a usual. A "alta" relevância indica uma importância superior aos casos ordinários. Isso envolve danos irreparáveis, tendo em vista a natureza da prestação ou do objeto executado. O risco da lesão ao interesse público afasta a invocação de "conveniência". Há necessidade de extinguir-se o contrato porque sua manutenção será causa de conseqüências lesivas.

Ademais, essa situação deverá ser de amplo conhecimento, o que indica a ausência de dúvida acerca do risco existente. O contratado tem direito de ser ouvido e manifesta-se acerca da questão. Não estará presente o requisito legal se nem o contratado tiver conhecimento da situação e do risco invocado pela Administração.[44]

Destarte, somente na presença de todos esses fatos é que se permite operar a rescisão em comento.

Vale frisar que *esse poder de rescisão é o extremo que a Administração poderá atingir em nome do interesse público*, porquanto, por um motivo ou outro, nessa hipótese, sempre irão ocorrer prejuízos para ambas as partes contraentes. Logo, *a Administração deverá ofertar a necessária justificativa para a adoção dessa medida extrema, demonstrando que o prejuízo será maior com a continuidade do contrato celebrado que aquele que sofrerá com a rescisão.*

Diante de todos esses requisitos de observância obrigatória para que a Administração Pública rescinda seu contrato, entendemos não se tratar de ato discricionário, haja vista não existir faculdade ou alternativa alguma na hipótese. Como já dissemos anteriormente, a Administração tem o dever de atender às exigências do interesse coletivo, moldando-se a elas. E, se o interesse público vier a se modificar a ponto de tornar inarredável o término do contrato avençado, essa rescisão se impõe, não restando outras alternativas. A rescisão unilateral, portanto, refere-se a um poder-dever atribuído à Administração, sempre fundada no interesse público.

Finalmente, o terceiro motivo refere-se à ocorrência de caso fortuito ou de força maior, que, regularmente comprovada, ocasiona o impedimento da execução do contrato.

---

44. Marçal Justen Filho, *Comentários à Lei de Licitações e Contratos Administrativos*, 3ª ed., pp. 441-442.

O caso fortuito ou a força maior são eventos imprevisíveis e inevitáveis, o primeiro relacionado a ocorrências da Natureza (inundações, vendaval, dentre outros), e o segundo a fatos humanos (greve, insurreição, guerra etc.). Constituem, portanto, hipótese de rescisão sem que para tanto tenha concorrido com culpa qualquer dos contraentes.[45]

As hipóteses de caso fortuito e força maior também estão previstas em outros dispositivos da lei federal.

Consoante o art. 65, II, "d", esses casos podem ensejar alteração contratual, de comum acordo entre as partes e mediante o devido reequilíbrio econômico-financeiro do contrato. Por essa razão, também é permitida a prorrogação do prazo contratual, segundo dispõe o art. 57, § 1º, II, todos da Lei 8.666/1993.[46]

45. Segundo ensinamentos de Hely Lopes Meirelles:
"4.2.2.1 Força maior: é o evento humano que, por sua imprevisibilidade e inevitabilidade, cria para o contratado impossibilidade intransponível de regular execução do contrato. Assim, uma greve que paralise os transportes ou a fabricação de um produto de que dependa a execução do contrato é *força maior*, mas poderá deixar de sê-lo se não afetar totalmente o cumprimento do ajuste, ou se o contratado contar com outros meios para contornar a incidência de seus efeitos no contrato.
"4.2.2.2 Caso fortuito: é o evento da Natureza que, por sua imprevisibilidade e inevitabilidade, cria para o contratado impossibilidade intransponível de regular execução do contrato. *Caso fortuito* é, por exemplo, um tufão destruidor em regiões não sujeitas a esse fenômeno; ou uma inundação imprevisível que cubra o local da obra; ou outro qualquer fato, com as mesmas características de imprevisibilidade e inevitabilidade, que venha a impossibilitar totalmente a execução do contrato ou retardar seu andamento, sem culpa de qualquer das partes.
"O que caracteriza determinado evento como *força maior* ou *caso fortuito* são, pois, a *imprevisibilidade* (e não a imprevisão das partes), a *inevitabilidade* de sua ocorrência e o *impedimento absoluto* que veda a regular execução do contrato. Evento imprevisível mas evitável, ou imprevisível e inevitável mas superável quanto aos efeitos incidentes sobre a execução do contrato, não constitui *caso fortuito* nem *força maior*, cujos conceitos, no direito público, são os mesmos do direito privado" (*Direito Administrativo Brasileiro*, 32ª ed., p. 237).
46. Nos termos do art. 65, II, "d", "os contratos regidos por esta Lei poderão ser alterados, com as devidas justificativas, nos seguintes casos: (...) II – por acordo das partes: (...) d) para restabelecer a relação que as partes pactuaram inicialmente entre os encargos do contratado e a retribuição da Administração para a justa remuneração da obra, serviço ou fornecimento, objetivando a manutenção do equilíbrio econômico-financeiro inicial do contrato, na hipótese de sobrevirem fatos imprevisíveis, ou previsíveis porém de conseqüências incalculáveis, retardadores ou impeditivos da execução do ajustado, ou, ainda, em caso de *força maior, caso fortuito* ou fato do príncipe, configurando álea econômica extraordinária e extracontratual" (grifos nossos). No tocante à prorrogação do prazo contratual, estatui o art. 57, § 1º, que "os prazos de início de etapa de execução, de conclusão e de entrega admitem prorrogação, mantidas as demais cláusulas do contrato e assegurada a manutenção de seu equilíbrio econômico-financeiro,

Assim, primeiramente deverá a Administração Pública verificar se há a possibilidade de adotar essas outras alternativas, para, somente com a verificação da impossibilidade de cumprimento do contrato, realizar sua rescisão.

Na ocorrência de algum fato constante dos dois últimos motivos referidos (interesse público, caso fortuito ou força maior), prevê a lei federal a necessidade de a Administração Pública ressarcir o contratado dos prejuízos que houver sofrido, desde que regularmente comprovados, tendo, ainda, direito à devolução da garantia, aos pagamentos devidos pela execução do contrato até a data da rescisão, bem como ao pagamento do custo da desmobilização (art. 79, § 2º, da Lei 8.666/1993).

É interessante notar que a lei dá tratamento igual para as hipóteses de rescisão por interesse público e a decorrente de motivo de caso fortuito ou força maior, não havendo sentido para tanto, porquanto a alegação do interesse público, sem dúvida, deveria gerar indenizações por prejuízos sofridos; contudo, no caso de força maior ou caso fortuito a rescisão não se dá por culpa da Administração Pública, mas por fatos estranhos às partes contraentes, não devendo, por esse motivo, ensejar indenização para ninguém.

Nesse sentido se manifesta Maria Sylvia Zanella Di Pietro, dizendo que "não tem sentido a norma do art. 79, § 2º, dar idêntico tratamento à rescisão por motivo de interesse público e à rescisão por motivo de caso fortuito ou força maior, no que se refere ao ressarcimento dos 'prejuízos regularmente comprovados'; o caso fortuito ou força maior corresponde a acontecimentos imprevisíveis, estranhos à vontade das partes e inevitáveis, que tornam impossível a execução do contrato. Não sendo devidos a nenhuma das partes, o contrato se rescinde de pleno direito, não se cogitando de indenização; não tem qualquer sentido a Administração indenizar o particular por um prejuízo a que não deu causa".[47]

Porém, nesse sentido estabelece a lei federal.

Após examinarmos esse poder de rescisão unilateral da Administração Pública em conformidade com a nossa legislação, vejamos sua previsão em outros ordenamentos jurídicos.

Na Espanha a possibilidade de rescindir unilateralmente o contrato também é autorizada à Administração Pública.

Segundo Eduardo Garrido Falla, a prerrogativa de rescisão contratual não é um direito da Administração,

---

desde que ocorra algum dos seguintes motivos, devidamente autuados em processo: (...) II – superveniência de fato excepcional ou imprevisível, estranho à vontade das partes, que altere fundamentalmente as condições de execução do contrato".

47. Maria Sylvia Zanella Di Pietro, *Direito Administrativo*, 7ª ed., p. 224.

(...) senão um verdadeiro poder, de um império administrativo, que se impõe em todo tipo de contrato administrativo e que *não requer, para ter aplicação, estar expressamente incluso em cada um deles*, senão que, sendo virtual, poderá exercer-se ainda na falta de toda referência no contrato.

(...).

Por outro lado, se a prerrogativa de rescindir unilateralmente o contrato administrativo constitui realmente um poder da Administração Pública, e se como tal se fundamenta na necessidade de atender ao interesse público, não só estará virtualmente incluída em todo contrato desse tipo, senão que será irrenunciável (...)[48] (grifos nossos).

Verifica-se, assim, tratar-se de outra prerrogativa da Administração Publica, ou seja, um poder inerente a ela, irrenunciável, que prescinde de qualquer previsão contratual para ser utilizado.

Carlos García Oviedo, ao fazer referência à hipótese de rescisão unilateral por descumprimento do particular contratado, expõe que "a resolução que determina o contrato não significa, como no direito civil, um simples fenômeno psicológico interno, um ato pessoal de própria decisão; os representantes da Administração são gestores de interesses alheios e por isso precisam estabelecer garantias para evitar abusos".[49]

Em Portugal, segundo Marcello Caetano:

Como poder da Administração, a rescisão aparece como *sanção* aplicável por inexecução das obrigações assumidas pela outra parte ou como *faculdade* cujo exercício dependerá das conveniências do interesse público.

A rescisão imposta como sanção implica necessariamente efeitos punitivos para quem a sofre.

(...).

Casos há, porém, em que os contratos prevêem a rescisão por conveniência administrativa. Trata-se de um poder discricionário cujo fim é, geralmente, o de evitar males maiores do que os já produzidos pela dificuldade ou impossibilidade de cumprimento do pactuado por parte da Administração. Outras vezes a Administração verifica não ser a obra ou o fornecimento adjudicado o que mais convém ao interesse público e que este exige revisão do problema e mudança de orientação. A rescisão por conveniência da Administração implica o dever de indenizar o contraente particular dos danos causados pela rotura do contrato e o pagamento de tudo quanto ele haja feito ou prestado até o momento da extinção".[50]

---

48. Eduardo Garrido Falla, *Tratado de Derecho Administrativo*, 10ª ed., vol. 2, pp. 400 e ss.
49. Carlos García Oviedo, *Derecho Administrativo*, 3ª ed., p. 170.
50. Marcello Caetano, *Manual de Direito Administrativo*, 10ª ed., t. 1, pp. 637-638. De acordo com nosso entendimento, referido poder de rescisão não parece ser uma faculdade, nem tampouco um poder discricionário da Administração, mas um poder-

Segundo ensinamentos de Laubadère, a prerrogativa em questão também é prevista no ordenamento francês. Assevera referido autor que "a Administração sempre pode impor a seu contratado a *rescisão do contrato*. Nesse caso também é surpreendente a derrogação do direito civil dos contratos, porque já não se trata de rescisão-sanção pelo descumprimento do contratado, senão de um poder de rescisão em benefício do serviço para o qual tem chegado a ser inútil a execução do trabalho ou o fornecimento da prestação. Também nesse caso, o contratado somente tem direito, como contrapartida, a indenização por danos e prejuízos (C.E., 2.5.1958, *Distillerie de Magnac-Laval*, D., 1958.730 e nossa nota)".[51]

Na Argentina também é prevista a outorga da prerrogativa em análise.

Segundo Agustín de Vedia, "a Administração pode, em geral, unilateralmente, pôr fim ao contrato, rescindindo-o em certos casos por sua própria vontade e sem intervenção do juiz".[52]

Manuel María Diez, da mesma forma, ao se referir primeiramente à prerrogativa exorbitante ou prerrogativa de poder público, diz que, "ainda quando o contrato não estipula por si mesmo, expressamente, o emprego possível do privilégio da decisão executória e prévia, as cláusulas exorbitantes reconheceriam à Administração o direito de impor a seu contratado medidas unilaterais. Assim o de estabelecer unilateralmente sanção por descumprimento, pelo contratado, de suas obrigações: a rescisão do contrato".[53]

De acordo com nosso entendimento, os poderes ora comentados não constituem cláusulas contratuais, mas prerrogativas outorgadas pelos ordenamentos à Administração Pública, não necessitando, portanto, ser previstos nos contratos administrativos.

Antônio A. Queiroz Telles, ao tecer comentários sobre esse poder unilateral de rescisão, diz que "tal é o alcance da cláusula que permite a alteração, unilateralmente, pela Administração que, em verdade, nem mesmo precisa estar expressa no instrumento do contrato, por caracterizar a supremacia do interesse público sobre o do particular".[54]

---

dever. Consoante já afirmamos, a Administração não tem a faculdade de agir de uma forma quando o interesse público exige outra, incumbindo-lhe o dever de sempre almejar a realização deste último.
    51. André de Laubadère, *Manual de Derecho Administrativo*, 10ª ed., pp. 191-192.
    52. Agustín de Vedia, *Derechos Constitucional y Administrativo*, p. 487.
    53. Manuel María Diez, *Derecho Administrativo*, vol. 2, p. 447.
    54. Antônio A. Queiroz Telles, *Introdução ao Direito Administrativo*, 2ª ed., p. 249.

Evidentemente, não existem razões que obriguem a Administração a ficar atrelada aos particulares contratados, em detrimento do interesse público. Além disso, não se pode olvidar a existência da prerrogativa outorgada à Administração pelo regime público, possibilitando-lhe rescindir o contrato por ela celebrado sempre que esse interesse assim o invocar.

4.4 Fiscalização e assunção do contrato administrativo

A Administração Pública, segundo disposto no art. 58, III, da Lei 8.666/1993, detém a faculdade de fiscalizar a execução de seus contratos.

Segundo Laubadère, dentre as prerrogativas que lhe são outorgadas pela legislação francesa, tem a Administração "um *poder de controle* sobre a execução do contrato. No caso do contrato de obras públicas, este poder de controle vai muito além, até converter-se em um verdadeiro poder de direção na execução da obra: o empresário deve seguir as ordens de serviço dos engenheiros e arquitetos da Administração".[55]

Na opinião de George Péquignot, "é sobretudo a execução do contrato que permite à Administração utilizar plenamente suas prerrogativas de autoridade pública".[56]

Indubitavelmente, o controle exercido pela Administração Pública sobre a execução do contrato tem um grande alcance, na medida em que ela traça as diretrizes e leva a efeito a fiscalização absoluta de todo o empreendimento.

De acordo com Marcello Caetano, na legislação portuguesa a primazia da Administração sobre o particular está fundamentada nas exigências do interesse público, traduzindo-se no direito de fiscalizar o cumprimento do contrato, cujo preceito está minuciosamente regulado por lei, prevendo-se, inclusive, a designação de fiscais para acompanhar a realização das prestações exigidas pelo contrato.

Ainda segundo referido autor, nos contratos que tenham por objeto a realização de obras públicas essa fiscalização vai além:

A Administração não se limita a acompanhar as prestações, a verificar se estão conformes com as normas que as regulam e com o objeto do contrato, a aplicar sanções quando assim não sucede, pois exerce o *poder de direção* sobre a outra parte, à qual dá ordens e instruções sobre o modo de cumprir as obrigações assumidas.

---

55. André de Laubadère, *Manual de Derecho Administrativo*, 10ª ed., pp. 191-192.

56. George Péquignot, *Des Contrats Administratifs*, p. 27.

Há nestes casos uma subordinação do contraente particular à entidade pública, dentro do âmbito do contrato e de acordo com as regras disciplinadoras da execução deste.[57]

Miguel S. Marienhoff, na legislação argentina, ao tecer considerações sobre os poderes de controle e de direção do contrato pela Administração Pública, refere-se a eles como "prerrogativas que constituem cláusulas exorbitantes implícitas que, portanto, existem por princípio, sem necessidade de que um texto expresso as consagre".[58]

Na Espanha, conforme pondera José Ignacio Monedero Gil:

O art. 5º L.C.E. estabelece com caráter geral para todos os contratos do Estado que a execução "(...) se desenvolverá sob a direção e a responsabilidade da autoridade ou do órgão que o celebre". A importância dessa norma, que consagra a teoria do controle administrativo do contrato em razão da submissão do administrado contratante, isto é, o princípio de direção e vigilância do cumprimento do mesmo a cargo do órgão responsável, requer um comentário especial, tendo em vista sua exorbitância. É interessante saber que intensidade tem essa relação de dependência que parece estruturar-se entre as duas partes do contrato.

(...).

A faculdade de dirigir, nesse sentido, tomada de modo estrito, significaria tanto dar ordens como resolver dúvidas e verificar interpretações executivas do compromisso com o colaborador.[59]

Nas lições de Garrido Falla:

A Administração Pública tem o dever de assegurar a boa marcha dos assuntos públicos, cabendo-lhe então a possibilidade de vigiar os particulares que nessa ordem de atividades atuam contratualmente, colaborando com ela.

Essa possibilidade da Administração Pública de dirigir e controlar a execução dos contratos administrativos não é, na realidade, um direito do qual pode servir-se, e muito menos um direito que lhe surja dos termos de cada contrato. Ao contrário, é um poder que lhe é inerente, posto que, se a Administração é verdadeiramente tal, se deve reger e regular, se deve organizar e executar, é preciso, para esses fins, que possa impor suas decisões, ditar normas e disposições para o melhor desenvolvimento dos serviços e possibilitar o controle dos atos com eles vinculados, para assegurar sua eficácia e, ademais, sua regularidade.[60]

Indubitavelmente, trata-se de mais um poder-dever a cargo da Administração, também outorgado em função do interesse público, atribuindo-lhe, outrossim, a função de controlar, supervisionar, acompanhar, enfim,

---

57. Marcello Caetano, *Manual de Direito Administrativo*, 10ª ed., t. 1, p. 617.
58. Miguel S. Marienhoff, *Tratado de Derecho Administrativo*, t. III-A, p. 394.
59. José Ignacio Monedero Gil, *Doctrina del Contrato del Estado*, pp. 387-388.
60. Fernando Garrido Falla, *Tratado de Derecho Administrativo*, 10ª ed., vol. 2, p. 388.

direcionar a execução do contrato, a fim de que ele seja cumprido com observância do que foi estabelecido em suas cláusulas.

Para tanto, de acordo com nosso ordenamento jurídico, a Administração Pública deverá designar um representante, a quem competirá exercer referidas funções, registrando as ocorrências e determinando o que for necessário à regularização das faltas ou defeitos observados (art. 67 da Lei 8.666/1993).

Admite-se, portanto, que a Administração contrate terceiros para assisti-la nas funções. Trata-se do *contrato de gerenciamento*, que consiste na "atividade técnica de mediação entre o patrocinador da obra e seus executores, visto que o profissional ou a empresa gerenciadora não executa materialmente o empreendimento, mas propicia sua execução, indicando os meios mais eficientes e econômicos para sua realização. E, após a celebração dos contratos necessários com os respectivos executores, firmados diretamente pelo dono da obra, o gerenciador passa a programar, supervisionar, controlar e fiscalizar todos os serviços contratados".[61]

O contratado, por sua vez, deverá manter preposto, aceito pela Administração, no local da obra ou serviço, para representá-lo; e este, portanto, é quem irá estabelecer os ajustes e contatos necessários com o representante da Administração (art. 68 da Lei 8.666/1993).

O art. 70 da lei federal também estatui que "o contratado é responsável pelos danos causados diretamente à Administração ou a terceiros, decorrentes de sua culpa ou dolo na execução do contrato, não excluindo ou reduzindo essa responsabilidade a fiscalização ou acompanhamento pela Administração".

Cabe, aqui, efetuar uma advertência no tocante a esse dispositivo legal, posto que, analisando-se o mesmo, depreende-se, num primeiro momento, que a responsabilidade do contratado por danos causados não é excluída ou reduzida mesmo na existência da fiscalização ou acompanhamento pela Administração.

Entretanto, em conformidade com o que esse próprio dispositivo legal estabeleceu, a responsabilidade do contratado será decorrente de sua culpa ou dolo na execução do contrato – atuações, essas, que necessitam de comprovação, ao contrário do que ocorre na responsabilidade objetiva.

Por outro lado, na ocorrência de dano causado a terceiros, a Administração Pública tem o poder-dever de responder objetivamente pelos prejuízos, nos termos do art. 37, § 6º, da CF, *in verbis*: "§ 6º. As pessoas jurídicas

---

61. Hely Lopes Meirelles, *Licitação e Contrato Administrativo*, 14ª ed., p. 322.

de direito público e as de direito privado prestadoras de serviços públicos responderão pelos danos que seus agentes, nessa qualidade, causarem a terceiros, assegurado o direito de regresso contra o responsável nos casos de dolo ou culpa".

Diante da referida responsabilidade objetiva, que, em princípio, é aplicável também aos contratados da Administração Pública, esta, na realidade, é quem termina por ressarcir, de imediato, o dano ocasionado, posto ser suficiente que o terceiro prejudicado demonstre a relação entre o evento praticado e o decorrente dano ocasionado, independentemente de ter sido realizado pela própria Administração Pública contratante ou pelo seu contratado. Posteriormente a Administração Pública deverá buscar o ressarcimento da indenização realizada, mediante ação regressiva contra seu contratado.

Porém, como visto anteriormente, para obter esse ressarcimento, mister se faz a comprovação de culpa e dolo do contratado, e esta última só poderá ser realizada através da demonstração de uma efetiva fiscalização por parte da Administração Pública.

Subsome-se, assim, que, nos termos do dispositivo legal em exame, embora inicialmente se possa entender que o contratado responderá pelos prejuízos que causar a terceiros, independentemente da existência da fiscalização da Administração Pública, na realidade, esta última somente obterá o ressarcimento do pagamento desses danos de seu contratado se efetuar efetiva fiscalização sobre seus trabalhos, comprovando-se, dessa forma, sua culpa ou dolo.

Com efeito, não há como comprovar a culpa ou o dolo do contratado se a Administração não formalizou a irregularidade praticada por aquele, que, indubitavelmente, trata-se de um dos deveres do gestor.

Nesse sentido são as lições de Maria Luíza Machado Granziera, *in verbis*:

As *notificações* à contratada devem ser feitas *sempre por escrito*, pois o procedimento é de natureza formal.

(...).

Por mais correta que seja a atuação do gestor, se ele não observar as *formalidades legais* de comunicação por escrito, com prova do efetivo recebimento juntada nos autos, dando prazo para a defesa da contratada, todo o esforço terá sido inócuo, pois o ato, nesse caso, será nulo.[62]

Diante dessas considerações, verifica-se que, na realidade, a ausência de fiscalização ou acompanhamento pela Administração poderá excluir ou reduzir a responsabilidade do contratado. Daí o poder-dever de fiscalizar a execução do contrato, sobretudo para assegurar a satisfação do interesse

---

62. Maria Luíza Machado Granziera, *Contratos Administrativos*, pp. 134-135.

público, o qual – frise-se novamente – constitui o único fundamento para a outorga das prerrogativas à Administração.

Em razão do interesse público, também é reservado à Administração o direito de ocupar provisoriamente os bens móveis e imóveis, assim como o pessoal e os serviços do contratado, vinculados ao objeto contratual, na hipótese de rescisão ou de cautelar apuração administrativa de faltas contratuais e tratando-se de serviços essenciais, cuja paralisação possa ocasionar prejuízos, na forma estatuída no inciso V do art. 58 da Lei 8.666/1993.

Note-se que se trata de mais uma prerrogativa da Administração, atribuída em busca da satisfação do interesse público, que pode ser prejudicado com a paralisação do contrato.

No ensinamento de Roberto Bazilli, "o serviço público, como regra, não pode sofrer solução de continuidade, pois que imprescindível à coletividade. Como corolário deste princípio, as obras ou serviços não devem ser paralisados ou reduzidos em condições insustentáveis, devendo, para tanto, ser garantido à Administração o direito de dar-lhes continuidade. Já, na retomada em decorrência de intervenção por parte da Administração, esta visa simultaneamente à continuidade da obra ou serviço e ao retorno à normalidade da execução contratual. Uma vez normalizado o processo de execução da obra ou do serviço, o objeto do contrato retorna ao contratado".[63]

Essa prerrogativa também está prevista na legislação francesa. Debbasch observa que, se

(...) a fiscalização faz evidenciar que faltas são cometidas na execução do contrato, a Administração pode aplicar sanções ao contratado. Essas sanções se caracterizam por dois traços originais.

Elas podem ser pronunciadas diretamente pela Administração, sem recurso ao juiz (...).

As sanções podem, por outro lado, ser impostas ao contratado mesmo se elas não tiverem sido previstas pelo contrato (...).

As outras sanções habitualmente previstas nos contratos administrativos são:
– as multas;
– *a substituição temporária da Administração ao contratado*[64] (grifos nossos).

Na legislação argentina, segundo ensinamentos de Dromi, "à Administração compete executar o contrato por si ou por um terceiro, em caso de descumprimento ou mora do contratado, na forma direta, unilateral e por conta deste (*execução com substituição do contratado*)".[65]

---
63. Roberto Bazilli, *Contratos Administrativos*, p. 33.
64. Charles Debbasch, *Droit Administratif*, 2ª ed., pp. 351-352.
65. Roberto Dromi, *Derecho Administrativo*, 5ª ed., p. 315.

Segundo Sabino A. Gendin, na doutrina espanhola, "o contratado não pode optar por descumprir o contrato, conformando-se em sofrer a pena e a indenização por perdas e danos. (...). A Administração pode encarregar-se de um serviço ou uma obra, tendo sido iniciada a exploração daquele ou desta, para continuar a prestação de um [serviço] ou a construção da obra, mesmo quando esteja prevista a pena pelo descumprimento total do contrato público, e ainda quando haja a possibilidade de um ressarcimento por perdas e danos, pois a Administração não é um ente econômico isento de obrigações, nem as que existem frente aos cidadãos são compensáveis em dinheiro. O interesse dos administrados requer a ininterrupção do serviço ou da execução das obras públicas".[66]

Não há como olvidar, portanto, que tanto o controle sobre a execução como a assunção do contrato são prerrogativas atribuídas à Administração Pública, previstas, inclusive, por todos os ordenamentos que vêm sendo citados, de aplicação possível e obrigatória independentemente de sua previsão no instrumento contratual.

4.5 Aplicação de sanções

Nos termos do art. 58, IV, da lei federal, é conferida à Administração a prerrogativa de "aplicar sanções motivadas pela inexecução total ou parcial do ajuste".

De fato, de nada adiantaria à Administração fiscalizar a execução de seus contratos se não detivesse o poder de aplicar sanções nos casos de descumprimento das obrigações. Referimo-nos, portanto, a um poder-dever outorgado à Administração, que, motivadamente, poderá aplicar algumas das sanções legalmente previstas, em conformidade com a gravidade da falta cometida.

Dessome-se, assim, não se tratar, evidentemente, de um ato discricionário. À Administração compete o zelo pelo interesse público; e, havendo inexecução do ajuste, ela tem o dever de aplicar a sanção devida.

Da mesma maneira que com as outras prerrogativas, a Administração Pública, para aplicar suas penalidades, não necessita socorrer-se do Poder Judiciário, tendo autonomia de fazê-lo por si só.

Nesse sentido, Edmir Netto de Araújo afirma que, "em decorrência da regra do privilégio, sem a participação do Judiciário, e através de ato administrativo, como tal dotado de auto-executoriedade, a Administração tem o poder-dever (e não simples faculdade discricionária) de aplicar, unilateral-

---

66. Sabino A. Gendin, *Los Contratos Públicos*, 1ª ed., pp. 90-91.

mente, penalidades que tenham sido estabelecidas no contrato ou que constem de leis, regulamentos e normas jurídicas que regem, em cada caso concreto, as contratações administrativas".[67]

Na doutrina estrangeira, como não poderia deixar de ser, o mesmo ocorre.

Segundo Juan Carlos Cassagne, na legislação argentina a aplicação de sanções por si só, também está prevista como prerrogativa da Administração, relacionada com a execução dos contratos administrativos.[68]

Nas lições de Agustín de Vedia, "para assegurar a execução do contrato, a Administração dispõe de meios que não pertencem aos particulares e que por isso mesmo o contratado não poderia almejar. Aquela pode efetuar intimações a este e dar-lhe ordens sob a imposição de sanções que são aplicadas diretamente e sem necessidade de intervenção judicial".[69]

Assim também se verifica na Espanha. De acordo com Gendin, a sanção prevista nos contratos, também denominada *cláusula penal*, pode ser a determinação prévia de danos e prejuízos a indenizar, ou a mera pena que se estabeleça como coerção moral ao cumprimento do contrato público, o que não excluirá a liquidação para indenizar danos e prejuízos, se outra coisa não se acordou na cláusula de condições.[70]

Nas palavras de Eduardo García de Enterría, em virtude deste formidável privilégio, a Administração pode decidir executoriamente sobre a qualificação de situações de descumprimento, a conseqüente imposição de sanções contratuais e a efetividade destas, dentre outras.[71]

Quanto à fiança, aduz Garrido Falla a maneira como está prevista na legislação espanhola. Segundo esse autor:

A fiança provisória está concebida como requisito necessário para a participação na licitação pública. (...). Uma vez adjudicado o contrato, o adjudicatário está obrigado a constituir uma fiança definitiva. (...). A fiança definitiva está sujeita às responsabilidades em que pode incorrer o contratado durante a execução do contrato; por isso só se o devolve após o cumprimento de suas obrigações contratuais.

Em qualquer caso deve-se observar que, independentemente da fiança, a Administração dispõe de sua ação de ofício sobre os bens do contratado, podendo iniciar contra eles medida de urgência se a fiança resultar insuficiente.[72]

---

67. Edmir Netto de Araújo, *Contrato Administrativo*, pp. 150-151.
68. Juan Carlos Cassagne, *Derecho Administrativo*, 3ª ed., vol. 2, p. 21.
69. Agustín de Vedia, *Derechos Constitucional y Administrativo*, pp. 486-487.
70. Sabino A. Gendin, *Los Contratos Públicos*, 1ª ed., p. 90.
71. Eduardo García de Enterría e Tomás-Ramón Fernández, *Curso de Derecho Administrativo*, vol. 1, p. 683.
72. Fernando Garrido Falla, *Tratado de Derecho Administrativo*, 10ª ed., vol. 2, p. 102.

Segundo esse autor, "a existência do poder sancionatório encontra seu fundamento não só no propósito de reprimir as faltas contratuais do contratando, mas principalmente na necessidade de assegurar, mediante esse poder, a efetiva e devida execução do contrato, ou, melhor, o correto cumprimento das prestações a que está obrigado o contratado particular. Ainda no caso em que, frente a faltas de gravidade, pode-se chegar à extinção do contrato, essa finalidade do poder sancionatório segue estando presente, posto que nessas hipóteses não se busca a mera eliminação do contratado como tal, senão pelo fato de sua presença ser um obstáculo para a satisfação do interesse público".[73]

Na França, conforme ensinamentos de Debbasch, já mencionado no tópico anterior, a aplicação de sanções também é prevista como uma prerrogativa da Administração Pública.

De fato, Debbasch expõe que "as sanções podem, de outra parte, ser aplicadas ao contratado mesmo se elas não tiverem sido expressamente previstas no contrato. A regra foi fixada pelo Conselho de Estado no caso 'Déplanque' (31.5.1907, D. 1907. III. 81, concl. Romieu; S. 1907. III. 113, nota Hauriou; R.D.P. 1907. 678; nota de Jèze): 'Se nenhuma sanção foi expressamente prevista nas cláusulas contratuais, isso só constitui que, da parte do empresário, a inexecução de suas obrigações é de natureza a motivar a composição de uma indenização à vila Nouzan, em razão do prejuízo que disso resultou. Somente certas sanções não previstas no contrato podem ser assim pronunciadas: rescisão ou composição de uma indenização'".[74]

Observa-se, portanto, estar sendo feita referência a outra prerrogativa da Administração Pública, a qual poderá, de ofício, aplicar sanções aos seus contratados nos casos de descumprimento de obrigações, independentemente de sua previsão na cláusula contratual.

De acordo com a Lei 8.666/1993, existem três hipóteses que sujeitam o contratado às sanções:

A primeira delas está disposta no art. 82. Trata-se do caso em que o adjudicatário, injustamente, recusa-se em assinar o contrato, aceitar ou retirar o instrumento equivalente, dentro do prazo estabelecido pela Administração.

Tal fato caracteriza o descumprimento total da obrigação assumida, sujeitando o contratado às penalidades legais que a seguir serão analisadas.

Nessa hipótese, portanto, se o adjudicatário apresentar justificativa e esta não for aceita, a Administração poderá, em ato motivado, aplicar algumas das sanções previstas em lei.

73. Idem, pp. 102 e 406 e ss.
74. Charles Debbasch, *Droit Administratif*, 2ª ed., p. 352.

Através da gravidade da falta é que a Administração encontrará o parâmetro para aplicar uma ou outra sanção. Por essa razão é que a motivação do ato, também, faz-se necessária.

A segunda hipótese está disposta no art. 86, que se refere ao atraso injustificado na execução do contrato.

Aqui também a justificativa deverá ser refutada motivadamente para então aplicar-se a sanção devida.

Por último, a Administração poderá aplicar sanções ao contratado quando houver inexecução total ou parcial do contrato, conforme dispõe o art. 87.[75]

Em todas essas hipóteses citadas, a Administração poderá aplicar algumas das sanções previstas no art. 87 da lei federal, que, em ordem crescente de severidade, são: a advertência, a multa, a suspensão temporária e a declaração de inidoneidade para licitar ou contratar com a Administração Pública.

Não existe um critério para a aplicação de uma ou outra penalidade, tampouco uma seqüência a ser seguida. A Administração sempre dependerá da gravidade da falta para adotar uma ou outra sanção; daí a necessidade da motivação.

Segundo Garrido Falla, o poder de aplicar sanções não é ilimitado. "A administração Pública só pode impor sanções que sejam razoáveis e admitidas, em sua espécie, pelo direito administrativo, e não caprichosas ou arbitrárias".[76]

Cabe salientar que, embora a Administração Pública possa, de ofício, aplicar as sanções previstas na lei, sempre deverá garantir a ampla defesa e o contraditório, assegurados tanto pela Lei 8.666/1993 como pelo art. 5º, LV, da CF. Verifica-se, pois, ainda outra vez, ser imprescindível a motivação, demonstrando-se a ausência de arbitrariedade.

Feitas essas considerações, vejamos as sanções constantes na Lei 8.666/1993.

Segundo disposto no art. 87 da Lei 8.666/1993:

Pela inexecução total ou parcial do contrato a Administração poderá, garantida a prévia defesa, aplicar ao contratado as seguintes sanções:

I – advertência;

II – multa, na forma prevista no instrumento convocatório ou no contrato;

III – suspensão temporária de participação em licitação e impedimento de contratar com a Administração, por prazo não superior a 2 (dois) anos;

---

75. Sônia Yuriko Tanaka, "Sanções administrativas", in Odete Medauar (coord.), *Licitações e Contratos Administrativos*, pp. 178-179.

76. Fernando Garrido Falla, *Tratado de Derecho Administrativo*, 10ª ed., vol. 2, p. 412.

IV – declaração de inidoneidade para licitar ou contratar com a Administração Pública enquanto perdurarem os motivos determinantes da punição ou até que seja promovida a reabilitação, perante a própria autoridade que aplicou a penalidade, que será concedida sempre que o contratado ressarcir a Administração pelos prejuízos resultantes e após decorrido o prazo da sanção aplicada com base no inciso anterior.

A advertência é a penalidade mais branda prevista na lei federal, aplicável, portanto, aos casos de menor gravidade. Trata-se de mero aviso para o contratado da efetiva fiscalização realizada pela Administração, impondo àquele o cumprimento regular das obrigações, sob pena de serem aplicadas sanções mais graves.

A multa é a única penalidade que pode ser aplicada concomitantemente com outra das demais elencadas (advertência, suspensão temporária e declaração de inidoneidade), conforme disposto no art. 87, § 2º, da lei federal.[77]

Em conformidade com a lei federal, a multa deverá ser excutida, primeiramente, da garantia prestada pelo contratado (art. 86, § 2º). Não havendo prestação de garantia ou sendo esta insuficiente, poderá a Administração efetuar desconto dos pagamentos eventualmente devidos. Na impossibilidade de ressarcimento por ambas as hipóteses, a cobrança deverá ser efetuada judicialmente (art. 86, § 3º).[78]

A suspensão temporária impede o contratado penalizado de participar de licitações e de contratar com a Administração que lhe aplicou essa penalidade (art. 87, III, c/c o art. 6º, XII).

De forma muito mais grave, a declaração de inidoneidade impede o sancionado de participar de licitações e de contratar com qualquer entidade ou órgão da Administração Pública, tanto direta como indireta, dos três Poderes (Executivo, Legislativo e Judiciário), fundos especiais, bem como as demais entidades controladas direta ou indiretamente pela União, Estados, Distrito Federal e Municípios (art. 87, IV, c/c o art. 6º, XI).[79]

---

77. Dispõe o art. 87, § 2º, que "as sanções previstas nos incisos I, III e IV deste artigo poderão ser aplicadas juntamente com a do inciso II, facultada a defesa prévia do interessado, no respectivo processo, no prazo de 5 (cinco) dias úteis".

78. Segundo disposto nos §§ 2º e 3º do art. 86: "§ 2º. A multa, aplicada após regular processo administrativo, será descontada da garantia do respectivo contratado"; "§ 3º. Se a multa for de valor superior ao valor da garantia prestada, além da perda desta, responderá o contratado pela sua diferença, a qual será descontada dos pagamentos eventualmente devidos pelas Administração ou, ainda, quando for o caso, cobrada judicialmente".

79. O entendimento pelo qual a suspensão temporária surte efeitos somente perante a Administração que aplicou a penalidade, diversamente do que ocorre com a declaração de inidoneidade, que surte efeitos para toda a Administração Pública, decorre dos conceitos existentes na própria lei federal para "Administração" e "Administração Pú-

Assim sendo, a declaração de inidoneidade é, sem dúvida, a pena de maior gravidade, que só deve ser aplicada nas faltas evidentemente execráveis, ilícitas. Por esse motivo, a lei federal atribui a competência para aplicá-la não à Administração contratante, mas tão-somente ao ministro de Estado, secretário estadual ou municipal, conforme o caso (art. 87, § 3º).

Para a referida sanção, prevê a lei federal a possibilidade de ser concedida reabilitação sempre que o penalizado ressarcir a Administração pelos prejuízos resultantes e após decorrido o prazo da pena de suspensão temporária (art. 87, IV).

Dessa forma, conclui-se que a Administração contratante, de imediato, deverá aplicar a penalidade de suspensão temporária, que tem efeitos somente perante ela, e remeter os autos, contendo todos os dados que comprovem a falta praticada, ao ministro de Estado ou ao secretário estadual ou municipal, conforme a natureza do ato cometido, a fim de que, devidamente analisados os fatos, seja por algum deles aplicada a pena de declaração de inidoneidade, cessando, a partir de então, a suspensão temporária.

Ressalte-se, novamente, que a reabilitação somente será concedida após o período de suspensão temporária e o devido ressarcimento, conforme exposto.

4.6 Análise geral

Examinadas todas as prerrogativas conferidas à Administração Pública previstas em nossa legislação para os contratos administrativos, verificamos que, de fato, todas elas se referem a poderes assegurados e decorrentes do ordenamento jurídico, tanto no Brasil como em outros países, concedidos com vistas à efetiva satisfação do interesse público, que constitui seu fundamento legal.

Por esse motivo, descabe sustentar que elas são cláusulas contratuais, pois, na realidade, seus efeitos decorrem da norma legal, e não do contrato.

No entanto, o entendimento de que se trata de cláusula, inclusive denominada "exorbitante", para se referir ao regime público e não ao privado, acabou sendo aceito por diversos doutrinadores, inclusive referido em diver-

blica". Segundo estatui o art. 6º, XI, entende-se por *Administração Pública* a "Administração direta e indireta da União, dos Estados, do Distrito Federal e dos Municípios, abrangendo inclusive as entidades com personalidade jurídica de direito privado sob controle do Poder Público e das fundações por ele instituídas ou mantidas". Ao revés, segundo dispõe o inciso XII desse mesmo dispositivo legal, entende-se por *Administração* o "órgão, entidade, ou unidade administrativa pela qual a Administração Pública opera e atua concretamente". Daí o raciocínio adotado.

sas jurisprudências, até se constatar a existência de contratos eminentemente administrativos que não contemplavam, expressamente, as referidas cláusulas.

Com o intuito de atribuir a esses instrumentos o regime de direito público, passou-se, então, a sustentar a existência de cláusulas implícitas dos contratos administrativos; ou seja, mesmo não previstas, elas seriam aplicadas, por decorrerem do ordenamento jurídico.

Contudo, as cláusulas não decorrem do ordenamento jurídico. Estas continuam surtindo efeito quando devidamente previstas nos contratos, sendo, em geral, as mesmas existentes nos contratos regidos pelo direito privado (descrição do objeto, das partes, condições de pagamento, condições de entrega e recebimento do objeto, prazo etc.), com algumas peculiaridades do direito público (*e.g.*: manutenção das condições de habilitação).

Na ausência de alguma cláusula, especialmente se essencial, o contrato deverá ser anulado. Do contrário, havendo possibilidade de se solucionar o problema sem prejuízo à finalidade pública, as partes poderão, de comum acordo, efetuar um termo aditivo, desde que não se modifique substancialmente o que havia sido inicialmente contratado. Subtraídas essas duas hipóteses, a cláusula é *inexistente*, não tendo a Administração poderes legais para exigir do contratado particular o que não foi previsto expressamente no contrato.

O que poderiam ser, então, as *cláusulas implícitas*? Estas só podem se referir às prerrogativas da Administração Pública, que em nada se confundem com cláusulas contratuais. As prerrogativas, como já foi fartamente discorrido, pertencem à Administração, são inerentes à sua personalidade pública e inalienáveis; por isso, é impossível não observá-las ou impedir sua aplicação estando a Administração em um dos pólos contratuais. Assim sendo, elas, obviamente, não necessitam de previsão nos contratos, visto já acompanharem a pessoa da Administração Pública. Seus efeitos são extracontratuais, porque advindos da lei, e não dos contratos.

Conclui-se, portanto, que *as chamadas cláusulas exorbitantes não existem, nem expressa nem implicitamente*.

Interessante trazer à colação a seguinte questão suscitada por Monedero Gil: o que pode e deve fazer a Administração se a execução de um contrato privado, civil ou mercantil, do qual faz parte, perturbar o interesse geral? É possível construir unilateralmente uma alteração objetiva ou extintiva do compromisso?[80]

---

80. José Ignacio Monedero Gil, *Doctrina del Contrato del Estado*, p. 394.

Consoante já vimos anteriormente, existe um entendimento no sentido de que a Administração Pública pode celebrar contratos de direito privado nos casos em que se despoja de seus privilégios para se igualar aos particulares.

No decorrer de tais contratações, se sua execução contrariar o interesse público, como solucionar o problema, se a Administração alienou-se de suas prerrogativas?

Segundo referido autor, "se nem o contrato nem o direito privado concedem à Administração, em seu caráter de parte, uma solução adequada para a defesa do interesse geral, isto é, o interesse dos serviços públicos ou finalidades públicas concretas, e não o simples interesse econômico do Estado, deverá aquela afrontar, em princípio, o conflito com medidas alheias ao contrato, se através delas é possível anular ou dissimular os efeitos nocivos do mesmo".[81]

No entender de Monedero Gil, a possibilidade de a Administração modificar o contrato deveria ser regulamentada com caráter geral e uniforme pelo ordenamento jurídico. E tal fato se realizou mediante o art. 18 da legislação dos contratos do Estado: "Com efeito, o art. 18 L.C.E. declara com caráter geral que 'o órgão de contratação (...) poderá modificar, por razões de interesse público, os contratos celebrados (...)', acrescentando, em continuação, que 'os acordos que dita o órgão da contratação (...) no exercício de suas prerrogativas de modificação serão imediatamente executados'".[82]

Garrido Falla confirma esse entendimento, afirmando que se "declara com caráter geral no art. 18 (ou seja, no título preliminar que contém as disposições gerais aplicáveis a toda classe de contratos) que a Administração 'poderá modificar por razão de interesse público os contratos celebrados, dentro dos limites e com base aos requisitos previstos na presente Lei'".[83]

Assim, solucionado restou o problema aduzido na Espanha. Mas haverá, ainda, possibilidade de se sustentar a existência de contratos privados celebrados pela Administração Pública? Se esta se despoja de seus poderes para se igualar aos particulares, como se igualar, agora, diante da outorga do poder de modificar unilateralmente todos os seus contratos, públicos e privados? Com a posse sempre presente desse poder, não há mais como defender a idéia de que a Administração possa se igualar aos particulares, celebrando contratos regidos pelo direito privado.

81. Idem, ibidem.
82. Idem, p. 396.
83. Fernando Garrido Falla, *Tratado de Derecho Administrativo*, 10ª ed., vol. 2, pp. 91-92.

Nas conclusões de Monedero Gil, "observa-se uma vez mais como a sujeição do Estado ao direito privado é uma hipótese eivada de equívocos e contradições. A Administração não está autorizada a realizar atos contrários ao interesse geral. Tampouco está legitimado o direito particular para executar seu conteúdo contra a Administração, forçando um comportamento desta contrário ao bem comum. O interesse público, repita-se mais uma vez, é a causa vivificadora do contrato do Estado, desaparecida a qual deve ser declarada a extinção deste, utilizando a própria dinâmica contratual, ou com apoio no ordenamento jurídico expropriatório e indenizatório do interesse privado sacrificado".[84]

Evidencia-se, novamente, a impossibilidade de se sustentar que a Administração Pública possa celebrar contratos de direito privado, posto que jamais poderá se igualar aos particulares, sob pena de dar ensejo à renúncia do interesse público para assegurar o interesse privado – o que é inadmissível.

Sustenta-se, outrossim, que os contratos de conclusão imediata, do tipo "compra e venda", são contratos tipicamente regidos pelo direito privado. No entanto, freqüentemente a Administração Pública tem-se utilizado, nessas contratações, de seu privilégio de efetuar o acréscimo unilateral do objeto contratado, diante da superveniência da verba orçamentária quando da realização do contrato (emissão da nota de empenho de despesa).

Como sustentar que a Administração possa celebrar contratos de natureza privada, igualando-se aos particulares, se inclusive neles a Administração atua com supremacia de poder, utilizando-se de suas prerrogativas, sobretudo aquela da alteração unilateral do contrato?

Nossa jurisprudência também caminha nesse sentido, a saber: "Contrato de fornecimento de equipamento rodoviário, mediante entrega única – Licitação, aos termos da qual aderiu o fornecedor, com cláusula exorbitante de direito comum em favor do Poder Público – Contrato de compra e venda que a despeito disso contém cláusula de reserva de domínio – Ineficácia desta, por tratar-se verdadeiramente de contrato administrativo – Busca e apreensão de coisa deferida em favor do fornecedor – Descabimento, por ter a Administração adquirido pela tradição não só a posse como também o domínio – Agravo de instrumento provido".[85]

Ontologicamente, a Administração tem prerrogativas fundamentadas no interesse público, sendo, por isso, equivocado sustentar a existência de sua sujeição aos ditames do direito privado.

---

84. José Ignacio Monedero Gil, *Doctrina del Contrato del Estado*, p. 395.
85. TJPR, Acórdão 8.575 – agravo de instrumento –, j. 2.4.1992.

Capítulo 5
TEORIA DA IMPREVISÃO

5.1 Origem e definição. 5.2 Distinções entre a teoria da imprevisão e a prerrogativa da Administração. 5.3 Efeitos da aplicação da teoria nos contratos públicos e privados. 5.4 Requisitos. 5.5 Motivo de força maior e caso fortuito. 5.6 Fato do príncipe: 5.6.1 Fato do príncipe decorrente do aumento do salário mínimo. 5.7 Forma para a feitura da repactuação. 5.8 Fatos previsíveis, porém de conseqüências incalculáveis.

5.1 Origem e definição

Consoante o que já fartamente foi sustentado nos capítulos anteriores, contrariamente ao intuito da Administração, que é o de satisfazer interesses públicos, o particular, ao celebrar contrato com aquela, compromete-se a cumprir suas obrigações avençadas com o objetivo de auferir lucro, fazer circular suas riquezas. Às cláusulas contratuais que se referem a esse lucro, a esse pagamento, dá-se a denominação de *cláusulas econômicas*, diferindo das demais que são denominadas *cláusulas regulamentares*.

As cláusulas econômicas constituem a parte imutável dos contratos administrativos, nas quais não se admite qualquer alteração por parte da Administração Pública, não tendo esta privilégio algum que lhe possibilite engendrar modificações.

Isso se dá porque tais cláusulas dizem respeito ao exato montante necessário para o particular contratado executar suas obrigações avençadas com a Administração, sendo preciso, por esse motivo, mantê-las na mesma proporção, do início ao término do contrato. Trata-se da álea ordinária ou normal dos contratos administrativos, presente para o cumprimento dos encargos, que pode ensejar um maior ou menor lucro, referindo-se, portanto, à parcela do "risco" assumido pelo particular contratado.

Quando da utilização de suas prerrogativas, consoante visto anteriormente, a Administração, embora tenha o poder-dever de alterar as cláusulas regulamentares, tem também o dever de manter as cláusulas econômicas intactas, mediante o reequilíbrio econômico-financeiro do contrato, com o pagamento dos demais encargos impostos ao contratado, excedentes àqueles previstos inicialmente.[1]

Existem, contudo, outros fatos capazes de ocasionar o abalo econômico do contrato. São fatos externos, independentes da vontade das partes contratantes, imprevisíveis e inevitáveis, que incidem sobre o ajuste, criando encargos insuportáveis, tornando impossível a continuidade do acordo nos termos inicialmente avençados.

Na ocorrência desses fatos, impossível exigir que a parte contratante prejudicada seja obrigada a cumprir com os termos inicialmente avençados, tendo em vista as condições não permanecerem mais as mesmas.

Assim, já ensinava S. Tomás de Aquino que "quem promete alguma coisa, com a intenção de cumprir a promessa, não mente, porque não fala contra o que tem na mente. Mas, não a cumprindo, é-lhe infiel, mudando de intenção. Pode, porém, ser escusado, por duas razões. Primeiro, se prometeu o que é manifestamente ilícito, pecou quando assim procedeu e, portanto, age bem mudando de propósito. Segundo, se mudaram as condições das pessoas e dos atos. Pois, como diz Sêneca, para estarmos obrigados a fazer o que prometemos é necessário que *todas as circunstâncias permaneçam as mesmas*. Do contrário, não mentimos quando prometemos, pois prometemos o que tínhamos em mente, subentendidas as condições devidas. Nem somos infiéis à promessa, por não cumprir, pois, já as condições não eram as mesmas".[2]

Da mesma maneira deverá se dar com as promessas concretizadas através dos contratos, posto que esses fatos imprevisíveis são suficientemente capazes de criar álea extraordinária, insuportável para que uma ou ambas as partes contraentes possam manter o cumprimento do acordo em seus termos inicialmente avençados.

Assim, faz-se necessário distinguir a *álea ordinária*, ora propiciando lucro, ora prejuízo para as partes contratantes, que não enseja a aplicação da teoria da imprevisão, e a *álea extraordinária*.

Pelos ensinamentos de José Cretella Jr., "nos *contratos administrativos*, fundamental é a noção jurídica de *álea*, acontecimento futuro que influi na *economia do contrato administrativo*. Divide-se a *álea* em *álea ordinária*, que é o acontecimento desfavorável que as partes assumiram o *risco* de

---

1. Sobre o equilíbrio econômico-financeiro do contrato, v. Capítulo 4, subitem 4.2.1.

2. S. Tomás de Aquino, *Suma Teológica*, 2ª ed., vol. 6 (Questão CX – Artigo III), p. 2.882.

correr quando celebraram o contrato, e *álea extraordinária*, evento que, pela extemporaneidade, pela impossibilidade normal de previsão e pela excessiva onerosidade que traz para uma das partes, precisa ser partilhado entre os contratantes. A *álea ordinária* ou *normal* constitui encargo previsível ou suportável, cabendo aos que se obrigaram, como, por exemplo, os empreiteiros. É *ônus real e usual do negócio*, risco verificado no trato comercial diário, não podendo recair sobre o outro contratante. O fato de, no decorrer da *execução do contrato*, verificar-se acréscimo no custo da mão-de-obra ou dos materiais não propicia, por si só, a *revisão do preço convencionado*. O prejuízo tolerável, embora inesperado, não configura a hipótese, nem tampouco aquele que pudesse razoavelmente ser previsto. É necessário que o dano seja, ao mesmo tempo, previsível e *insuportável* para que se possa receitar a cirurgia heróica, convocando-se o juiz ou a autoridade administrativa para violar a fisionomia do contrato, normalmente intangível (Caio Tácito, em *RDA* 50/429). Se, na *álea ordinária*, as partes assumem o risco futuro, na *álea extraordinária* o acontecimento desafia todos os cálculos feitos pelas partes, no momento da assinatura do contrato (Laubadère, *Traité*, ed. 1953, p. 456)".[3]

"A vontade das partes esbarra em limites, às vezes intransponíveis, em razão de situações inusitadas que se colocam entre os contratantes, fazendo com que o cumprimento da obrigação se torne dificultoso e, até, em certos casos, impossível."[4] A teoria da imprevisão, portanto, aplica-se quando o fato superveniente, imprevisível e inevitável, cria na relação contratual uma álea extraordinária, tornando insuportável a manutenção do contrato nos termos inicialmente avençados, sem culpa das partes contraentes.

Segundo René Chapus, da superveniência de algum fato "deve resultar uma quebra da economia do contrato, ou, melhor, uma quebra que seja maior que uma simples ruptura de seu equilíbrio financeiro. O evento deve agravar os encargos do contratante de tal forma a criar uma situação 'extracontratual'".[5]

O objetivo da teoria da imprevisão, portanto, é o de remediar essas situações extracontratuais que repercutem nos contratos celebrados pela Administração, ocasionando um aumento excessivo, insuportável, dos encargos de uma das partes contratantes, de modo a tornar insubsistente a exigência da aplicação do princípio da imutabilidade do contrato. Essa teoria tem como finalidade assegurar a manutenção do equilíbrio econômico-financei-

---

3. José Cretella Jr., *Daş Licitações Públicas*, 16ª ed., p. 344.
4. Márcia Walquíria Batista dos Santos, "A teoria da imprevisão e os contratos administrativos", in Maria Garcia (coord.), *Estudos sobre a Lei de Licitações e Contratos*, p. 187.
5. René Chapus, *Droit Administratf Général*, 8ª ed., t. 1, p. 1.026.

ro, em nome da continuidade da prestação dos serviços públicos, criando uma solução para essa álea extraordinária gerada no contrato.

Segundo Caio Tácito, "as violentas flutuações econômicas geradas pelo desequilíbrio social e político da guerra exigiram dos intérpretes e dos tribunais a mitigação do princípio rígido da imutabilidade dos contratos (*pacta sunt servanda*)".[6]

Pelos ensinamentos de Arnoldo Wald:

Na *Era da Incerteza* evocada por Galbraith, e na *Era da Descontinuidade*, caracterizada por Peter Drucker, o Direito teve que reconhecer a importância crescente do elemento aleatório, abandonando critérios rígidos e valores absolutos. Alguns autores chegaram a salientar que o relativismo científico de Einstein passou a dominar o Direito no momento em que certas prestações, como os juros, passaram a ser "flutuantes", os prazos se tornaram prorrogáveis e, entre as obrigações das partes, se estabeleceu a necessidade de manter um equilíbrio dinâmico e funcional, em vez do equilíbrio estático, que se conhecia no passado. Este equilíbrio significa, como veremos, que as prestações de ambas as partes podem variar, mas que deve ser sempre mantida, entre elas, a mesma relação, ou seja, o mesmo equilíbrio, de modo a evitar o empobrecimento ou enriquecimento de qualquer um dos contratantes.

Reconheceu-se, assim, que em todo contrato existe, implícito ou explícito, o *direito subjetivo do contratado ao equilíbrio econômico e financeiro*. Quando ocorre uma ruptura do equilíbrio inicial, em detrimento de uma das partes, esta tem o direito ao restabelecimento desse equilíbrio, mediante o pagamento, pela outra, de complemento ou reajuste de preço. Conforme destaca a doutrina, a regra é aplicável mesmo quando não consta expressamente do contrato, uma vez que constitui verdadeira *conditio juris* implícita em todo contrato.[7]

A ruptura desses critérios rígidos, mencionados por Arnoldo Wald, foi consolidada através da teoria da imprevisão, em 1916, pelo Conselho de Estado Francês, no caso da "Cia. de Gás de Bordeaux" – *Cie. Générale d'Éclairage de Bordeaux*. De acordo com esse acórdão, a Guerra de 1914 havia provocado uma majoração no preço do carvão, abalando absolutamente a economia do contrato, não possibilitando, dessa forma, que a empresa concessionária de gás mantivesse, nas condições previstas originariamente no contrato, o funcionamento do serviço.[8]

Para dar ao caso uma solução que atendesse ao interesse geral – o qual exigia a continuidade do serviço –, decidiu o Conselho de Estado Francês

---

6. Caio Tácito, *Direito Administrativo*, p. 297.

7. Arnoldo Wald, "Revisão de valores no contrato: a correção monetária, a teoria da imprevisão e o direito adquirido", *RT* setembro/1989, pp. 28-29.

8. André de Laubadère, *Traité Théorique et Pratique des Contrats Administratifs*, vol. 3, pp. 77-78.

pela fixação de indenização à concessionária, assegurando-se a prestação do serviço concedido.[9]

"A essa decisão outras se seguiram, de modo que o princípio da assistência financeira devida pela Administração ao outro contraente, nos casos em que a execução de um contrato a longo prazo houvesse se tornado muito mais onerosa em virtude de acontecimentos econômicos excepcionais, imprevisíveis no momento do contrato e independentes da vontade das partes, tornou-se um princípio de direito público francês.".[10]

Assim, o princípio rígido do *pacta sunt servanda* cedeu lugar à teoria da imprevisão, que se justifica diante da possibilidade de surgirem fatos supervenientes capazes de alterar profundamente o equilíbrio econômico-financeiro inicialmente estabelecido quando da contratação, sobretudo pelo fato de inexistir, atualmente, a estabilidade que já se fez presente no século XVIII.

Conforme Celso Antônio Bandeira de Mello, "a idéia de imutabilidade do pactuado só é convivente com períodos de grande estabilidade. Fora daí, longe de servir à disciplina de relações sociais – como pretende o Direito –, só pode gerar empeço ao eficiente desenvolvimento delas".[11]

5.2 Distinções entre a teoria da imprevisão e a prerrogativa da Administração

Diante das considerações efetuadas, subsome-se que a teoria da imprevisão não se confunde com as prerrogativas da Administração, em especial a relacionada com o poder de modificar unilateralmente os contratos, anteriormente por nós examinada,[12] que também gera efeitos com relação ao reequilíbrio econômico-financeiro do contrato; porém, nesse caso, o fato que ocasiona o desequilíbrio decorre da vontade da própria Administração Pública enquanto parte da relação contratual, e não de fatos supervenientes dessa relação.

Embora haja doutrinadores defendendo que tais modificações unilaterais façam parte da teoria da imprevisão, consoante um de seus desdobramentos denominado "fato do príncipe", não compartilhamos dessa opinião.

Com efeito, esse entendimento decorre do fato de que ambas as situações – fato do príncipe e alteração unilateral pela Administração – estão

---

9. Idem, ibidem.
10. Marcello Caetano, *Manual de Direito Administrativo*, 10ª ed., t. 1, p. 626.
11. Celso Antônio Bandeira de Mello, *Curso de Direito Administrativo*, 21ª ed., p. 623.
12. V. Capítulo 4, item 4.2.

fundamentadas no poder outorgado aos entes públicos para a realização do interesse geral. Porém, embora tenham o mesmo fundamento, essas hipóteses não se confundem.

De acordo com os ensinamentos de Odete Medauar, *fato do príncipe* "é a decisão da Administração, de caráter geral, alheia ao contrato em si, mas que tem reflexos fortes na sua execução; não se confunde, portanto, o fato do príncipe, com o poder conferido à Administração contratante de alterar unilateralmente o contrato, pois este se refere ao contrato em si, é específico, previsível e, no Direito Brasileiro, legalmente circunscrito".[13]

Referido entendimento tem respaldo na própria Lei 8.666/1993, que prevê a alteração unilateral como uma prerrogativa da Administração Pública (art. 58, I, c/c o art. 65, I); a teoria da imprevisão, por sua vez, deve ser solucionada mediante acordo entre as partes contraentes, segundo estatui o art. 65, II, "d", do mesmo diploma legal – não configurando, portanto, nenhum poder da Administração como parte do contrato.

Além disso, não há motivos para confundir essa teoria com as prerrogativas da Administração Pública, até pelo fato de ela ser aplicada, inclusive, nos contratos celebrados por particulares, regidos pelo direito privado.

Nesse sentido também se manifesta Antônio Augusto Queiroz Telles, embora utilizando a denominação "cláusula exorbitante" para referir-se ao que, de acordo com a nossa opinião, constitui prerrogativa da Administração. Observa referido autor que "a teoria da imprevisão não é, na realidade, cláusula exorbitante e derrogatória do direito privado ou, ainda, característica exclusiva do contrato de direito administrativo. Antes, coexiste em ambos os regimes".[14]

Dessome-se, portanto, que a teoria da imprevisão – inclusive o fato do príncipe, que constitui um de seus desdobramentos – não se confunde com as prerrogativas da Administração Pública, pertencendo à Teoria Geral do Direito, aplicável, dessa forma, tanto para os contratos de direito público como para os de direito privado.

5.3 Efeitos da aplicação da teoria nos contratos públicos e privados

Nos contratos de direito privado a teoria da imprevisão "é motivo de resolução contratual, por se considerar subentendida a cláusula *rebus sic stantibus*, que corresponde à fórmula de que, nos contratos de trato sucessi-

---

13. Odete Medauar, *Direito Administrativo Moderno*, 5ª ed., p. 265.
14. Antônio Augusto Queiroz Telles, *Introdução ao Direito Administrativo*, 2ª ed., p. 252.

vo ou a termo, o vínculo obrigatório ficará subordinado, a todo tempo, ao estado de fato vigente à época de sua estipulação. A parte lesada no contrato por esses acontecimentos supervenientes, extraordinários e imprevisíveis, que alteram profundamente a economia contratual, desequilibrando as prestações recíprocas, poderá desligar-se de sua obrigação, pedindo a rescisão do contrato ou o reajustamento das prestações recíprocas, por estar na iminência de se tornar inadimplente tendo em vista a dificuldade de cumprir o seu dever, ingressando em juízo no curso da produção dos efeitos do contrato, pois se este já foi executado não haverá intervenção judicial".[15]

Os efeitos da aplicação da teoria da imprevisão diferem nos contratos administrativos, nos quais prevalece o princípio da continuidade dos serviços públicos, suscitando, por essa razão, a necessidade de o contratado particular cumprir com suas obrigações, mediante o reequilíbrio econômico-financeiro do contrato, o que se dá independentemente de intervenção judicial. Somente na hipótese de o evento tornar impossível a execução do contrato ou se for efetivamente comprovada a inconveniência da sua continuidade é que o instrumento será rescindido.

Segundo ensinamentos de René Chapus, "a teoria da imprevisão nasceu da preocupação de satisfazer às exigências *do princípio da continuidade dos serviços públicos*, especialmente na hipótese da quebra da economia de um contrato de concessão de serviço público: exigir essa continuidade do contrato, pelo princípio de que o concessionário assegure o serviço público por sua conta e risco, seria condenar o concessionário a uma ruína que provocaria a interrupção do serviço que ele tem a seu encargo".[16]

Vê-se, pois, o motivo pelo qual a regra no direito privado é a rescisão do contrato; no direito público, a manutenção, com o reequilíbrio econômico-financeiro do contrato.

Por isso, *para os contratos administrativos, a teoria da imprevisão é concebida como a ocorrência de fatos, imprevisíveis e inevitáveis, cujos efeitos repercutem sobre as relações contratuais, criando uma álea extraordinária, tornando impossível o cumprimento das obrigações nos termos inicialmente avençados, ensejando, assim, ou a revisão da equação financeira pactuada ou, se realmente não houver solução, a rescisão do instrumento.*

5.4 Requisitos

A aplicação da teoria suscita a existência de três requisitos, a saber: (1) a superveniência de fato imprevisível e inevitável, alheio à vontade das par-

---

15. Maria Helena Diniz, *Curso de Direito Civil Brasileiro*, 15ª ed., vol. 5, p. 146.
16. René Chapus, *Droit Administratif Général*, 8ª ed., t. 1, p. 1.026.

tes contratantes; (2) que o fato superveniente crie uma álea extraordinária, ocasionando grande desequilíbrio no contrato, mediante o advento de um ônus insuportável para uma das partes contratantes; (3) que o fato superveniente ocorra durante a execução do contrato.

Com relação a esse último requisito, cabe efetuar algumas considerações.

Parece evidente que, para a caracterização da teoria da imprevisão, a circunstância deva ocorrer no transcurso do contrato. No entanto, freqüentemente há confusões entre as fases do procedimento licitatório e a fase contratual.

No início de 1999, como é cediço, houve um abalo na economia de nosso país pela desvalorização de nossa moeda em função do Dólar. Em face disso, na ocasião, diversos licitantes solicitaram o reequilíbrio econômico-financeiro de suas propostas, baseados na teoria da imprevisão.

Evidentemente, não há que se falar na caracterização da teoria da imprevisão durante a fase do certame licitatório, *inexistindo equilíbrio econômico-financeiro de propostas.*

Nesse caso, os proponentes deveriam ter desistido de suas propostas em função da superveniência de fato que tornou impossível manter a oferta nas condições apresentadas.[17]

Em outros casos a referida solicitação não foi efetuada com relação às propostas, mas o licitante vencedor, ao celebrar o contrato, a formulou, alegando a impossibilidade de manter as condições estabelecidas em sua proposta, em face da desvalorização da moeda em função do Dólar.

Ora, qual foi o fato superveniente ao contrato? O fato se deu anteriormente – e, portanto, mister se fazia desistir de sua proposta, se esta não pudesse mais ser assegurada. Nesse caso, também, não há que se cogitar da aplicação da teoria da imprevisão.

Dessa forma, todos os três requisitos anteriormente elencados deverão estar presentes para a caracterização e aplicação da teoria da imprevisão.

Na presença desses requisitos, prevê a Lei 8.666/1993, em seu art. 65, II, "d", que a teoria da imprevisão se configurará nos seguintes casos: motivo de força maior, caso fortuito, fato do príncipe e na ocorrência de fatos previsíveis, mas de conseqüências incalculáveis, os quais examinaremos a seguir.[18]

---

17. Nesse sentido há o respaldo da Lei 8.666/1993, estatuindo, em seu art. 43, § 6º, que "após a fase de habilitação, não cabe desistência de proposta, salvo por motivo justo decorrente de fato superveniente e aceito pela Comissão".

18. Cabe salientar que a Lei 8.666/1993 também prevê a "manutenção do equilíbrio econômico financeiro inicial do contrato na hipótese de sobrevirem fatos imprevisíveis

5.5 Motivo de força maior e caso fortuito

Os contratos poderão sofrer alterações por fatos alheios à vontade das partes contratantes, imprevisíveis quando da celebração do contrato e inevitáveis quando da sua iminência, relacionados ao *motivo de força maior* e ao *caso fortuito*.

Segundo Hely Lopes Meirelles:

4.2.2.1 Força maior: é o evento humano que, por sua imprevisibilidade e inevitabilidade, cria para o contratado impossibilidade intransponível de regular execução do contrato. Assim, uma greve que paralise os transportes ou a fabricação de um produto de que dependa a execução do contrato é *força maior*, mas poderá deixar de sê-lo se não afetar totalmente o cumprimento do ajuste, ou se o contratado contar com outros meios para contornar a incidência de seus efeitos no contrato.

4.2.2.2 Caso fortuito: é o evento da Natureza que, por sua imprevisibilidade e inevitabilidade, cria para o contratado impossibilidade intransponível de regular execução do contrato. *Caso fortuito* é, por exemplo, um tufão destruidor em regiões não sujeitas a esse fenômeno; ou uma inundação imprevisível que cubra o local da obra; ou outro qualquer fato, com as mesmas características de imprevisibilidade e inevitabilidade, que venha a impossibilitar totalmente a execução do contrato ou retardar seu andamento, sem culpa de qualquer das partes.[19]

A presente teoria refere-se a eventos humanos ou da Natureza, imprevisíveis e inevitáveis quando da celebração do contrato, que nele repercutem, criando uma situação impossível de ser solucionada nas condições inicialmente pactuadas.

Pelos ensinamentos de Roberto Ribeiro Bazilli, "o impedimento resultante de caso fortuito ou de força maior não é apenas o obstáculo físico, mas o óbice intransponível à execução do contrato, dentro dos esforços exigíveis do contratado, pois não se há de pedir a ruína econômica da empresa para o cumprimento do ajuste que fatos imprevisíveis e inevitáveis tornaram inexeqüível, pelas dificuldades insuperáveis criadas para um dos contratantes. Exigir o cumprimento da obrigação em tais circunstâncias seria quebrar a comutatividade do contrato administrativo, criando ônus insuportável para uma das partes, com vantagem desmedida para a outra".[20]

Segundo André de Laubadère, para a caracterização da força maior há a necessidade de três elementos constitutivos:

---

ou previsíveis porém de conseqüências incalculáveis, retardadores ou impeditivos da execução do ajustado". Trata-se, a nosso ver, da criação de outro desdobramento da teoria da imprevisão, a ser comentado adiante.

19. Hely Lopes Meirelles, *Direito Administrativo Brasileiro*, 32ª ed., p. 237.
20. Roberto Ribeiro Bazilli, *Contratos Administrativos*, p. 117.

(1) a exterioridade – o fato deve ser totalmente exterior às partes contratantes, absolutamente independente de sua vontade;

(2) a imprevisibilidade – o fato deve ter sido imprevisto e imprevisível. Não se trata de uma imprevisibilidade absoluta; a noção de imprevisibilidade não se aprecia por ela mesma, mas diante das circunstâncias da época do contrato;

(3) a irresistibilidade – o fato deve, por sua vez, não ter sido possível de ser evitado pelo contratado, que, ao mesmo tempo, resta radicalmente impedido de executar a obrigação contratual.[21]

Ressalte-se, contudo, que não basta a superveniência de fato externo, imprevisível e irresistível, relacionado a algum evento humano ou da Natureza, para configurar o motivo de força maior ou caso fortuito. Mister se faz demonstrar que esse evento realmente implicou efeitos danosos no contrato em vigor. *Há que se comprovar o nexo entre a causa e o dano, sendo atribuição da parte lesada essa comprovação.*

Em segundo lugar, *existe a necessidade de a parte lesada comprovar o montante do prejuízo sofrido, demonstrando a configuração da álea extraordinária a ser indenizada.*

Observadas essas condições, a Administração Pública, mediante acordo entre as partes, poderá restabelecer a relação contratual ou, não havendo solução de continuidade, rescindi-la com base no art. 78, XVII, da Lei 8.666/1993.[22]

Quanto aos efeitos, eles diferem em relação aos contratos de direito privado e público, consoante já vimos anteriormente.

Segundo Oscar Moreno Gil, essas diferenças consistem nos seguintes efeitos:

(A) No direito privado a força maior produz, ou pode produzir, dois efeitos:

(1) Opera umas vezes em forma definitiva, extinguindo a prestação do devedor, porém privando-se, por sua vez, do direito de exigir a prestação correlata (sentença civil de 16.5.1941).

(2) Outras vezes opera de forma transitória, retardando o cumprimento da obrigação e eximindo da indenização por mora, caso em que geralmente a obrigação revive ao cessar a atualidade da força maior, salvo se o contrato tiver perdido seu valor por não ser possível conseguir a finalidade perseguida pelas partes (mesma sentença anterior).

---

21. André de Laubadère, *Traité Théorique et Pratique des Contrats Administratifs*, vol. 2, pp. 44 e ss. Cabe observar que, segundo ensinamentos do referido autor, na doutrina francesa não há distinções entre caso fortuito e força maior, estando aquele incluso nesta.

22. Dispõe o art. 78, XVII, da Lei 8.666/1993 que constitui motivo para a rescisão do contrato "a ocorrência de caso fortuito ou de força maior, regularmente comprovada, impeditiva da execução do contrato".

Assim, a força maior pode ser causa de extinção da obrigação ou da exoneração da responsabilidade do obrigado.

(B) Na contratação administrativa tem um triplo efeito:

(1) Ainda que os textos legais guardem silêncio, é óbvio que a força maior pode situar o contratado em condições de impossibilidade de cumprimento de sua prestação, de maneira que aqui também pode ser causa de extinção da obrigação.

(2) O segundo efeito coincide, também, com o direito privado.

(3) O terceiro efeito é o que converte a figura estudada em uma instituição peculiar, particularíssima da contratação administrativa. A força maior é causa de indenização ao contratado que a padece. O direito administrativo não somente reconhece a neutralidade de responsabilidades, senão que a superveniência do evento exonerante altera absolutamente o sistema de imputação de danos: o empresário, de indenizado natural, se converte, por obra e graça da legislação, em indenizado efetivo.

Este terceiro efeito é uma espécie de privilégio, em favor do contratado, a título de compensação em face dos poderes exorbitantes da Administração.[23] É (...) como uma cobertura de riscos concedida pelo mais forte, que tem um interesse público em evitar a ruína da empresa.[24]

Em outras palavras, se o motivo de força maior ou o caso fortuito não impossibilitarem a continuidade da contratação, a Administração, em nome do interesse público, poderá exigir a permanência da prestação, reequilibrando, entretanto, a relação econômico-financeira inicial do contrato.

5.6 Fato do príncipe

"Dava-se outrora o nome de *fato do príncipe* a toda medida arbitrária, com caráter de violência, que repousava sobre a força coercitiva de que dispunha o detentor da autoridade. Vigorava, então, o regime consubstanciado no adágio: *o que agradou o príncipe tem força de lei*. Por extensão de sentido, e levando-se em conta a metamorfose dos regimes políticos nos modernos Estados de Direito, 'príncipe' significa 'autoridade pública', Adminis-

---

23. Entendemos que a menção a "poderes exorbitantes da Administração", efetuada por Moreno Gil, não se relaciona aos privilégios, prerrogativas outorgadas pelo regime público e previstas no art. 58 da Lei 8.666/1993, examinadas em nosso Capítulo 4. A referência aqui estabelecida parece estar relacionada ao fato de a Administração ter a possibilidade de exigir a continuidade da prestação dos serviços, em nome do interesse público.
24. Oscar Moreno Gil, *El Contrato Administrativo de Obras Públicas*, obra ainda inédita, pp. 424-426 e 428-429, *apud* Fernando Garrido Falla, *Tratado de Derecho Administrativo*, 10ª ed., vol. 2, pp. 95-96 (nota de rodapé).

tração, Poder Público, Estado. Então, *fato do príncipe* significa 'determinação unilateral do Estado que rompe o equilíbrio do contrato'."[25]

Fato do príncipe, portanto, refere-se a toda determinação estatal, de ordem geral, que repercute sobre o contrato, tornando muito onerosa a obrigação assumida por uma das partes contratantes (álea extraordinária), impondo a revisão do contrato ou sua extinção.

Trata-se de um fato relacionado a fatores econômicos imprevisíveis, oriundos de norma editada pelo Estado. "A força maior ou caso fortuito, nestes casos, aparecem promovidos, em lugar da natureza ou dos homens, pelo próprio Estado, exibindo-se como entidade de substância jurídica."[26]

Nos termos do § 5º do art. 65 da Lei 8.666/1993, o fato do príncipe também foi previsto da seguinte forma: "Quaisquer tributos ou encargos legais criados, alterados ou extintos, bem como a superveniência de disposições legais, quando ocorridas após a data da apresentação da proposta, de comprovada repercussão nos preços contratados, implicarão a revisão destes para mais ou para menos, conforme o caso".

Nessa hipótese, basta aplicar o mesmo percentual relativo à criação, alteração ou extinção dos tributos ou encargos legais para o restabelecimento do equilíbrio econômico-financeiro do contrato.

Resta salientar que as condições referidas no item anterior – quais sejam, imprevisibilidade, irresistibilidade e exterioridade – bem como sua relação imediata com o contrato em vigor, criando-se álea extraordinária para uma das partes contratantes, também se aplicam no presente caso.

Dessa forma, não é simplesmente por ser editada uma norma econômica do Estado que o fato do príncipe se configurará. Mister se faz que haja correlação dos efeitos da norma com a criação da álea extraordinária no contrato.

O TCU, em auditoria realizada nas obras de construção do TRT/SP, analisando o pedido de reequilíbrio econômico-financeiro formulado pela Construtora Incal, baseado no fato do príncipe decorrente da criação do IPMF – Imposto Provisório sobre a Movimentação ou a Transmissão de Valores e Direitos de Natureza Financeira e da CPMF – Contribuição Provisória sobre a Movimentação ou a Transmissão de Valores e Direitos de Natureza Financeira, indeferiu o pleito nos seguintes termos:

(...). 33. Vê-se, pois, que três são os requisitos necessários à aplicação do fato do príncipe: (a) o nexo direto de causalidade entre o encargo criado e os bens vendi-

---

25. José Cretella Jr., *Das Licitações Públicas*, 16ª ed., p. 342.
26. Bartolomé A. Fiorini, *Derecho Administrativo*, t. 1, p. 611.

dos/serviços prestados; (b) a imprevisibilidade do ônus; e (c) a materialidade do ônus imposto ao particular contratante.
(...).

36. Vê-se, de plano, que a criação do IPMF e da CPMF não preenche os requisitos ensejadores de uma revisão contratual, resumidos no item 33 deste voto: embora imprevisíveis, tais tributos são de natureza genérica, alcançando a economia do país como um todo, não possuindo estreita correlação com a produção de bens ou de serviços específicos; tampouco se pode dizer que o setor de construção civil tenha sido prejudicado, se comparado a outros setores da economia, em decorrência de seu advento – o que seria visível, por exemplo, no caso do setor importador em um momento de desvalorização cambial.

37. Ademais, há que se ver da pouca materialidade desses impostos no cômputo do contrato celebrado entre o TRT e a Incal.[27]

Ainda com relação à criação da CPMF, o TCU proferiu a Decisão 698/2000, no Processo 675.047.1996-0, determinando a redução do BDI praticado no Contrato 05/1997, que tem por objeto as obras de estabilização da Barra do Rio Sergipe, ao nível originariamente pactuado, excluindo o percentual de acréscimo relativo ao aumento da CONFINS e da CPMF, por falta de base legal, fundamentando sua decisão no seguinte sentido: "Está claro, portanto, que a majoração de tributos na ordem de 1,18%, que reduzirá em junho de 2000 para 1,1% pela redução da CPMF, não é fator materialmente relevante que mude a equação econômica do contrato de forma relevante. Tais fatos apenas fazem reduzir o lucro da contratada, perfeitamente suportável, acrescido ao fato do valor já elevado de seu BDI em relação à média praticada no Estado".[28]

Evidencia-se, assim, a necessidade de sempre ser demonstrada a correlação do fato imprevisível com o contrato avençado, bem como a efetiva criação de álea extraordinária para ensejar a aplicação do fato do príncipe.

5.6.1 Fato do príncipe
decorrente do aumento do salário mínimo

Não há facilidade em se constatar a ocorrência, ou não, do fato do príncipe decorrente do aumento do salário mínimo, vez que sua caracterização implica a análise de diversos fatores.

Com efeito, o aumento do salário mínimo, conforme o caso, poderá ensejar ou não o reequilíbrio econômico-financeiro do contrato.

Seria comum dizer que tratando-se, por exemplo, de um contrato de prestação de serviços de limpeza ou contrato de obra pública, em cuja com-

27. Acórdão 45/1999, Processo 001.025/1998-8, *DOU* 19.5.1999.
28. *DOU* 11.9.2000.

posição do preço está previsto o montante referente à mão-de-obra, restará configurado o desequilíbrio econômico-financeiro mediante o aumento dos salários. Contudo, nada pode ser afirmado sem se levar em consideração todas as variantes existentes quando da superveniência do fato.

Caio Tácito, em análise da solicitação de revisão de preços efetuada por determinada empresa contratada pela União Federal para construção de edifício, com base no aumento do salário mínimo, entendeu pela sua negativa, citando Themístocles Brandão Cavalcanti no seguinte sentido: "considerando a periódica ascensão do salário mínimo, qualifica, em princípio, injustificável o reajustamento do preço sob esse fundamento".[29]

Referida assertiva, certamente, está correta, em função de o país, naquela ocasião, viver em uma instabilidade econômica, com índices de inflação galopantes, sofrendo o salário mínimo em referência reajustes praticamente mensais. Nessa hipótese, portanto, a cada aumento do salário mínimo não poderia o contratado alegar a ocorrência da teoria da imprevisão para pleitear o reequilíbrio financeiro do contrato, em face de sua previsibilidade e dos índices de reajuste já constantes em todos os contratos, visando a retratar a inflação.

Por outro lado, na hipótese de estabilidade financeira, referido aumento salarial, sem necessidade de muitas comprovações, ensejaria o reequilíbrio baseado na ocorrência do fato do príncipe.

Tratando-se de contrato de obra ou prestação de serviços, o aumento salarial, em uma economia estabilizada, ocasionará, sem dúvida, um abalo nos encargos do contratado, podendo criar álea extraordinária que, uma vez comprovada, propiciará o restabelecimento do contrato.

Por esses motivos, dentre outros, verifica-se que a caracterização do desequilíbrio econômico-financeiro do contrato não é imediata e nem tão simples de se averiguar na prática. Caberá sempre a análise pormenorizada de diversos fatores presentes na economia do Estado para ser efetivamente constatada, ou não, sua existência.

5.7 Forma para a feitura da repactuação

Outra questão está relacionada ao montante devido ao particular contratado. Trata-se de partilhar os prejuízos ou restabelecer o equilíbrio econômico-financeiro inicial do contrato? Com ou sem lucro?

---

29. Caio Tácito, "Contrato administrativo – Revisão de preço – Teoria da imprevisão – Pressupostos de imprevisibilidade e de excessiva onerosidade", *Boletim de Licitações e Contratos* setembro/1993, pp. 370-733.

Segundo ensinamentos de Charles Debbasch, a indenização deve ser solicitada pelo contratado à Administração. Na falta de acordo entre as partes, "o juiz estipula o período no curso do qual o contrato foi abalado pelas ocorrências imprevisíveis. Ele avalia o montante do encargo extracontratual, quer dizer, o déficit resultante da execução do contrato durante este período. Ele determina a indenização que deve ser efetuada pela Administração ao contratado. Esta indenização não representa a totalidade do encargo extracontratual. A empresa privada deve assumir uma parte das conseqüências da ocorrência imprevisível".[30]

Em conformidade com o entendimento de Debbasch, portanto, os prejuízos devem ser repartidos entre ambas as partes contraentes.

Entendendo diferentemente, Marcello Caetano sustenta que, tendo em vista que o particular contratado é, de certo modo, "colaborador da Administração, pondo ao serviço do interesse público o seu interesse privado, disposto a correr o risco normal da empresa, mas sem que lhe seja pedido um sacrifício desinteressado e excepcional, resulta a conseqüência de que, se o contrato tiver de ser executado em conjuntura econômica que subverta o equilíbrio financeiro estabelecido e não tivesse podido ser prevista no momento da celebração, a Administração deve partilhar os prejuízos verificados ou rever o contrato de modo a restabelecer a base de justiça comutativa, essencial ao reconhecimento legal da respectiva validade".[31]

Defende-se, por esse entendimento, ou a partilha dos prejuízos, ou a revisão dos termos iniciais avençados no contrato.

Nas lições de Celso Antônio Bandeira de Mello:

64. A teoria da imprevisão, que fora instaurada na França sob feição circunscrita, pois estabelecia partilha de prejuízos, assumiu novo caráter, (...).

(...). Destarte, converteu-se em fórmula eficiente para garantir integralmente o equilíbrio econômico-financeiro avençado ao tempo da constituição do vínculo, vale dizer: instrumento de recomposição do equilíbrio estabelecido, o que, no fundo, nada mais representa senão prestigiar o significado real do *consensus* expressado no contrato, pela restauração dos termos da equivalência inicial, ou seja, de sua normalidade substancial.

65. Demais disso, a condição "imprevisibilidade" tornou-se menos severa. É o que realça o nunca assaz citado Francis-Paul Bénoit. O imprevisível passou a se referir apenas ao *imprevisto*, ao razoavelmente não-previsto, e a indenização de imprevisão transmudou-se de ajuda parcial temporária em meio de garantia do equilíbrio econômico-financeiro estipulado por ocasião do contrato, *nele incluído o lucro*[32] (nossos os últimos grifos).

---

30. Charles Debbasch, *Droit Administratif*, 2ª ed., p. 356.
31. Marcello Caetano, *Manual de Direito Administrativo*, 10ª ed., t. 1, p. 630.
32. Celso Antônio Bandeira de Mello, *Curso de Direito Administrativo*, 21ª ed., p. 625.

Sob o ponto de vista do referido autor, portanto, não há que se falar, atualmente, da partilha de prejuízos, mas da garantia integral do equilíbrio econômico-financeiro do contrato, nele incluído o lucro.

Na realidade, a presente questão não pode ser resolvida por meio de uma regra absoluta, porquanto, como já dito anteriormente, a determinação da quantia devida dependerá da análise de diversos fatores, que irão variar a cada caso.

Em princípio, se a superveniência do fato imprevisível, inevitável, irresistível, acarretar a rescisão do contrato, as partes não poderão sofrer sanção alguma, visto não terem sido as causadoras do evento, sendo devido o pagamento do que já tiver sido realizado pelo particular contratado, para não gerar enriquecimento ilícito por parte da Administração; e os eventuais prejuízos deverão ser partilhados.

O problema está na hipótese de existir a possibilidade ou a obrigatoriedade de dar continuidade ao contrato.

Neste caso, tratando-se de alteração de alíquotas de impostos ou da criação de tributos ou encargos, dentre outros, em princípio, a simples composição do respectivo montante alterado será suficiente para o restabelecimento do contrato.

Porém, na hipótese de insurreição, deflagração de guerra, por exemplo, em que se onere a matéria-prima, objeto do contrato, como no caso da "Cia. de Gás de Bordeaux", anteriormente citado, diferentemente da decisão do Conselho de Estado Francês, atualmente seria aplicável o reequilíbrio econômico-financeiro do contrato, inclusive com o lucro.

Isso porque a doutrina tem-se encaminhado no sentido de considerar o particular contratado como um colaborador da Administração Pública.

Segundo José Ignacio Monedero Gil, é imprescindível meditar a presente questão sob três princípios: de colaboração, preço justo e racionalidade:

O clima de colaboração que deve existir nos acordos voluntários Administração/administrados, como se disse em outra ocasião, parece rechaçar um montante contratual que implique uma assunção de riscos desmesurados pelo particular; pelo contrário, ao ente público convém constituir-se em assegurador nacional dos riscos de força maior, em vez de fazê-los pesar sobre as ofertas privadas, que resultariam encarecidas em percentagens globalmente superiores. Ademais, no caso concreto do risco inflacionário, a assunção deste perigo pelo colaborador a preço fixo o forçaria a realizar uma oferta em alta, para cobrir-se dos maiores gastos futuros, o que anteciparia e aceleraria a desvalorização monetária. Isto é, que, em linhas gerais, e salvo contratos de limitados preço e prazo, se reputa mais oportuno para o interesse do Estado que os fatores dificilmente previsíveis para o cálculo humano sejam de seu cargo, de forma que a obtenção do benefício pelo particular ou empresa contratante não venha a depender do azar ou de eventos difusos, senão da pontual execução de atividade industrial ou de serviços para a Administração.

O preço justo nos contratos continuados coincide ou deve coincidir, em princípio, com o preço certo contratual, expressado em forma nominal, pois sua fixação é fruto de procedimentos de adjudicação que buscam essa correspondência. Se a flutuação monetária posteriormente origina um conflito no binômio preço contratual/ preço justo, é forçoso resolvê-lo em favor deste último, para evitar esses deslocamentos de riqueza não almejados entre as partes.

Por último, o princípio da racionalidade nos exige uma análise científica da hipótese estudada, à luz que projetam as regras de colaboração e preço justo, com o objetivo de extrair regras jurídicas ou normas de conduta para a Administração em seus contratos. Tudo isso aconselha refletir sobre os sistemas mais idôneos em cada caso para a concessão do preço justo, em função da repartição de riscos que se produz nas distintas figuras negociais, aos fins de decidir a fórmula técnica mais idônea para a estabilidade dos interesses em jogo.[33]

5.8 Fatos previsíveis, porém de conseqüências incalculáveis

Nas lições de Bartolomé A. Fiorini, "a vida social moderna, com uma economia em plena distorção, demonstra que não existe nada estável e seguro, e que a mobilidade e as mudanças são constantes, bem como imprevistas em sua magnitude. Esse fato é conhecido, ou seja, a possibilidade de mudança; não se pode dizer que são mudanças, modificações, retificações, reajustes inesperados, porém que são desconhecidos seus caracteres, a forma, o montante e o tempo de duração. Nesses casos, são as distintas maneiras de manifestarem-se as mudanças que constituem o imprevisto. Não se pode utilizar a clássica fórmula do 'imprevisto que, quando previsto, não se pôde evitar', pressupondo-se o inevitável quando desconhecido em sua magnitude; por isso se impõe um regime permanente de previsão do imprevisto. Tudo isso parece paradoxal, porém representa a imposição de um regime jurídico previdente".[34]

Parece-nos que, em face da necessidade desse regime previdente, a lei federal dispôs em seu art. 65, II, "d", de maneira inovadora, que o restabelecimento da relação pactuada inicialmente deverá ser realizado também na hipótese de sobrevirem "fatos previsíveis, porém de conseqüências incalculáveis".

A nosso ver, trata-se da criação de novo desdobramento da teoria da imprevisão, distinto do fato do príncipe, do caso fortuito e da força maior, posto que nesses últimos a imprevisibilidade é condição essencial para sua caracterização.

---

33. José Ignacio Monedero Gil, *Doctrina del Contrato del Estado*, p. 407.
34. Bartolomé A. Fiorini, *Derecho Administrativo*, t. 1, p. 615.

Na nova hipótese inserida pela Lei de Licitações, *a condição de "imprevisibilidade" tornou-se menos severa, para abarcar também fatos previsíveis, mas de conseqüências incalculáveis.*

Percebe-se que a intenção do legislador foi assegurar a efetiva manutenção do contrato administrativo, garantindo ao particular contratado a outorga da justa e perene contraprestação, sem riscos diante de tais fatos, que, na ocasião do contrato, até seriam previsíveis, mas não em sua magnitude.

Na prática, contudo, parece-nos que esse dispositivo legal não está sendo aplicado, ocasionando, na realidade, um verdadeiro distanciamento na obtenção do clima de colaboração, preço justo e racionalidade anteriormente referido por Monedero Gil.

De fato, é cediço que a Administração Pública celebra contratos com preços muito além daqueles praticados no mercado, e isso se dá em razão de os particulares terem conhecimento dos atrasos freqüentes dos pagamentos; da inexistência de concessões da repactuação na esfera administrativa; da demora do respectivo deferimento na esfera judicial; e, às vezes, do entendimento pacífico já existente quanto à não-concessão em determinadas hipóteses.

É o que ocorre, por exemplo, no caso do aumento de salário decorrente da aplicação do dissídio coletivo, que, realmente, não é um fator imprevisível, mas suas conseqüências são incalculáveis, posto não se saber previamente o exato montante a ser definido.

Porém, nossos tribunais não têm autorizado o reequilíbrio econômico-financeiro dos contratos nessas hipóteses. Vejamos: "Revisão de contrato administrativo – Dissídio coletivo – Aumento de salário – Reequilíbrio econômico-financeiro – O aumento do piso salarial da categoria não se constitui fato imprevisível capaz de autorizar a revisão do contrato – Recurso não conhecido".[35]

Nessa mesma esteira os Tribunais de Contas vêm também se manifestando, a exemplo da Tomada de Contas 82.746/1998, do Tribunal de Contas do Estado do Paraná, que, ao responder a consulta formulada por empresa prestadora de serviços de limpeza quanto ao pedido de reequilíbrio do contrato em face do dissídio coletivo e da elevação no preço dos vales-transporte, entendeu pela negativa do primeiro, acolhendo o segundo. Vale trazer à colação o trecho final da referida decisão, fazendo menção ao dispositivo legal acima citado:

A interpretação desse dispositivo, segundo a melhor doutrina, revela, em suma, que eventual erro de avaliação na proposta e suas conseqüências não podem ser

---

35. STJ, REsp 134.797-DF, j. 16.5.2000.

debitados à Administração a pretexto de restabelecer o equilíbrio econômico-financeiro do contrato, como se vê:

"(...) não basta a simples insuficiência da remuneração. Não se caracteriza rompimento do equilíbrio econômico-financeiro quando a proposta do particular era inexeqüível. A tutela da equação econômico-financeira não visa a que o particular formule proposta exageradamente baixa e, após vitorioso, pleiteie elevação da remuneração.

"Exige-se, ademais, que a elevação dos encargos não derive de conduta culposa imputável ao particular; se os encargos tornaram-se mais elevados porque o particular atuou mal, não fará jus à alteração de sua remuneração.

"Caracteriza-se uma modalidade de atuação culposa quando o evento causador da maior onerosidade era previsível e o particular não o previu. Tal como ocorre nas hipóteses de força maior, a ausência de previsão do evento previsível prejudica o particular. Cabia-lhe o dever de formular sua proposta tomando em consideração todas as circunstâncias previsíveis."

(...) não se pode admitir como imprevisível que, dentro dos custos estimados para a formação da proposta, o particular tenha olvidado os decorrentes da convenção coletiva de trabalho, presumidamente de seu conhecimento, até porque costuma ter data certa para sua realização.

O mesmo raciocínio, no entanto, não se aplica à majoração pretendida em virtude de elevação no preço dos vales-transporte, cuja causa é inteiramente distinta e aleatória, porque ocorre independentemente de qualquer exercício de previsibilidade exigível do particular.[36]

Nota-se o absoluto descaso do que estatui a Lei 8.666/1993, posto rechaçar a pretensão sob o argumento de se tratar de fato previsível; contudo, é exatamente isso o que esse diploma legal dispõe no artigo ora comentado.

Verifica-se, outrossim, a freqüente confusão existente entre o reajuste e o desequilíbrio econômico-financeiro do contrato decorrente da aplicação da teoria da imprevisão, que, efetivamente, não se relacionam. Exemplo de tal afirmativa encontra-se também em decisão do TCU, DC-0457-41/95-P, publicada no *DOU* 25.9.1995, p. 14.893. Nos termos do voto do Sr. Relator, Min. Carlos Átila Álvares da Silva, manifestou-se o Assessor da Unidade Técnica no seguinte sentido:

(a) é possível o repasse dos percentuais provenientes de dissídio coletivo, observando-se a fórmula e os índices próprios estabelecidos na Instrução Normativa/ SAF n. 8, de 26.8.1994, desde que seja respeitado o lapso determinado no art. 11 da Lei n. 8.880/1994 – qual seja, um ano; e

(b) pode-se considerar improcedente a alegação de desequilíbrio econômico-financeiro do contrato, pois, pelo § 2º do art. 29 da Lei n. 8.880/1994, havia previ-

---

36. *Boletim de Licitações e Contratos* dezembro/2000, pp. 653-655.

são de reajuste salarial àqueles trabalhadores. Até mesmo a partir de 1.7.1995, com a vigência da Medida Provisória n. 1.053, de 30.6.1995, que extinguiu o IPC-r, ficou mantida a previsão para o referido reajustamento, não se podendo, portanto, fazer uso de tal alegação.

Em seguida, pelo Ministro Relator também foi solicitado pronunciamento do Ministério Público, que, em parecer da lavra do Sr. Procurador-Geral, Dr. Jatir Batista da Cunha, manifestou-se da seguinte forma:

Ao contrário do Decreto-lei n. 2.300/1986, que apenas enunciava a possibilidade de tal recomposição, a vigente norma enumerou as hipóteses de viabilidade de tal procedimento, pretendendo bem delimitar o espectro de incidência do dispositivo.

Segundo à definição legal, fatos previsíveis, de conseqüências que se possam razoavelmente estimar, não podem servir de supedâneo à pretensão de recomposição de preços. A lei não visa a suprir a imprevidência do particular ou sua imperícia em calcular o comportamento da curva inflacionária. Apenas o resguarda de situações extraordinárias, fora do risco normal da economia de seus negócios.

Não se pode olvidar também que os contratos, em regra, são celebrados com empresa vencedora de processo de licitação, em que a Administração, entre várias propostas que se lhe formularam, escolheu a que lhe era mais vantajosa. "Mais vantajosa" deve ser entendido como a que atende ao fim público colimado com o menor custo possível.

De fato, admitir a aplicação da teoria da imprevisão nos contratos administrativos fora da via estreita definida pelo Estatuto das Licitações e Contratos Administrativos, vale dizer, aceitar a recomposição de preços nos contratos a todo tempo e modo, na hipótese de o contratante apenas demonstrar alterações na relação econômico-financeira, seria negar qualquer sentido prático ao instituto da licitação e premiar o licitante que, por má-fé ou por inépcia empresarial, apresentou proposta que, com o tempo, se revelou antieconômica.

A licitação, na hipótese em questão, poderia conduzir a Administração à escolha de propostas apenas aparentemente mais econômicas. As empresas que oferecessem propostas adequadas, escoradas em previsões bem-feitas e com margem de lucro razoável, poderiam ser derrotadas por propostas mal-calculadas, que manifestariam seus malefícios somente meses mais tarde.

Forçoso reconhecer que, se a própria lei que previu o reajustamento de preços apenas de ano a ano estabeleceu também a ocorrência do reajuste salarial no mês da data-base da categoria, claro está que os contratantes, já no momento da contratação, conheciam perfeitamente as condições em que o contrato se executaria, devendo naquele momento ajustar a equação de equilíbrio econômico-financeiro para perdurar por um ano.

Variações de custos previsíveis, para mais ou para menos, ainda mais, quando previsíveis, como no caso, são normais na atividade empresarial e constituem a álea normal do empreendimento.

(...).

É preciso que se insista neste ponto: a apuração da obtenção de lucro na duração do contrato deve ser efetuada considerando o somatório de todo o período de sua vigência. Isto quer dizer que não é defeso que o contratante experimente prejuízo durante um ou alguns meses, se os demais lhe proporcionarem lucros tais que o compensem plenamente, resultando em que o contrato tenha sido, na verdade, lucrativo como um todo, a despeito dos meses desfavoráveis. É isto que se exige do contratante: que formule proposta que lhe assegure resultado econômico satisfatório na soma final do contrato.

Em que pese às alegações despendidas, a questão apresentada, sem dúvida alguma, enquadra-se na previsão do art. 65, II, "d", da Lei 8.666/1993, tratando-se de fato previsível, porém de conseqüências incalculáveis – ensejando, portanto, o reequilíbrio econômico-financeiro do contrato. E nesse sentido manifestou-se, ao final, o Ministro Relator desse mesmo acórdão, confundindo, entretanto, a revisão com o reajuste dos contratos:

Quanto às ponderações, tanto da Unidade Técnica como do Ministério Público, no sentido da impossibilidade de alegação de desequilíbrio econômico-financeiro do contrato, entendo diferentemente dos pareceres. Embora sendo previsível, no caso, o reajuste salarial na data-base de cada categoria, não se conhecem antecipadamente os índices a serem aplicados, podendo ser considerado tal fato, a meu ver, de conseqüências incalculáveis, na forma do art. 65, inciso II, alínea "d", da Lei n. 8.666/1993.

Em que pese ao argumento oferecido pelo Sr. Procurador-Geral, quanto a serem razoavelmente conhecidos os índices inflacionários (2 a 3 pontos percentuais ao mês), entendo que, para um economia que se pretende estabilizada e sem inflação, ou com inflação próxima de zero, são esses índices ainda bastante elevados. Assim, fazer com que os licitantes prevejam tais custos em suas propostas seria estimular um provável "superfaturamento do contrato".

Diante das razões expostas pelo Ministro Relator, o Tribunal Pleno decidiu no seguinte sentido:

1. Os preços contratados não poderão sofrer reajustes por incremento dos custos de mão-de-obra decorrentes da data-base de cada categoria, ou de qualquer outra razão, por força do disposto no art. 28 e seus §§ da Lei n. 9.069/1995, antes de decorrido o prazo de um ano, contado na forma expressa na própria legislação.

2. Poderá ser aceita a alegação de desequilíbrio econômico-financeiro do contrato, com base no reajuste salarial dos trabalhadores ocorrido durante a vigência do instrumento contratual, desde que a revisão pleiteada somente aconteça após decorrido um ano da última ocorrência verificada (a assinatura, a repactuação, a revisão ou o reajuste do contrato), contado na forma da legislação pertinente.

Com o advento dessa decisão, todas as demais seguiram a mesma linha de entendimento, valendo trazer à colação outra decisão do TCU em que houve, na defesa, a sustentação do que também entendemos. Trata-se da DC-086-12/96-2, publicada no *DOU* 25.4.1996, p. 7.051, *in verbis*:

(...)

(f) Repasse do índice de 29,85% à empresa Opção Serviços Gerais Ltda. (Contrato n. 03/94-TRE/MG), com fundamento no art. 65, inciso II, da Lei n. 8.666/1993, em razão de reajuste salarial, ocorrido na data-base dos empregados da aludida firma (janeiro/1995), em desacordo com a Medida Provisória n. 434/1994, então vigente, convertida na Lei n. 8.880/1994, que vedava reajuste ou revisão de contratos antes de decorrido um ano de sua assinatura, conforme entendimento do Tribunal, consubstanciado na Ata n. 41/1995 − Plenário − Decisão n. 457/95, in *DOU* 25.9.1995.

Justificativa: Informa o TRE/MG que o repasse do percentual de 29,85% não se deu em razão de cláusula contratual, vedada pelo art. 12 da Lei n. 8.880/1994. O que ocorreu, na realidade, foi uma repactuação do contrato, com base no art. 65, inciso II, alínea "d", da Lei n. 8.666/1993, que não foi revogado, nem modificado, por legislação posterior e que permite o restabelecimento do equilíbrio econômico-financeiro do contrato por acordo entre as partes, desde que devidamente justificado. Salienta, também, que a Instrução Normativa n. 08-SAF, de 26.8.1994, determina, no item 02, subitem 2.1 − 2.1.2.2, que as propostas apresentadas, além do estipulado em lei, deverão conter: "valor da remuneração fixada para a categoria profissional em acordo coletivo de trabalho, ou outro equivalente, englobando salário e demais vantagens estabelecidas na legislação trabalhista, excetuando-se vantagens não obrigatórias ou que resultem de incentivos fiscais". Contudo, à vista do disposto nos arts. 40, inciso X, e 48, inciso II, da Lei n. 8.666/1993, não é permitido aos licitantes embutirem em seus preços a expectativa de um eventual dissídio, por mais previsível que seja, mas permanece o seu direito ao restabelecimento do equilíbrio econômico-financeiro do contrato, nos termos do art. 65, inciso II, letra "d", da Lei das Licitações. Acrescenta, ainda, que os aumentos salariais dos trabalhadores da citada empresa, ocorridos em função de um instrumento de valor legal constitucionalmente reconhecido (Convenção Coletiva de Trabalho), afetaram os preços contratados, entendendo, por isso, perfeitamente cabível o repasse efetivado, também à vista do disposto no art. 65, § 5º, da mesma lei.

(...).

Análise: A SECEX/MG assinala que esta matéria já foi objeto de exame por parte do Tribunal, tendo ficado assente que "poderá ser aceita a alegação de desequilíbrio econômico-financeiro do contrato, com base no reajuste salarial dos trabalhadores ocorrido durante a vigência do instrumento contratual, desde que a revisão pleiteada somente aconteça após decorrido um ano da última ocorrência verificada (a assinatura, a repactuação, a revisão ou o reajuste do contrato), contado na forma da legislação pertinente" (Decisão n. 457/1995, Plenário, de 6.9.1995). Ocorre que o contrato em questão foi firmado em 28.3.1994, com valores em URV, já sob a égide da nova conformação legal (Medida Provisória n. 434/1994), e repactuado em janeiro de 1995, portanto, em desacordo com a legislação em vigor, que admite essa providência somente após decorrido o prazo de um ano.

Assim, mesmo com a excelente justificativa apresentada pelo TER/MG, a decisão da 2ª Câmara foi no seguinte sentido:

(...)

(d) Atente para os termos da Decisão n. 457/95, TCU/Plenário, consubstanciada na Ata n. 41/1995 (in *DOU* 25.9.1995), no sentido de que "poderá ser aceita a alegação de desequilíbrio econômico-financeiro do contrato, com base no reajuste salarial dos trabalhadores ocorrido durante a vigência do instrumento contratual, desde que a revisão pleiteada somente aconteça após decorrido um ano da última ocorrência verificada (a assinatura, a repactuação, a revisão ou o reajuste do contrato), contado na forma da legislação pertinente".

Porém, a negativa da concessão imediata – que, ao nosso ver, é devida – do reequilíbrio econômico-financeiro decorrente da aplicação de dissídio coletivo não deixa de afrontar o que estatui a Lei de Licitações. Isso porque, se o legislador federal previu o reequilíbrio na hipótese de ocorrer fato previsível, mas de conseqüências incalculáveis, indubitavelmente estabeleceu um novo elemento para a teoria da imprevisão, que até então inexistia. E essa teoria em nada se confunde com o critério de reajuste ou com a correção monetária ou atualização financeira, não existindo e nem podendo existir exigência de lapso temporal do contrato administrativo para sua aplicação.

De acordo com o disposto nos arts. 40, XIV, "c", e 55, III, todos da Lei 8.666/1993, a correção monetária ou a atualização financeira é devida para os valores a serem pagos, desde a data do adimplemento das obrigações até a do efetivo pagamento.

Diferentemente, segundo o que estatui o art. 40, XI, do mesmo diploma legal, o reajuste retrata a variação do custo de produção, sendo devido desde a data prevista para apresentação da proposta, ou do orçamento a que essa proposta se referir, até a data do adimplemento da obrigação.

Atualmente, em conformidade com as Leis 9.069, de 29.6.1995, e 10.192, de 14.2.2001, arts. 2º e 3º, § 1º, que institui o plano econômico do país, "Plano Real", o reajuste somente será devido após o período de um ano a contar da data-limite para a apresentação da proposta ou do orçamento a que essa se referir.

Segundo ensinamentos de Caio Tácito, "modernamente, a prevenção dessas flutuações financeiras na execução dos contratos em período de instabilidade econômica tem sido atendida mediante cláusulas de correção monetária, ou de indexação de preços, que asseguram a flexibilidade e o reajustamento da equação financeira do contrato".[37]

No entanto, o índice de reajuste estabelecido no contrato pode resultar insuficiente, no decorrer do tempo, para a manutenção do equilíbrio econômico-financeiro inicialmente pactuado. A essa defasagem, se ocasionada por fatos imprevisíveis ou, nos termos inovadores da lei federal, previsíveis po-

---

37. Caio Tácito, *Direito Administrativo*, p. 426.

rém de conseqüências incalculáveis, possível será aplicar a teoria da imprevisão.

Nesse sentido já se manifestou Meirelles, afirmando que:

Em razão dos defeitos dos critérios de reajustamento utilizados atualmente, o comportamento normal do mercado, o estrito cumprimento das obrigações assumidas pelo órgão ou entidade contratante e a inocorrência de fatos imprevistos e imprevisíveis, que afetem o contrato, são condições essenciais para que o lucro do particular não se afaste muito do que este pretendeu obter ao entrar no negócio.

(...).

Daí resulta que a ocorrência de fatos gravosos, não imputáveis ao particular contratante, que alterem a relação *encargo-remuneração* originariamente estabelecida pelas partes, *a tal ponto que não possa ser restabelecida pela simples aplicação do critério de reajustamento pactuado, autoriza a recomposição dos preços contratuais*, para adequá-los à nova situação e propiciar a restauração do *equilíbrio econômico-financeiro do contrato*. Isto porque, consoante já nos foi dado dizer: '*O reajustamento contratual de preços não se confunde nem impede a revisão do contrato e a recomposição extraordinária de preços*, quando a Administração altera o projeto ou as condições de sua execução, ou ocorrem fatos novos e excepcionais que agravam os encargos do particular contratante"[38] (grifos nossos).

Tendo em vista que o texto referido foi elaborado antes do advento da Lei 8.666/1993, o desequilíbrio econômico-financeiro ocasionado por fatos previsíveis, porém de conseqüências incalculáveis, atualmente prevista na lei, também deverá ser incluído nos motivos relacionados por Meirelles.

Constata-se, dessa forma, a nítida distinção entre *reajuste* e *repactuação*.

Em resumo, subsome-se que, consoante o Plano Real, o reajuste é devido após o período de um ano a contar da data-limite para a apresentação das propostas na licitação, ou do orçamento da contratação quando realizada com base na dispensa ou inexigibilidade do certame, e deverá ocorrer através do índice que retrate a variação dos insumos existentes no contrato.

Ao revés, a revisão pode ocorrer a qualquer momento da contratação, e o equilíbrio econômico-financeiro do contrato deverá ser restabelecido mediante a recomposição da planilha de preços, baseada naquela apresentada no início do acordo.

Com efeito, seria um contra-senso exigir a continuidade da contratação pelo período de um ano na hipótese, por exemplo, de serem alteradas as condições estipuladas após um mês de vigência, em face da deflagração de uma guerra, cujos efeitos tenham ocasionado a elevação extraordinária dos encargos de uma das partes contratantes.

---

38. Hely Lopes Meirelles, "Reajustamento e recomposição de preços em contrato administrativo", *RDA* 139/16.

Assim, parece ser irrefutável a possibilidade de o dissídio coletivo poder ensejar a repactuação caso seja comprovado o efetivo desequilíbrio econômico-financeiro, mediante demonstração de que o índice de reajuste foi insuficiente para assegurar o lucro que o particular contratado pretendeu obter ao celebrar o contrato. E o embasamento legal encontra-se, justamente, no dispositivo ora analisado.

Contudo, não é esse o entendimento que vem prevalecendo. E, diante de tais decisões já colacionadas, infelizmente, os particulares contratados têm ofertado valores elevados nas contratações com a Administração Pública, embutindo nestes os custos estimados do aumento dos salários decorrentes dos dissídios coletivos. Essa exegese, contudo, a nosso ver, não é benéfica à Administração. Vejamos.

Analisando-se a última decisão colacionada, verifica-se que o dissídio coletivo ocorreu em janeiro de 1995, sendo certo que a celebração do contrato se deu em 28.3.1994, supondo, dessa forma, que o certame licitatório se tenha iniciado aproximadamente em janeiro desse mesmo ano de 1994. Diante do entendimento do Tribunal de Contas, os licitantes deverão, desde o início do certame, embutir em suas propostas o valor correspondente ao dissídio que só ocorrerá no início do exercício financeiro seguinte, sob pena de sofrerem prejuízos por um período de três meses ou mais, pois os proponentes, na ocasião da formulação de suas propostas, desconhecem quando efetivamente se dará a contratação. Tal conduta, no entanto, é inadmissível, em nosso entendimento, e contrária ao que o legislador federal estabeleceu na Lei de Licitações.

Obviamente, o propósito de ter previsto o reequilíbrio econômico-financeiro do contrato diante da ocorrência de fatos previsíveis, porém de conseqüências incalculáveis, foi, justamente, propiciar que a Administração obtenha propostas efetivamente vantajosas, assegurando-se ao contratado a manutenção da álea econômica do contrato, do início ao fim do prazo avençado.

Por outro lado, também não há que se falar em ter esperanças na competição do certame para, mediante este, obter propostas mais vantajosas, tendo em vista ser essa a "regra" para todos os licitantes.

A conseqüência dessa "regra" existente entre os particulares é ainda mais grave, visto que esse fato possibilita que somente as grandes empresas, com capital de giro, participem das licitações. Em verdade, as pequenas empresas não podem se arriscar a ficar sem pagamento ou suportar eventuais prejuízos, e a maioria delas, por essas razões – dentre outras –, não tem interesse em colaborar com a Administração Pública.

Já com relação às grandes empresas ocorre o contrário, havendo muito interesse por causa do preço que ao final auferem, que vai muito além daquele que elas mesmas praticam no mercado.

Aliás, hodiernamente, e de um modo geral – ou seja, para todas as contratações –, existe uma verdadeira procura de licitantes por parte da Administração Pública, que fica atrelada quase sempre aos mesmos; desse modo, o certame licitatório resta até mesmo inócuo, pois as políticas dessas empresas já são conhecidas, sabendo-se, inclusive, qual empresa provavelmente sagrar-se-á vencedora do certame. Daí, também, o perigo do conluio.

Ademais, também é cediço que, normalmente, todos os orçamentos entregues à Administração Pública na fase inicial do certame, para pesquisa de preços de mercado, já contemplam preços excessivos em comparação com aqueles praticados no mercado; e com base nesses valores é que se julgam excessivas ou inexeqüíveis as propostas das licitações, ocorrendo o mesmo nas contratações diretas, por dispensa ou inexigibilidade de licitação.

As empresas apresentam preços superiores aos praticados no mercado porque a Administração, além de efetuar pagamentos em atraso, não concede, administrativamente, o reequilíbrio econômico financeiro do contrato, disso se valendo por saber que os particulares já embutem lucros excessivos nos preços propostos.

A quebra dessa relação paradoxal, segundo nosso entendimento, deverá partir da iniciativa do Poder Público, mediante uma gestão moralizadora e eficaz, demonstrando, por conseguinte, uma responsabilidade consciente na administração das verbas públicas.

Assim parece estar caminhando a política de nosso país, na busca por um rigorismo maior na gestão do orçamento público. Somente então poderemos falar realmente da existência de um pacto de colaboração entre o particular e a Administração Pública.

CONCLUSÕES

Diante das considerações desenvolvidas, em síntese, apresentamos as principais idéias defendidas:

– A existência dos contratos administrativos constitui evidência incontroversa, imposta e confirmada pela realidade, caracterizando-se tais instrumentos mediante a submissão a um regime próprio, absolutamente distinto e independente, situando-se em paralelo com as demais espécies contratuais dentro da categoria jurídica dos contratos (gênero).

– Diversas foram as teorias desenvolvidas com o objetivo de estabelecer o elemento que, por si só, atribuiria o caráter administrativo ao contrato, inexistindo, ainda, um posicionamento pacífico a esse respeito. Dentre todas essas teorias, verificamos o acerto do critério subjetivo ou orgânico, posto que a presença da Administração Pública em um dos pólos contratuais é suficiente para atribuir *la marque administrative*, visto ela desencadear todos os demais elementos qualificadores sustentados pelas outras teorias.

– O fato que deu origem à necessidade de especificar os contratos regidos pelo direito público daqueles de direito privado (distinção das jurisdições administrativa e comum) foi o que atribuiu premissa errônea para a caracterização dos contratos administrativos, levando ao entendimento de que a Administração Pública pode celebrar as duas espécies contratuais.

– Na realidade, em função da finalidade pública, a Administração tem prerrogativas para assegurar a supremacia do interesse público sobre o particular; e, diante de tais características, dentre outras relacionadas, ela jamais poderá submeter-se às normas de direito privado. Dessa forma, subsome-se que todos os contratos da Administração são administrativos.

– A expressão "cláusulas exorbitantes" é criticável sob dois aspectos: primeiramente, por tomar como referência o direito comum, sendo certo que o contrato administrativo constitui uma espécie autônoma, com diferenças específicas dos contratos regidos pelo direito privado; em segundo lugar, por não se tratar de cláusulas contratuais, mas de prerrogativas outorgadas

CONCLUSÕES

não pelo contrato, mas pelo ordenamento jurídico, sendo, portanto, extracontratuais.

– As prerrogativas da Administração Pública são outorgadas por diversos ordenamentos jurídicos, e todas elas o são em nome do interesse público. Por essa razão, não se pode afirmar a existência de uma relação de subordinação entre o particular contratado e a Administração, mas sim um pacto de colaboração, posto que o objeto será, ao final, de interesse de ambas as partes contraentes, mesmo não sendo esse o objetivo imediato do particular, que sempre almejará a circulação de riqueza.

– Diante desse pacto de colaboração, a teoria da imprevisão, pertencente à teoria geral dos contratos, também, por essa razão, tem aplicação sobre os contratos administrativos, assegurando o equilíbrio econômico-financeiro desses instrumentos na superveniência de fato imprevisível, criador de álea extraordinária nesses acordos.

– A Lei 8.666, de 21.6.1993, além de dispor sobre a teoria da imprevisão, assegurou ao particular contratado o reequilíbrio econômico-financeiro decorrente de fato previsível mas de conseqüências incalculáveis. Na prática, contudo, tal exegese legal não tem sido observada nem pelos administradores públicos, nem pelos Tribunais de Contas, levando à ausência de um pacto de colaboração, na forma que se intenciona sustentar na doutrina, e à celebração de contratos muito vultosos com relação aos valores efetivamente praticados no mercado.

Resta salientar que, no Estado Moderno, a "colaboração" dos particulares com a Administração Pública vem sendo acentuada, caminhando o Governo para a terceirização cada vez maior dos serviços que até então eram prestados exclusivamente pelo Poder Público.

Por fim, cabe reafirmar que a Administração Pública jamais poderá contratar pelas normas de direito privado, sendo todos os seus contratos administrativos regidos pelo direito público, estando os entes públicos, portanto, eivados de prerrogativas outorgadas por esse regime e, em razão desse fato, tendo o dever de atuar com postura ética e moral na gestão das verbas públicas, para atender efetivamente ao interesse geral da Nação.

BIBLIOGRAFIA

ALESSI, Renato. *Sistema Istituzionale del Diritto Amministrativo Italiano*. Milão, Giuffrè Editore, 1953.

AMARAL, Antônio Carlos Cintra do. *Ato Administrativo, Licitações e Contratos Administrativos*. 1ª ed., 2ª tir. São Paulo, Malheiros Editores, 1996.

AQUINO, S. Tomás de. *Suma Teológica*. 2ª ed., vol. 6. Porto Alegre, Sulina, 1980.

ARAÚJO, Edmir Netto de. *Contrato Administrativo*. São Paulo, Ed. RT, 1987.

AZAMBUJA, Darcy. *Teoria Geral do Estado*. 30ª ed. São Paulo, Globo, 1993.

AZEVEDO, Eurico de Andrade. "A Administração Pública, os contratos e as obrigações de pagamento". In CARVALHO, Milton Paulo de. *Temas Atuais de Direito*. São Paulo, LTr, 1998 (pp. 74-86).

BANDEIRA DE MELLO, Celso Antônio. *Curso de Direito Administrativo*. 21ª ed. São Paulo, Malheiros Editores, 2006.

——————— (coord.). *Direito Administrativo na Constituição de 1988*. São Paulo, Ed. RT, 1991

———————. *Estudos em Homenagem a Geraldo Ataliba-2*. São Paulo, Malheiros Editores, 1997

BANDEIRA DE MELLO, Oswaldo Aranha. *Princípios Gerais de Direito Administrativo*. 2ª ed., vol. 1. Rio de Janeiro, Forense, 1979; 3ª ed., São Paulo, Malheiros Editores, 2007.

BARROS JR., Carlos S. de. *Contratos Administrativos*. São Paulo, Saraiva, 1986.

BASTOS, Celso Ribeiro. *Curso de Direito Administrativo*. 2ª ed. São Paulo, Saraiva, 1996.

———————. *Curso de Direito Constitucional*. 16ª ed. São Paulo, Saraiva, 1995.

BAZILLI, Roberto Ribeiro. *Contratos Administrativos*. São Paulo, Malheiros Editores, 1996.

BÉNOIT, Francis-Paul. *Le Droit Administratif Français*. Paris, Dalloz, 1968.

BERÇAITZ, Miguel Angel. *Teoría General de los Contratos Administrativos*. 2ª ed. Buenos Aires, Depalma, 1980.

BIELSA, Rafael. *Derecho Administrativo*. 6ª ed., t. 2. Buenos Aires, La Ley, 1964.

CAETANO, Marcello. *Manual de Direito Administrativo*. 10ª ed., t. 1. Coimbra, Livraria Almedina, 1984.

—————. *Tratado Elementar de Direito Administrativo*. vol. 1. Coimbra, Coimbra Editora, 1943.

CAMMAROSANO, Márcio. "Contratos da Administração Pública e natureza jurídica da permissão de serviço público". In BANDEIRA DE MELLO, Celso Antônio (coord.). *Estudos em Homenagem a Geraldo Ataliba-2*. São Paulo, Malheiros Editores, 1997 (pp. 488-504).

CARVALHO, Milton Paulo de. *Temas Atuais de Direito*. São Paulo, LTr, 1998.

CASSAGNE, Juan Carlos. *Derecho Administrativo*. 3ª ed., vol. 2. Buenos Aires, Abeledo-Perrot, 1992.

CAVALCANTI, Themístocles Brandão. *Teoria dos Atos Administrativos*. São Paulo, Ed. RT, 1973.

—————. *Tratado de Direito Administrativo*. 3ª ed., vol. 1. Rio de Janeiro/São Paulo, Freitas Bastos, 1955.

CHAPUS, René. *Droit Administratif Général*. 8ª ed., t. 1. Paris, Montchrestien, 1994.

CIRNE LIMA, Ruy. *Princípios de Direito Administrativo*. 6ª ed. São Paulo, Ed. RT, 1987; 7ª ed., São Paulo, Malheiros Editores, 2007.

CITADINI, Roque. *Comentários e Jurisprudência sobre a Lei de Licitações Públicas*. 2ª ed. São Paulo, Max Limonad, 1997.

CRETELLA JR., José. "As cláusulas de privilégio nos contratos administrativos". *Revista de Informação Legislativa* 89/303-322. Ano 23. Brasília, janeiro-março/1986.

—————. *Curso de Direito Administrativo*. 14ª ed. Rio de Janeiro, Forense, 1995.

—————. *Das Licitações Públicas*. 16ª ed. Rio de Janeiro, Forense, 1999.

—————. *Direito Administrativo Brasileiro*. Rio de Janeiro, Forense, 1999.

—————. *Dos Contratos Administrativos*. Rio de Janeiro, Forense, 1997.

—————. *Tratado de Direito Administrativo*. vols. 3 e 8. Rio de Janeiro, Forense, 1967.

DALLARI, Dalmo de Abreu. *Elementos de Teoria Geral do Estado*. 17ª ed. São Paulo, Saraiva, 1993.

DEBBASCH, Charles. *Droit Administratif*. 2ª ed. Paris, Cujas, 1969.

DI PIETRO, Maria Sylvia Zanella. *Direito Administrativo*. 7ª ed. São Paulo, Atlas, 1996.

DI RENZO, Francesco. *I Contratti della Pubblica Amministrazione*. 2ª ed. Milão, Giuffrè Editore, 1975.

DIEZ, Manuel María. *Derecho Administrativo*. vol. 2. Buenos Aires, Bibliográfica Argentina S.R.L., 1965.

_____. *El Acto Administrativo*. 2ª ed. Buenos Aires, Tipográfica Editora Argentina, 1961.

DINIZ, Maria Helena. *Curso de Direito Civil Brasileiro*. 15ª ed., vol. 5. São Paulo, Saraiva, 2000.

DROMI, Roberto. *Derecho Administrativo*. 5ª ed. Buenos Aires, Ciudad Argentina, 1996.

DUGUIT, Léon. *Traité de Droit Constitutionnel*. 3ª ed., t. 1. Paris, Ancienne Librairie Fontemoing, 1927.

ESCOBAR GIL, Rodrigo A. *Responsabilidad Contractual de la Administración Pública*. Bogotá/Colômbia, Temis, 1989.

ESCOLA, Héctor Jorge. *Tratado Integral de los Contratos Administrativos*. vol. 1. Buenos Aires, Depalma, 1977.

ESTORNINHO, Maria João. *Réquiem pelo Contrato Administrativo*. Coimbra, Livraria Almedina, 1990.

FALCONI, Franca. "I c.d. contratti di piani nell'elaborazione della dottrina francesa". *Revista Trimestrale di Diritto Pubblico*. Milão, Giuffrè Editore, 1979 (pp. 595-617).

FERNÁNDEZ, Tomás-Ramón, e GARCÍA DE ENTERRÍA, Eduardo. *Curso de Derecho Administrativo*. vol. 1. Madri, Civitas, 1997.

FERREIRA FILHO, Manoel Gonçalves. *Curso de Direito Constitucional*. 26ª ed. São Paulo, Saraiva, 1999.

FIGUEIREDO, Lúcia Valle. "Contratos administrativos". In BANDEIRA DE MELLO, Celso Antônio (coord.). *Direito Administrativo na Constituição de 1988*. São Paulo, Ed. RT, 1991 (pp. 138-168).

_____. *Curso de Direito Administrativo*. 8ª ed. São Paulo, Malheiros Editores, 2006.

FIORINI, Bartolomé A. *Derecho Administrativo*. t. 1. Buenos Aires, Gráfica Paternor S.R.L., 1976.

_____. "Los contratos administrativos". In *Manual de Derecho Administrativo*. Buenos Aires, 1969.

FLEINER, Fritz. *Les Principes Généraux du Droit Administratif Allemand*. Paris, Librairie Delagrave, 1933.

FORSTHOFF, Ernest. *Traité de Droit Administratif Allemand*. Bruxelas/Bélgica, Société Anonyme d'Éditions Juridiques et Scientifiques, 1969.

FRAGA, Gabino. *Derecho Administrativo*. 5ª ed. México, Porrúa, 1952.

FRANCO SOBRINHO, Manuel de Oliveira. *Contratos Administrativos*. São Paulo, Saraiva, 1981.

GALATERIA, Luigi, e STIPO, Massimo. *Manuale di Diritto Amministrativo*. 2ª ed. Turim, UTET, 1993.

GARCIA, Maria. "O Estado e a Reforma do Estado. A Reforma Administrativa (Emenda Constitucional n. 19/1998)". *Boletim de Direito Administrativo*. julho/1999. São Paulo, NDJ (pp. 441-447).

——————— (coord.). *Estudos sobre a Lei de Licitações e Contratos*. Rio de Janeiro, Forense Universitária, 1995.

GARCÍA DE ENTERRÍA, Eduardo. "La figura del contrato administrativo". In *Studi in Memoria di Guido Zanobini*. vol. 2. Milão, Giuffrè Editore, 1965 (pp. 639-672).

———————, e FERNANDEZ, Tomás-Ramón. *Curso de Derecho Administrativo*. vol. 1. Madri, Civitas, 1997.

———————. *Principi di Diritto Amministrativo*. Milão, Giuffrè Editore, 1983.

GARCÍA OVIEDO, Carlos. *Derecho Administrativo*. 3ª ed. Madri, EISA, 1951.

GARRIDO FALLA, Fernando. *Tratado de Derecho Administrativo*. 10ª ed., vol. 2. Madri, Tecnos, 1992.

GASPARINI, Diógenes. *Direito Administrativo*. 4ª ed. São Paulo, Saraiva, 1995.

GENDIN, Sabino A. *Los Contratos Públicos*. 1ª ed. Madri, Reus, 1934.

GIANNINI, Massimo Severo. *Diritto Amministrativo*. 3ª ed., vol. 2. Milão, Giuffrè Editore, 1993.

———————. *L'Amministrazione Pubblica dello Stato Contemporaneo*. vol. 1. Pádua, CEDAM, 1988.

GORDILLO, Agustín. *El Acto Administrativo*. 2ª ed. Buenos Aires, Abeledo-Perrot, 1969.

———————. *Princípios Gerais de Direito Público*. São Paulo, Ed. RT, 1977.

GRANZIERA, Maria Luíza Machado. *Contratos Administrativos*. São Paulo, Atlas, 2002.

HAURIOU, Maurice. *Précis de Droit Administratif et de Droit Public*. 11ª ed. Paris, Sirey, 1927.

JÈZE, Gaston. *Principios Generales del Derecho Administrativo*. vols. 1, 3 e 4. Buenos Aires, Depalma, 1948, 1949 e 1950.

———————. In *Revue du Droit Public et de la Science Politique*. Paris, Marcel Giard Libraire-Éditeur, 1930.

JUSTEN FILHO, Marçal. *Comentários à Lei de Licitações e Contratos Administrativos*. 3ª ed. Rio de Janeiro, Aide, 1994.

LAMARQUE, Jean. "Le declin du critère de la clause exorbitante". In *Mélanges Offerts a Marcel Waline*. t. 2. Paris, LGDJ, 1974 (pp. 497-518).

LAUBADÈRE, André de. *Manual de Derecho Administrativo*. 10ª ed. Bogotá/Colômbia, Temis, 1984.

——————. *Traité Théórique et Pratique des Contrats Administratifs*. vols. 1, 2 e 3. Paris, LGDJ, 1956.

——————, *et alii*. *Traité des Contrats Administratifs*. vol. 1. Paris, LGDJ, 1983. v. 1.

LAZZARINI, Álvaro. *Estudos de Direito Administrativo*. 2ª ed. São Paulo, Ed. RT, 1999.

LEIRIA, Jerônimo Souto, *et alii*. *Gerenciamento de Contratos na Administração Pública*. São Paulo, Makron Books do Brasil, 1998.

MALUF, Sahid. *Teoria Geral do Estado*. 11ª ed. São Paulo, Sugestões Literárias, 1980.

MARIENHOFF, Miguel S. *Tratado de Derecho Administrativo*. t. III-A. Buenos Aires, Abeledo-Perrot, 1970.

MASAGÃO, Mário. *Natureza Jurídica da Concessão de Serviço Público*. São Paulo, Saraiva, 1933.

MAURER, Hartmut. *Elementos de Direito Administrativo Alemão*. Porto Alegre, Sérgio Antônio Fabris Editor, 2001.

MAYER, Otto. *Derecho Administrativo Alemán*. 2ª ed., t. 1. Buenos Aires, Depalma, 1982.

MEDAUAR, Odete. *Direito Administrativo Moderno*. 5ª ed. São Paulo, Ed. RT, 2001.

——————. *O Direito Administrativo em Evolução*. São Paulo, Ed. RT, 1992.

—————— (coord.). *Licitações e Contratos Administrativos*. São Paulo, NDJ, 1998.

MEDINA OSÓRIO, Fábio. "Existe uma supremacia do interesse público sobre o privado no direito administrativo brasileiro". *RDA* 220/69-107. Rio de Janeiro, abril-junho/2000.

MEIRELLES, Hely Lopes. *Direito Administrativo Brasileiro*. 32ª ed. São Paulo, Malheiros Editores, 2006.

——————. *Licitação e Contrato Administrativo*. 14ª ed. São Paulo, Malheiros Editores, 2006.

——————. "Reajustamento e recomposição de preços em contrato administrativo". *RDA* 139/11-21. Rio de Janeiro, janeiro-março/1980.

MESSINEO, Francesco. *Doctrina General del Contrato*. t. 2. Buenos Aires, EJEA, 1952.

MIRANDA, Jorge. *Manual de Direito Constitucional*. 5ª ed., t. 1. Coimbra, Coimbra Editora, 1996.

MONEDERO GIL, José Ignacio. *Doctrina del Contrato del Estado*. Madri, Instituto de Estudios Fiscales, 1977.

MONTEIRO, Yara Darcy Police. *Licitação: Fases & Procedimento*. São Paulo, NDJ, 2000.

MOREIRA NETO, Diogo de Figueiredo. *Curso de Direito Administrativo.* 11ª ed. Rio de Janeiro, Forense, 1996.

MOTTA, Carlos Pinto Coelho. *Eficácia nas Licitações e Contratos.* 6ª ed. Minas Gerais, Del Rey, 1997.

MUKAI, Toshio. *Licitações e Contratos Públicos.* 4ª ed. São Paulo, Saraiva, 1998.

PÉQUIGNOT, George. *Des Contrats Administratifs.* Paris, Librairies Techniques (Libraire de la Cour de Cassation), 1953.

PEREIRA JR., Jessé Torres. *Comentários à Lei das Licitações e Contratações da Administração Pública.* Rio de Janeiro, Renovar, 1994.

PONTES DE MIRANDA, F. C. *Tratado de Direito Privado – Parte Especial.* t. 38. Rio de Janeiro, Borsói, 1962.

RANELLETTI, Oreste. *Ordinamento Amministrativo dello Stato Italiano.* Pádua, CEDAM, 1937.

REZENDE DE BARROS, Sérgio. *Liberdade e Contrato. A Crise da Licitação.* São Paulo, UNIMEP, 1999.

RICHER, Laurent. *Droit des Contrats Administratifs.* Paris, LGDJ, 1995.

RIVERO, Jean. *Curso de Direito Administrativo Comparado.* São Paulo, Ed. RT, 1995.

—————. *Direito Administrativo.* Coimbra, Livraria Almedina, 1981.

RODRIGUES, Sílvio. *Direito Civil.* 14ª e 27ª eds., vol. 3. São Paulo, Saraiva, 1984 e 2000.

ROMANO, Santi. *Diritto Amministrativo.* vol. 2. Milão, Giuffrè Editore, 1990.

—————. *Princípios de Direito Constitucional Geral.* São Paulo, Ed. RT, 1977.

ROUVIÈRE, Jean. *Les Contrats Administratifs.* Paris, Dalloz, 1930.

SANTOS, Márcia Walquíria Batista dos. "A teoria da imprevisão e os contratos administrativos". In GARCIA, Maria (coord.). *Estudos sobre a Lei de Licitações e Contratos.* Rio de Janeiro, Forense Universitária, 1995.

SAYAGUÉS LASO, Enrique. *Tratado de Derecho Administrativo.* 5ª ed., vol. 1. Montevidéu, Fundación de Cultura Universitaria, 1987.

SEABRA FAGUNDES, M. *O Controle dos Atos Administrativos pelo Poder Judiciário.* 6ª ed. Rio de Janeiro, Forense, 1979.

SÉRVULO CORREIA, José Manuel. *Legalidade e Autonomia Contratual nos Contratos Administrativos.* Coimbra, Livraria Almedina, 1987.

SILVA, José Afonso da. *Curso de Direito Constitucional Positivo.* 27ª ed. São Paulo, Malheiros Editores, 2006.

SOTO KLOSS, Eduardo. "La contratación administrativa. Un retorno a las fuentes clásicas del contrato". *RDC* abril-junho/1980. São Paulo, Ed. RT (pp. 38-53).

SOUTO, Marcos Juruena Villela. *Licitações & Contratos Administrativos.* Esplanada/ADCOAS.

STIPO, Massimo, e GALATERIA, Luigi. *Manuale di Diritto Amministrativo.* 2ª ed. Turim, UTET, 1993.

SUNDFELD, Carlos Ari. *Licitação e Contrato Administrativo.* 2ª ed. São Paulo, Malheiros Editores, 1995.

TÁCITO, Caio. "Contrato Administrativo – Revisão de Preço – Teoria da Imprevisão – Pressupostos de Imprevisibilidade e de Excessiva Onerosidade". *Boletim de Licitações e Contratos* setembro/1993. São Paulo, NDJ (pp. 370-373).

—————. *Direito Administrativo.* São Paulo, Saraiva, 1975.

—————. "O equilíbrio financeiro nos contratos administrativos". *Boletim de Licitações e Contratos* maio/1993. São Paulo, NDJ (pp. 161-163).

TANAKA, Sônia Yuriko K. "Sanções administrativas". In MEDAUAR, Odete (coord.). *Licitações e Contratos Administrativos.* São Paulo, NDJ, 1998.

TELLES, Antônio Augusto Queiroz. *Introdução ao Direito Administrativo.* 2ª ed. São Paulo, Ed. RT, 2000.

VASCONCELLOS, José Mattos de. *Direito Administrativo.* vol. 2. Rio de Janeiro, Imprensa Nacional, 1937.

VEDEL, Georges. *Droit Administratif.* 2ª ed. Paris, PUF, 1961.

—————. "Remarques sur la notion de clause exorbitante". In *L'Évolution du Droit Public.* Paris, Sirey, 1956 (pp. 527-561).

VEDIA, Agustín de. *Derechos Constitucional y Administrativo.* Buenos Aires, Macchi, 1969.

VELASCO, Recaredo Fernández de. *Los Contratos Administrativos.* Madri, Librería General de Victoriano Suárez, 1927.

VILLANOVA, Antonio Royo. *Elementos de Derecho Administrativo.* 11ª ed. Valladolid, Imprenta Castellana, 1929.

VITTA, Cino. *Diritto Amministrativo.* 2ª ed., vol. 2. Turim, UTET, 1937.

WAINER, Jacobo. *Contratos Administrativos.* Buenos Aires, Librería y Editorial El Ateneo, 1939.

WALD, Arnoldo. "Novas tendências do direito administrativo: a flexibilidade no mundo da incerteza". *RT* 721/7-10. São Paulo, Ed. RT, novembro/1995.

—————. *O Direito de Parceria e a Nova Lei de Concessões.* São Paulo, Ed. RT, 1996.

—————. "Revisão de valores no contrato: a correção monetária, a teoria da imprevisão e o direito adquirido". *RT* setembro/1989. São Paulo, Ed. RT (pp. 23-34).

WALINE, Marcel. *Droit Administratif.* 9ª ed. Paris, Sirey, 1963.

—————. *Manuel Élémentaire de Droit Administratif.* Paris, Sirey, 1946.

WEIL, Prosper. "Le critère du contrat administratif en crise". In *Mélanges Offerts a Marcel Waline.* t. 2. Paris, LGDJ, 1974 (pp. 831-848).

* * *

GRÁFICA PAYM
Tel. (011) 4392-3344
paym@terra.com.br